KB248137

한글고전총서
2

유 향 찬집
임동석 옮김

이야기 마당

설원(說苑)
한글

중

동문선

설 원

제8장

어진 이를 존중함

존현(尊賢)

임금으로서 천하를 편안히 다스리고 그 이름을 후세까지 드날리고 싶어하는 자는, 반드시 어진 이를 높이고 스스로를 선비보다 낮추어야 한다.

그래서 《주역(周易)》에 『스스로 위에 있으면서 아랫사람보다 낮추면 그 도가 크게 빛나리!』라고 하였고, 또한 『귀한 자가 천한 자보다 더 아래에 처하면 크게 백성을 얻을 수 있다』라고 한 것이다.

무릇 명석한 임금이란, 그 덕을 베풀되 아랫사람보다 더 낮은 쪽에 처하며, 멀리 있는 사람을 품어 가까이 이르도록 하는 것이다.

조정에 어진 이가 없다는 것은 홍곡(鴻鵠)에게 깃과 날개가 없는 것과 같아, 비록 1천 리를 날기를 소망하여도 그 뜻대로 날아 이를 수가 없다. 이러한 까닭으로 강과 바다에서 노니는 자는 배에 의탁하여야 하고, 먼길을 가는 자는 수레에 의탁하여야 하듯이, 패왕(覇王)을 이루고자 하는 자는 어진 이에 의탁하여야 되는 것이다.

이윤(伊尹)·여상(呂尙)·관이오(管夷吾)·백리해(百里奚)는, 바로 패왕에게 있어서 배나 수레 같은 역할을 한 인물들이다. 부모·형제·자손을 다 떠나서 이를 도운 것은 일부러 가족을 소원(疏遠)하기 위한 것이 아니며, 요리사·낚시꾼·도살꾼, 심지어 원수나 포로임에도 그들을 거용한 것은 그들에게 아첨해서가 아니다. 사직을 지탱하고 공명을 세우기 위해서는 그렇게 하지 않으면 안 되었기 때문이다.

이는 마치 목수가 있어야 궁실을 지을 때 크고작은 것을 헤아려 재목을 맞추고, 그 공에 비교하여 쓸 사람의 수를 정할 수 있는 것과 같다.

이러한 까닭으로 여상(呂尙)이 초빙되자, 천하는 비로소 상(商)나라가 장차 망하고 주(周)나라가 천하의 왕이 될 것임을 알게 되었고, 관이오(管夷吾)와 백리해(百里奚)가 임명되자, 천하는 제(齊)나라와 진(秦)나라가 반드시 패자(覇者)가 되리라는 것을 알게 된 것이다.

그러니 어찌 그 임금을 태우고 싣고 하는 정도에 그치리요!

무릇 왕업과 패업을 이루는 것은 사람이 하는 일이며, 나라나 집안을 망치는 것도 역시 사람이 하는 일이다.

걸(桀)이 간신(干辛)을, 주(紂)가 악래(惡來)를, 송(宋)나라가 당앙(唐鞅)을, 그리고 제(齊)나라가 소진(蘇秦)을, 진(秦)나라가 조고(趙高)를 등용시키자, 천하는 그들이 그 나라를 망하게 할 것이라는 바를 알았다. 이는 그 사람들이 적합한 인물이 아닌데도 그들을 이용하여 공을 세우려 들었으니, 즉 비유컨대 하지(夏至)날에 긴 밤을 바라고, 하늘을 향해 활을 쏘면서 물고기가 맞기를 바라는 꼴이었다.

비록 순(舜)임금이나 우(禹)임금 같은 분일지라도 판별하기 어려운데, 하물며 범속(凡俗)한 군주야 오죽하겠는가?

춘추(春秋)시대에는 천자(天子)는 미약하고, 제후(諸侯)들은 각각 자기 정치에만 힘을 써서 모두가 종주국에 등을 돌려 복종하지 아니하였다. 무리가 많은 자는 적은 자를 힘으로 누르고, 강한 자는 약한 자의 것을 빼앗아가며, 남이(南夷)와 북적(北狄)이 번갈아가며 침범하여 중국(中國)은 그저 가느다란 실처럼 겨우 그 명맥만을 유지하고 있었다.

이에 환공(桓公)이 관중(管仲)·포숙(鮑叔)·습붕(隰朋)·빈서무(賓胥無)·영척(甯戚)을 등용하여, 기울어가는 세 나라를 존속시켜 주고 한 나라의 끊어지는 제사를 이어 주었다. 그리하여 중국을 구하고 융적(戎狄)을 물리치며, 마침내 형만(荊蠻)을 위협하여 주실(周室)을 높여 제후를 제패(制霸)하였다.

다음으로 진(晉)나라의 문공(文公)은 구범(咎犯)·선진(先軫)·양처보(陽處父)를 등용시켜 중국을 강성케 하고, 강한 초(楚)나라를 물리쳐 제후들을 모아 천자에게 조알(朝謁), 주실을 빛나게 해주었다.

그런가 하면 초(楚)나라의 장왕(莊王)은 손숙오(孫叔敖)·사마자반(司馬子反), 그리고 장군 자중(子重)을 등용하여 진(陳)나라를 정벌하고 정(鄭)나라를 복종시켰으며, 강한 진(晉)나라를 물리쳐 천하에 대적할 자가 없었다.

한편 진(秦)나라의 목공(穆公)은 백리해(百里奚)·건숙(蹇叔)·왕자 료(廖) 및 유여(由余)를 거용한 결과, 옹주(雍州)를 소유하고 서융(西戎)을 몰아낼 수 있었다.

오(吳)나라는 연주래(延州來) 계자(季子)를 등용하여 익주(翼州)를 아우르고, 계보(雞父)에서 그 위세를 떨쳤다.

그런가 하면 정(鄭)나라의 희공(僖公)은 천승(千乘)의 풍요함과 제후로서 귀한 신분이었으나, 백성의 마음을 따르지 않아 그만 신하에게 시해당하고 말았으니, 이는 어진 이를 얻는 것을 먼저 하지 않았기 때문이다.

그러나 정나라는, 간공(簡公)에 이르러서 자산(子産)·비심(裨諶)·세숙(世叔), 그리고 행인(行人) 자우(子羽)를 등용하자 간신이 사라지고 옳은 신하가 나설 수 있었다. 이에 강한 초

(楚)나라를 물리치고 중국을 합하니, 국가가 편안하여 20여 년 동안 강한 초나라에 대한 근심이 사라지게 되었다.

그래서 우(虞)나라에 궁지기(宮之奇)가 있으므로 해서 진(晉)나라의 헌공(獻公)은 밤잠을 이루지 못하였으며, 초나라에 자옥득신(子玉得臣)이 있으므로 해서 진(晉)나라의 문공(文公)은 늘 자리를 옆으로 하고 앉아야 하였다.

어진 이를 지극히 싫어해서는 싸움에 이길 수 없는 것이다. 무릇 송(宋)나라의 양공(襄公)은 공자(公子) 목이(目夷)의 말을 듣지 않았다가 초나라에게 큰 모욕을 당하였고, 조(曹)나라의 군주는 희부기(僖負羈)의 충간을 듣지 않았다가 융(戎)에서 패하여 죽고 말았다.

그러므로 오직 오시(五始)의 요체를 함께 하여야 하나니, 이는 치란(治亂)의 시작으로 모두가 자신을 잘 살펴 어진 이를 임용하는 데 있다.

국가란 어진 이를 임용하면 길(吉)하고, 불초한 자를 거용하면 흉(凶)하게 마련이다. 지난 세상을 둘러보고 지난 사건을 살펴보면 모든 일은 필연이었으며, 마치 부절(符節)을 맞추어 보는 것처럼 분명하다. 그러니 임금된 자는 조심하지 아니할 수 없는 것이다.

또 국가가 혼미하고 어지러울 때에는 양신(良臣)이 나타난다. 노(魯)나라에 대란이 일어나자 계우(季友) 같은 어진 이가 나타났다. 노나라의 희공(僖公)이 즉위하면서 이 계자(季子)를 등용하자 노나라는 안녕을 찾았고, 내외에 근심이 없어져 그가 21년이나 정치를 맡았다. 그러나 그가 죽고 나자 주(邾)나라는 그 노나라의 남쪽을 공격하고, 제(齊)나라는 그 북쪽을 침범해 왔다. 노나라는 그 근심을 이기지 못하여 초(楚)나라에게 도움을 요청하여 겨우 보전할 수 있었을 따름이다.

　그래서 전(傳)에 이르기를 『근심이 바로 여기서 시작하여 일어날 것』이라고 한 것이다.

　공자(公子) 매(買)는 위(衛)나라로 가서 진(晉)나라로부터 위(衛)나라를 지켰으나 희공(僖公)에게 죽음을 당하였고, 공자(公子) 수(遂)는 군주의 명을 듣지 않고 마음대로 진(晉)나라에 가서 안에서는 신하의 침략을 받고, 밖으로 병란에 시달리게 되어 그 약함이 근심으로 변하고 말았다. 희공(僖公)의 성품도 그전 21년 동안 늘 그렇게 어질던 것과는 달라져, 그 뒤로 점점 불초해지고 말았다. 이는 바로 계자(季子)가 살아 있을 때는 이익을 보았으나, 그가 죽자 손해만 보았기 때문이다.

　무릇 어진 이의 얻고 잃음에 따른 이익과 손해의 영험이 이와 같은 것인데도, 임금들이 그 등용에 소홀하니 심히 안타까운 일이다.

　또 지혜가 부족하여 어진 이를 가리지 못한다면 이는 어쩔 수 없다. 그러나 지혜가 능히 어진 이를 알아볼 수 있는데도 결정하지 못하고 머뭇거리며 등용치 못하게 되면, 크게는 그가 죽어 버려 놓치게 되고, 작게는 혼란을 먼저 만나 기회를 놓치게 된다. 이 또한 심히 슬픈 일이다. 송(宋)나라의 상공(殤公)이 공보(孔父)가 어진 줄을 몰랐겠는가? 그러나 그도 사람이니 죽고, 또 자기도 반드시 죽고 말리라는 것을 어찌 알았겠는가? 그러니 얼른 서둘러 그를 구하여야 했다. 좇아가 구하였다면 이는 어진 이를 알아보는 자라는 평을 받았을 것이다.

　또 노(魯)나라의 장공(莊公)이 어찌 계자(季子)가 어진 줄을 몰랐겠는가? 그러나 그가 병들어 죽을 줄 어찌 알았으랴? 그를 불러 국정을 맡겼어야 하였다. 그에게 국정을 맡겼더라면, 이는 어진 이를 아는 자라 여겨졌을 것이다.

　이 두 임금은 어진 이를 알아보는 데는 능하되, 모두가 얼른 그들을 등용하지 않았기 때문에 결국 송나라의 상공은 죽음을 당하였고, 노나라의 장공은 그 후사에게 제대로 물려 주지 못한 것이다. 송나라 상공으로 하여금 좀더 일찍 공보를 임용케 하고, 노나라 장공으로 하여금 본래부터 계자를 등용케 하였다면, 이에 이웃나라조차도 안정을 얻었을 것이니, 하물며 스스로 보전하는 것쯤이랴!

추연(鄒衍)이 양(梁)나라 임금에게 말하였다.
　「이윤(伊尹)은 유신씨(有莘氏)의 잉신(媵臣)이었으나, 탕(湯)임금이 이를 세워 삼공(三公)으로 삼자 천하가 태평스럽게 다스려졌습니다.

　관중(管仲)은 성음(成陰)의 개도둑으로 천하의 용렬한 사나이였지만 환공(桓公)이 이를 얻어 중부(仲父)로 삼았고, 백리해(百里奚)는 도중에 도망 갔던 자로 돌아다니다가 다섯 마리 검은 양가죽에 팔렸지만 진(秦)나라의 목공(穆公)이 그에게 정치를 맡겼습니다.

　그런가 하면 영척(甯戚)은 남의 수레를 몰던 자로서 거리에 다니며 노래나 불렀으나, 환공이 이에게 나라를 맡겼습니다.

　또 사마희(司馬喜)는 송(宋)나라에서 다리가 잘리는 형벌을 받았지만, 마침내 중산(中山)의 재상이 되었고, 범저(范雎)는 가슴이 찢기고 이빨이 빠지는 고통을 위(魏)나라로부터 겪었지만, 뒤에 진(秦)나라로 가서 응후(應侯)의 작위를 받았습니다.

　태공망(太公望)은 너무나 가난하여 아내가 집을 나가 조가

(朝歌)에서 푸줏간 일을 돕고, 극진(棘津)에서 여관의 손님이나 맞이하는 심부름꾼이었지만, 나이 일흔에 주(周)나라의 재상이 되었고, 아흔에는 제(齊)나라에 봉해졌습니다.

그래서 《시경(詩經)》에 『이리저리 뻗은 칡들, 들판에 가득하네. 훌륭한 기술자 이를 모아 멋진 갈포(葛布) 만들지. 그러나 그 기술자 만나지 못하면 들에서 말라죽네!』라고 하였습니다.

앞에 든 일곱 선비가 만약 명군성주(明君聖主)를 만나지 못하였더라면, 그저 걸식이나 하고 거지 노릇을 하다가 들에서 말라죽었을 것이니, 비유컨대 들에 뻗은 칡과 같았을 것입니다.」

·잉신(媵臣): 여자가 시집 갈 때 함께 데리고 가는 남종.

눈을 가늘게 뜨고 보아야 할 만큼 미세한 것도 자세히 접해 보면 그 모양이 드러나고, 바람결에 실린 소리도 잘 들어보면 느낌에 마음이 움직이게 마련이다.

영척(甯戚)이 소뿔을 두드리며 슬픈 노래를 부르자, 환공(桓公)이 이를 듣고서 그를 등용하였다. 또 포룡(鮑龍)이 돌 위에 꿇어앉아 등산(登嶂)이라는 시(詩)를 읊는 모습을 보고 공자(孔子)가 수레에서 내려 그를 상대하였고, 요(堯)와 순(舜)은 서로 만나 뽕나무 그늘을 양보하며 예를 갖추었고, 문왕(文王)이 태공(太公)을 거용할 때도 오랜 시간이 지난 후에야 그를 알아본 것이 아니다.

그러므로 성인이 사람을 맞이할 때에는 오랜 세월이 지난 다음에야 친해지는 것이 아니며, 능력 있는 자끼리 만날 때에는 서로를 시험해 본 후에야 알아보는 것이 아니다.

마찬가지로 선비를 맞이할 때에도 반드시 재물을 두고 어떻게 나누는가를 본 다음에 그가 청렴한지를 알게 되는 것이 아니고, 역시 어렵고 위험한 것을 어떻게 극복하는가를 살펴본 이후에 그가 용기가 있는지를 알게 되는 것도 아니다.

일에 결단력이 있는 것으로 곧 그의 용기를 알 수 있고, 취하고 양보하는 것으로 곧 그의 청렴을 알 수 있는 것이다.

따라서 호랑이의 꼬리만 보고도 그것이 살쾡이보다 큼을 알 수 있고, 코끼리의 이빨만 보고도 그것이 소보다 큰 동물이라는 것을 알 수 있는 것과 같다.

이처럼 일절(一節)만 보고도 나머지 백절(百節)을 알 수 있다.

이로써 보건대, 눈에 보이는 것만으로도 아직 나타나지 않은 부분을 점칠 수 있고, 소절(小節)을 보고도 대례(大禮)를 알 수 있는 것이다.

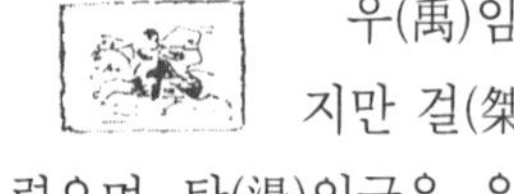 우(禹)임금은 하(夏)나라를 근거로 왕이 되었지만 걸(桀)은 그 크던 하나라를 두고도 망해 버렸으며, 탕(湯)임금은 은(殷)나라를 근거로 왕이 되었지만 주(紂)는 그 은나라를 가졌으면서도 망해 버렸다.

합려(闔廬)는 오(吳)나라로 싸움에 이겨 천하에 적이 없었지만, 부차(夫差)에 이르러 도리어 월(越)나라에 사로잡히고 말았다.

또 진(晉)나라의 문공(文公)은 그 나라를 패자(覇者)로 키워 놓았지만, 여공(厲公) 때에 이르러서는 장려궁(匠麗宮)에서 시해(弑害)당하였다.

한편 제(齊)나라는 위왕(威王) 때에 그 나라를 천하의 강국으로 만들어 놓았건만, 민왕(湣王)에 이르러서는 사당의 대들보에 묶여 굶어죽는 꼴을 당하였다.

한편 진(秦)나라의 목공(穆公)은 그 나라의 이름을 높여 놓았지만, 이세(二世)에 이르러 망이궁(望夷宮)에서 겁살(劫殺)당하였다.

이들이 모두 군주·임금이라는 이름은 같지만, 그 공적이 같지 않은 것은 신하에게 맡기는 바가 달랐기 때문이다.

그래서 성왕(成王)이 강보(襁褓)에 싸인 채 제후의 조알을 받을 때에는 주공(周公)이 일을 대신 처리하였기 때문에 탈이 없었으나, 조(趙)나라의 무령왕(武靈王)이 쉰 살이나 되었으면서도 사구(沙丘)에서 굶어죽은 것은 이태(李兌)를 임용하였기 때문이다.

또 환공(桓公)은 관중(管仲)을 얻어 아홉 번이나 제후들을 불러 회맹(會盟)을 하고 천하를 한 번 바로잡았지만, 관중이 죽고 나자 수조(豎刁)·역아(易牙)를 임용하여 자신이 죽은 후에는 장례조차 치르지 못하여 천하의 웃음거리가 되고 말았다.

한 사람의 신상에 이처럼 영욕(榮辱)이 함께 나타나는 것은 바로 누구를 임용하였느냐에 따른 것이다.

그래서 위(魏)나라에는 공자(公子) 무기(無忌)가 있으므로 해서 잃은 땅을 다시 찾을 수 있었고, 조(趙)나라는 인상여(藺相如)를 임용함으로써 진(秦)나라의 무력이 언릉(鄢陵)을 넘어서지 못하였으며, 다시 당저(唐雎)를 등용시키자 나라가 바로 설 수 있었다.

또 초(楚)나라에는 신포서(申包胥)가 있으므로 해서 소왕(昭王)이 왕위에 복귀할 수 있었고, 제(齊)나라에는 전단(田單)이 나타남으로써 양왕(襄王)이 나라를 되찾게 된 것이다.

이로써 보건대, 나라에 어진 보좌와 뛰어난 선비가 없는데도

능히 공명을 이루고 안위계절(安危繼絶)한 나라는 이제껏 있지
않았다.

따라서 나라란 크기에 힘쓸 것이 아니라 민심을 얻기에 힘써
야 하며, 많은 보좌를 얻기에 힘쓸 것이 아니라 어진 이를 얻
기에 힘써야 하는 것이다.

백성의 마음만 얻으면 백성이 저절로 그리로 쏠리게 마련이
고, 어진 보좌가 있게 되면 선비들이 그쪽으로 귀의하게 마련
이다.

즉 문왕(文王)이 포락지형(炮烙之刑)을 없애자 은나라 백성
들이 그를 따르게 되었고, 탕(湯)임금이 세 귀퉁이를 모두 그물
로 쳐서 새 잡는 것을 없애자 하(夏)나라 백성들이 그를 따랐
으며, 또 월왕(越王)이 옛 오(吳)나라 무덤을 파헤치지 않자 오
나라 백성이 그를 따르게 되었다.

이는 모두 그 백성들의 마음을 따라서 다스렸기 때문이다.

그러므로 「소리가 같으면 처한 곳이 달라도 서로 응하게 마
련이며, 덕이 합하면 서로 보지 않은 사이라도 친하게 되는
것」이다. 어진 이가 조정에 있으면, 천하의 호걸들이 서로 자기
무리를 이끌고 그리로 달려오게 된다.

무엇으로 이를 알 수 있는가?

보라. 관중(管仲)은 환공의 원수였으나, 포숙(鮑叔)이 그가 자
기보다 어질다고 여겨 이를 추천하여 재상이 되게 하되, 무려
70여 마디의 말로 환공을 설득한 끝에 허락을 얻어내었다. 그
리하여 드디어 환공으로 하여금 관중에 대한 보복의 마음을
없애게 하고 나라를 맡기도록 하였다. 환공이 팔짱을 끼고도
아무 일 없이 제후들로부터 조알을 받은 것은 바로 포숙의 힘
이었던 것이다. 또 관중은 관중대로 북쪽으로 환공에게 달려가

스스로 죽을지도 모른다는 생각을 갖지 않게 된 것은, 바로 포숙과 동성(同聲)이었기 때문이다.

은나라의 주(紂)가 왕자(王子) 비간(比干)을 죽이자 기자(箕子)가 머리를 풀고 거짓 미친 체하였으며, 진(秦)나라의 영공(靈公)이 설야(泄冶)를 죽이자 등원(鄧元)이 진(陳)나라를 떠나 버렸다. 이로부터 은나라는 주(周)나라에 겸병당하였고, 진(陳)나라는 초(楚)나라에게 망하게 된 것이니, 이는 비간과 설야를 죽임으로써 기자와 등원을 잃게 되었기 때문이다.

연(燕)나라의 소왕(昭王)이 곽외(郭隗)를 잘 모시자, 추연(鄒衍)과 악의(樂毅)가 각각 제(齊)나라·조(趙)나라로부터 달려왔고, 소진(蘇秦)과 굴경(屈景)이 주(周)나라와 초(楚)나라로부터 찾아왔다. 이에 군대를 일으켜 제(齊)나라를 공격, 민왕(閔王)을 거(莒)에 몰아넣었던 것이다.

연나라는 그 땅이나 백성의 숫자로 보아 제나라와 대등하지 못하였지만, 능히 그 뜻을 얻는 곳에 이르게 할 수 있었던 것은 바로 선비를 얻었기 때문이다.

그래서 언제나 편안한 나라란 있을 수 없으며, 항상 다스려지는 백성도 있을 수 없다. 어진 이를 얻으면 나라가 편안하고 창성하되 어진 이를 잃으면 위험과 멸망을 맛보게 되는 것이니, 옛부터 지금에 이르기까지 그렇지 않은 경우란 한번도 없었다. 맑은 거울이 형체를 밝게 비추어 주듯이, 지나간 옛날이란 오늘을 알게 해주는 거울인 것이다

무릇 옛날의 망한 원인을 알아보기 싫어하고, 또 옛날의 창성하였던 원인을 그대로 힘쓰지 않으면, 이는 자꾸 뒷걸음질치면서 앞사람을 따라잡겠다는 것과 다를 바가 없다. 태공은 이를 알았기 때문에 미자(微子)의 후손을 등용하였고, 비간(比干)

의 묘를 봉하였던 것이다.

무릇 성인이란 죽은 자에게조차 이렇게 후덕을 베푸는데, 하물며 당세(當世)에 생존해 있는 자에게 있어서랴!

이에 옛날을 놓치지 않는 것이 곧 판별력이라 할 수 있을 것이다.

· 포락지형(炮烙之刑): 기름칠한 구리 기둥을 숯불 위에 걸쳐 놓고 죄인을 건너가게 하였다.

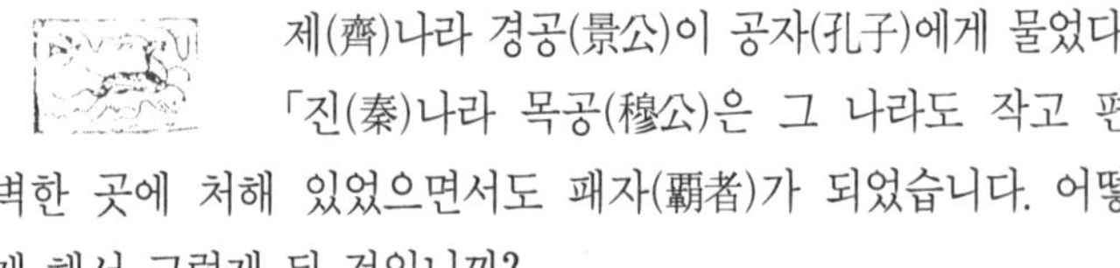 제(齊)나라 경공(景公)이 공자(孔子)에게 물었다.

「진(秦)나라 목공(穆公)은 그 나라도 작고 편벽한 곳에 처해 있었으면서도 패자(覇者)가 되었습니다. 어떻게 해서 그렇게 된 것입니까?」

그러자 공자가 이렇게 대답하였다.

「그 나라는 작으나 뜻이 컸기 때문에 비록 편벽한 곳에 처해 있었지만 그 정치가 훌륭하였고, 그 거사가 과감하였으며, 그 모책(謀策)이 조화를 이루었고, 그 법령이 투안(偸安)에 젖지 않도록 하였습니다.

게다가 친히 죄인으로 묶여 있던 오고대부(五羖大夫)를 거용하여, 그와 더불어 사흘 동안이나 의견을 나누어 본 후 그에게 정치를 맡겼습니다. 이 때문에 패업을 이룰 수 있었던 것이니, 능히 왕자(王者)의 업이라도 이룰 수 있었는데 패업(覇業)으로 끝난 것은 오히려 작다고 할 수 있습니다.」

· 투안(偸安): 해야 할 일보다 눈앞의 일을 탐함. 안일을 꾀함.

 어떤 이가 말하였다.

「환공(桓公)을 인의(仁義)롭다고 할 수 있겠는가? 자기의 형을 죽이고 왕위에 올랐으니 인의롭다고 볼 수 없다. 또 환공을 공검(恭儉)하다고 볼 수 있겠는가? 부인(婦人)들과 같이 수레를 타고 거리를 쏘다녔으니, 역시 공검하다고 볼 수 없다. 그러면 환공을 청결(淸潔)하다고 볼 수 있겠는가? 그러나 규문(閨門) 안에 식을 올리지 않고 맞이한 여자들뿐이니 청결하다고 볼 수 없다.

이 세 가지는 바로 망국실군(亡國失君)이나 할 행동이다. 그런데도 환공은 천하를 얻었다. 이는 관중(管仲)과 습붕(隰朋)을 등용하여 구합제후(九合諸侯)하고 일광천하(一匡天下)하여 모두 이끌고 주실(周室)을 조알하며, 오패(五霸) 중에 우두머리가 된 것, 이 모두 그 어진 보좌를 얻었기 때문이다.

그러나 관중과 습붕을 잃은 다음, 수조(豎刁)와 역아(易牙)를 임명하여 자신이 죽은 다음에는 장례조차 치르지 못하였고, 그 시신에서 나온 구더기가 문지방으로 기어 나올 정도였으니, 한 사람의 몸에 영화(榮華)와 모욕(侮辱)이 이렇듯 함께 한 것은 무슨 까닭인가? 바로 누구를 거용하였느냐에 따라 달라진 것이다.

이로 말미암아 보건대, 보좌의 임명이란 얼마나 절박한 일인가?」

 주공(周公) 단(旦)은, 그 자신이 가난한 선비들보다 낮게 처하여 모신 이가 70인이나 되었다.

그러자 천하의 선비들이 다 모여들었다. 또한 안자(晏子)는 그 자신과 옷과 음식을 구별하지 않고 같이한 자가 1백여 인이나 있었다. 그러자 천하의 선비들이 역시 모여들었다.

중니(仲尼)가 도를 닦고 실천하며 문장(文章)을 정리하자 천하의 선비들이 역시 찾아들었다. 백아자(伯牙子)가 거문고를 연주할 때 종자기(鍾子期)가 듣고 있다가, 백아자가 바야흐로 태산을 생각하면서 연주하자 이렇게 말하였다.

「훌륭하도다. 거문고 연주여! 그 높기가 태산 같구나!」

잠깐 시간이 흐른 후, 백아가 흐르는 물을 생각하며 연주하자 「훌륭하도다. 그 연주여! 철철 넘치기가 흐르는 물과 같구나!」라고 하였다.

그러한 종자기가 죽자 백아는 그만 그 거문고를 부수고 줄을 끊어 버리고는 종신토록 다시는 거문고를 연주하지 않고, 세상에 더 이상 족히 거문고를 연주해 들려 줄 만한 사람이 없다고 여겼다.

어진 이도 또한 이와 같다. 비록 어진 이가 있다 해도 이를 알아 주는 이가 없다면, 그 어진 이가 무엇으로 말미암아 그 충성을 다할 것인가? 천리마는 스스로 천리를 갈 수 없나니, 백락(伯樂)을 기다린 연후에야 천리에 이를 수 있는 것이다.

 주(周)나라의 위공(威公)이 영자(甯子)에게 물었다.

「선비를 취하는 데에도 어떤 도가 있습니까?」

이에 영자가 이렇게 대답하였다.

「있지요. 궁한 자는 현달시켜 주고, 끊어지려는 자는 존속시켜 주어야 하며, 넘어지려는 자는 일으켜 세워야 합니다. 그러면 사방의 선비들이 사면에서 몰려오지요. 그러나 궁한 자를 현달시키지 못하고, 끊어지려는 자를 존속시키지 못하며, 넘어지려는 자를 일으켜 세우지 못하면 사방의 선비들이 각각 배반하고 맙니다.

무릇 성이 견고하다고 해서 반드시 안전한 것은 아니며, 무력이 강하다고 해서 안보가 보장되는 것은 아닙니다. 선비를 얻었음에도 이를 잃는 경우가 있으니, 이는 반드시 그 속에 틈이 있었기 때문입니다. 또 선비가 바르게 자리잡고 있으면 임금이 존경을 받는 법이지만, 선비가 사라지면 임금은 비천해지고 마는 법입니다.」

그러자 위공이 다시 물었다.

「선비의 영향이 이처럼 중합니까?」

이에 영자가 이렇게 설명하였다.

「임금께서는 듣지 못하였습니까? 초(楚)나라의 평왕(平王)에게는 초혜(楚傒)·서구(胥丘)·부객(負客)이라는 선비가 있었는데, 임금이 이들을 죽이려 들자 진(晉)나라로 도망쳐 버렸습니다. 진(晉)나라가 이들을 등용하여 터진 싸움이 바로 성복지전(城濮之戰)입니다.

또 다른 선비 묘분황(苗賁皇)도 임금이 죽이려 하자 역시 진(晉)나라로 도망하였는데, 진나라가 이를 등용하여 결국 언릉지전(鄢陵之戰)이 일어났습니다. 그런가 하면 상해우(上解于)라는 선비도 진(晉)나라로 도망하여 양당지전(兩堂之戰)이 터졌고, 오자서(伍子胥)는 임금이 그의 아버지와 형을 죽이자 오(吳)나라로 도망하여 합려(闔閭)가 이를 거용하였습니다. 그 때문에 오나라는 군대를 일으켜 초나라의 서울 영(郢)까지 습격하였습니다.

따라서 초나라처럼 큰 나라가 양(梁)·정(鄭)·송(宋)·위(衛) 같은 나라에 죄를 지었다 해도 이렇게 급히 그런 꼴을 당하지는 않았을 것인데, 선비 하나 잘못 대우하여 그렇게 된 것입니다. 즉 선비에게 이 네 가지 죄를 지음으로써 세 번이나 그 백성들은 들판에 해골이 나뒹굴어야 하였고, 한 번은 나라를 망치기까지 하였던 것입니다.

이로 말미암아 보건대 선비가 존속하면 나라도 존속하고, 선비가 떠나 버리면 나라도 망하는 법입니다. 오자서가 노하였을 때에는 초나라가 망하였지만, 신포서(申包胥)가 노하였을 때에는 초나라가 살아났습니다. 그러니 선비가 어찌 귀하지 않다 할 수 있겠습니까?」

 애공(哀公)이 공자(孔子)에게 물었다.
「어떤 사람이어야 가히 등용할 수 있습니까?」
공자가 대답하였다.
「남을 위협으로 끌고 들어오는 자를 쓰지 말며, 남을 이기기를 좋아하는 자를 쓰지 말며, 말 잘하는 자를 쓰지 말 것입니다.」
「무슨 뜻입니까?」
애공의 반문에 공자는 이렇게 설명하였다.
「남을 위협으로 끌고 들어오는 자는 많은 비용만 쓸 뿐이므로 끝까지 그를 부릴 수가 없습니다. 또 남을 이기기를 좋아하는 자는, 남의 일까지 간섭하여 자기가 하려고 들기 때문에 법도에 어긋날 수가 있습니다. 그런가 하면 말 잘하는 자는 허탄(虛誕)하고, 믿음이 적으며, 그 실적을 기대하기가 어렵습니다.

무릇 활과 화살은 알맞게 당겨 조화를 이루어야 과녁에 적중할 수 있고, 말은 순하게 잘 길들여진 연후에야 좋은 재질을 발휘할 수 있으며, 마찬가지로 사람은 반드시 충신중후(忠信重厚)한 후라야 지식과 재능을 드러낼 수 있습니다.

지금 어떤 사람이 있는데 충신중후하지 못하면서 꾀와 능력만 있다면, 이는 곧 시랑(豺狼)과 같을 뿐이니 그에게 가까이하여서는 안 됩니다.

그러므로 먼저 그 사람이 인의(仁義)에 성실한가를 보고서 그와 친하여야 하며, 그리고 나서 그가 지혜와 능력까지 갖추었다면 그때에 임용하여야 합니다. 따라서 어진 점을 친하고, 그 능력을 부리는 것이 바로 사람을 취하는 방법입니다.

또 그 말하는 것을 보고 그 행동을 살펴야 합니다. 무릇 말이란 그 가슴속의 뜻을 드러내고 그 정(情)은 겉으로 보이는 것으로서, 능히 실천에 옮길 줄 아는 선비는 그 말도 신의가 있게 마련입니다. 이 까닭으로 그 언사를 보아 그 행동의 도리를 알 수 있는 것이니, 말은 그 행동을 규제하기 때문에 비록 간사한 사람일지라도 자기의 뜻을 벗어나지 못하는 것입니다.」

애공이 이 말을 듣고서 「좋습니다」라고 하였다.

· 시랑(豺狼): 승냥이와 이리.

주공(周公)이 천자(天子)를 섭정(攝政)한 지 7년, 포의(布衣)의 선비임에도 주공이 예물을 갖추어 찾아뵌 이가 12인이었다. 그런가 하면 궁벽한 동네에 가난하게 살지만 찾아가서 뵌 이가 49인, 때때로 훌륭하다고 천거

된 이가 1백 인, 교훈이 될 만한 의견을 제시해 준 선비가 1천 인, 관직에 있으면서 주공을 뵙고 의견을 말한 이가 1만 인이나 되었다.

이때에 주공이 교만하고 인색하였다면 천하의 현사들이 그렇듯 많이 그를 찾아오지 않았을 것이며, 그런 속에서도 찾아오는 이가 있다면, 그들은 틀림없이 탐욕스럽거나 녹(祿)만 축내려는 자들이었을 것이다. 녹만 축내는 자는 임금을 존속시킬 수 없다.

제(齊)나라 환공(桓公)이 궁궐 뜰에 정료(庭燎)의 횃불을 밝혀 놓고, 훌륭한 선비들이 밤에라도 찾아와 주기를 바랐다.

그러나 1년이 지나도록 누구 하나 찾아오는 이가 없었다. 이때에 동야(東野) 땅의 구구법(九九法)을 잘한다고 하는 비루한 사람이 찾아와서 환공을 뵙기를 청하였다.

환공이 보고 「구구법이 정치에 무슨 족함을 준다고 찾아왔습니까?」라고 물었다. 그러자 그 남루한 사람이 이렇게 대답하였다.

「저는 구구법으로 임금을 뵙자고 한 것이 아닙니다. 제가 듣자 하니, 임금께서 정료를 세워 놓고 선비가 찾아오기를 바랐으나, 1년이 다 되도록 누구 하나 찾아오는 이가 없었다고 하더이다. 무릇 선비가 찾아오지 못하는 이유는, 임금은 천하의 현군(賢君)인데 사방의 선비들은 모두가 스스로 임금만 못하다고 느끼고 있기 때문입니다. 저는 그 때문에 찾아들지 못하고 있음을 알리려는 것입니다.

또 구구법은 아주 얕은 능력에 지나지 않습니다. 그런데도 임금께서 예로써 우대해 준다면, 이 구구법보다 더 훌륭한 재능을 가진 현사(賢士)들이 가만히 있겠습니까?

대저 태산은 흙덩이 하나 돌멩이 하나 사양하지 아니하고, 강해는 작은 물줄기조차 받기를 거역하지 않기 때문에, 능히 그렇듯 크게 되는 것입니다.

《시경(詩經)》에 『옛날 현인은 이렇게 말하였지. 나무꾼, 꼴 베는 이에게도 가르침을 청한다』라고 하였습니다. 이는 모책(謀策)을 널리 구하라는 뜻입니다.」

이 말에 환공이 「옳습니다」 하고는, 그를 예를 갖추어 우대하였다.

그러자 한 달이 못 되어 사방의 선비들이 서로 손을 잡고 몰려오는 것이었다.

《시경(詩經)》에 『당(堂)에서 계단으로 올라서 가고, 양에서 소에게로 나아져 가네!』라고 하였으니, 이는 안으로부터 밖으로 퍼져 나가게 하며, 작은 것으로 시작하여 큰 것까지 미치도록 한다는 뜻이다.

· 정료(庭燎): 옛날 국가의 대사가 있을 때 궁궐 뜰에 밤새도록 불을 밝히는 것. 여기서는 비록 밤중일지라도 선비들이 찾아올 수 있도록 유도하기 위해 상징적으로 불을 밝힌 것.

제(齊)나라 경공(景公)이 송(宋)나라를 치면서, 기제(岐隄)에 이르러 높이 올라 멀리 바라보면서 한숨을 쉬며 탄식하였다.

「옛날 우리의 선군(先君)이신 환공(桓公)께서는 겨우 8백 승

의 적은 힘으로도 제후의 패자가 되었다. 지금 나는 3천 승이
나 되면서도 감히 이곳에 오래 서 있을 수가 없으니, 이는 바
로 관중(管仲) 같은 신하가 없어서가 아니겠는가?」

이 말을 들은 현장(弦章)이 이렇게 말하였다.

「제가 듣건대 물이 넓으면 그에 사는 고기가 크고, 임금이
훌륭하면 신하도 충성되다고 하였습니다. 옛날 환공이 있었기
에 관중 같은 인물이 있었던 것입니다. 지금 환공이 여기에 있
었다면, 이 수레 아래에 있는 신하들은 모두가 관중이었을 것
입니다.」

· 기제(岐隄): 제방으로서 둑이 갈라진 곳.

조간자(趙簡子)가 하수(河水)에서 즐겁게 뱃놀
이를 하다가 문득 탄식을 하며 이렇게 말하였다.
「어떻게 하면 어진 이를 얻어 함께 할꼬?」

이 말을 들은 고승(古乘)이라는 뱃사공이 무릎을 꿇고 이렇
게 대답하였다.

「무릇 주옥(珠玉)은 발이 없지만 수천 리의 먼 곳에 있다가도
능히 이리로 옵니다. 이는 사람이 좋아하기 때문이지요. 그런데
지금 선비들이 모두가 발이 달려 있으면서도 찾아오지 않는 것
은, 군(君)께서 이들을 좋아하지 않기 때문이 아닐는지요?」

이에 조간자가 「내 문하의 좌우에는 식객이 1천 인이나 되
오. 이들을 먹이기에 아침거리가 부족하면 저녁에 받을 세금을
시장에 나가서 미리 거두어 오고, 그날 저녁거리가 모자라다
싶으면 다음날 아침에 받을 세금을 미리 거두어 오고 있을 정

도요. 그런데도 내가 선비를 좋아하지 않는다고 말할 수 있겠소?」라고 하였다.

그러자 사공인 고승이 이렇게 비유를 들었다.

「홍곡(鴻鵠) 같은 큰 새가 높이 멀리 나는 것은 가슴과 날개깃 사이에 있는 여섯 가지 힘줄, 즉 육핵(六翮) 때문입니다. 등 위의 털이나 가슴팍의 얇은 털은 그 길이가 얼마건 아무런 관계가 없습니다. 이를 한줌 가득 뽑아 준다고 능히 더욱 낮게 날도록 하는 것도 아니고, 이를 한줌 가득 보태어 준다고 해서 더욱 높이 나는 것도 아닙니다.

군(君)의 좌우에 우글거린다는 그 1천여 인의 식객이 모두 육핵(六翮)의 임무를 하는 자들인지 모르겠습니다. 아니면 모두가 장차 등의 털이나 가슴의 잔털에 지나지 않는 것은 아닐는지요?」

 제(齊)나라의 선왕(宣王)이 앉아 있을 때, 순우곤(淳于髡)이 옆에서 모시고 있었다. 이에 선왕이 물었다.

「선생께서는 과인이 좋아하는 것에 대하여 논평해 주실 수 있겠습니까?」

그러자 순우곤이 이렇게 말하였다.

「옛 임금들은 좋아하는 것이 네 가지였는데, 임금께서 좋아하시는 것은 세 가지밖에 되지 않습니다.」

이에 선왕이 다시 물었다.

「옛사람들이 좋아하였던 것과 과인이 좋아하는 것은 어떤 차이가 있습니까?」

그러자 순우곤이 이렇게 대답하였다.

「옛사람들은 말을 좋아하였는데 임금께서도 말을 좋아하십니다. 옛사람들은 좋은 음식을 좋아하였는데 임금께서도 역시 그렇습니다. 또 옛사람들은 색을 좋아하였는데 임금 역시 색을 좋아하십니다. 그러나 옛사람들은 선비를 좋아하였는데 유독 임금만은 선비를 좋아하지 않으십니다.」

이에 선왕이 이렇게 대꾸하였다.

「나라에 선비가 없을 따름이지, 있다면 과인 역시 그들을 좋아하였을 것입니다!」

그러자 순우곤이 이렇게 말하였다.

「옛날에는 화류(驊騮)와 기기(騏驥) 등의 명마(名馬)가 있었지만 지금은 물론 없습니다. 그런데도 임금께서는 없는 가운데서도 골라서 말을 좋아하고 있습니다.

또 옛날에는 표범과 코끼리의 태(胎) 등 요리거리가 있었지만 지금은 물론 없습니다. 그런데도 임금께서는 없는 가운데서도 구하여 그 맛을 즐기고 있습니다.

그런가 하면, 옛날에는 물론 모장(毛嬙)이나 서시(西施) 같은 미인이 있었지만 지금은 없습니다. 그런데도 임금께서는 무리 속에서 예쁜 여자를 골라 즐기고 있습니다.

그렇다면 임금께서는 반드시 요(堯)·순(舜)·우(禹)·탕(湯)을 모셨던 선비를 기다린 다음에야 이들을 좋아하실 양이면, 우·탕을 모셨던 그런 선비 역시 임금을 좋아하지 않을 것입니다.」

이 말에 선왕은 묵묵히 아무런 응답을 하지 못하였다.

 위(衛)나라 임금이 전양(田讓)에게 물었다.

「과인은 제후를 봉하느라 1천 리의 땅을 다 주었고, 상을 내려 주느라 어부(御府)의 비단을 다 소비하였다. 그런데도 선비들이 찾아오지 않는 것은 무슨 이유인가?」

그러자 전양이 이렇게 대답하였다.

「임금께서 내리는 상은 공을 이룬다고 해서 받을 수 있는 것이 아니며, 임금의 형벌은 이치로써 피할 수 있는 것이 아닙니다. 마치 몽둥이를 들고서 개를 부르는 것과 같고, 활을 당기면서 닭에게 다가오라고 부르는 것과 같습니다. 이렇게 되면 비록 향기 있는 미끼로 그 개나 닭을 부른다 한들 그들은 오지 않을 것입니다. 왔다가는 틀림없이 해를 입을 것을 뻔히 알기 때문이지요.」

· 어부(御府): 임금의 물건을 넣어두는 곳집.

 종위(宗衛)라는 사람이 제(齊)나라의 재상으로 있다가 면직당한 후, 집으로 돌아와서 가신(家臣)인 전요(田饒) 등 27인을 불러 놓고 이렇게 물어보았다.

「여러분들 중에 누가 능히 나와 더불어 다른 제후들을 찾아가는 데 따라갈 수 있는가?」

그러나 전요 등은 모두 엎드려 있기만 한 채 누구 하나 대답을 하는 자가 없었다. 종위는 실망하여 이렇게 내뱉았다.

「어찌 사대부란 얻기는 쉬운데 쓰기는 어려운가?」

그러자 전요가 이렇게 설명하였다.

「사대부를 쓰기가 어려운 것이 아닙니다. 귀하께서 능히 쓰지를 못할 뿐입니다.」

이 말에 종위가 물었다.

「사대부를 쓰지 못한다니 무슨 뜻이오?」

전요의 설명은 이러하였다.

「부엌에서 고기가 썩어나면, 그 문하에는 죽음을 무릅쓰는 선비가 없는 법입니다. 지금 무릇 석 되의 식량으로는 선비가 살아가기에 부족합니다. 그런데도 귀하가 기르는 안무(鴈鶩) 등은 그 먹이가 남아돌고 있으며, 온갖 아름다운 비단옷은 귀하의 처마와 난간에 치렁치렁 널려져 비바람에 낡아가고 있는데, 오히려 문하의 선비들은 옷 가장자리조차 꿰매지 못하고 있습니다.

그런가 하면 과수원의 배나 밤은 후궁의 부인들이 서로 던지며 놀잇감으로 여길 정도이나, 선비들은 입에도 한 번 대어보지 못하고 있습니다.

무릇 재물은 귀하께서 가벼이 여겨 이렇듯 마구 쓰지만, 죽음이란 선비들이 귀히 여기는 바로서 가치 없이 마구 죽을 수 있는 것이 아닙니다. 귀하께서 가벼이 여기는 그 재물은 사용하지 않으면서 선비가 중히 여기는 죽음을 요구하고 있으니, 어찌 어렵다 하지 않을 수 있겠습니까?」

이 말에 종위는 얼굴에 부끄러운 기색을 띠고 머뭇거리다가 자리를 뜨면서, 「이것이 바로 나 종위의 과실이오!」라고 사과하였다.

· 안무(鴈鶩): 집에서 기르는 가금류.

 노(魯)나라의 애공(哀公)이 공자(孔子)에게 물었다.

「지금 이 당대(當代) 임금 가운데 누가 어질다고 보십니까?」

이 물음에 공자는 한 마디로 위(衛)나라 영공(靈公)이라고 답하였다.

그러자 애공이 「내가 듣자 하니, 그의 규문(閨門) 안에는 시누이고 언니고 여동생의 구별이 없다고 하던데요?」라고 반문하였다.

이에 공자는 이렇게 설명하였다.

「나는 그의 조정의 일만 보았지, 그의 후궁의 문제에 대해서는 본 적이 없습니다. 영공의 아우인 공자(公子) 거모(渠牟)는, 그 지혜가 천승지국(千乘之國)을 다스리기에 족하고, 그 믿음은 이를 지켜내기에 족합니다. 그 때문에 영공이 이를 아끼고 있지요.

다음으로 그의 선비 중에 왕림(王林)이라는 인물이 있는데, 나라에 어진 이가 있으면 반드시 이를 추천하여 일을 맡도록 해주어 현달하지 아니한 자가 없습니다. 그런데도 스스로는 물러나서 자신의 녹(祿)을 나누어 주면서 살고 있어 영공이 이를 존경하고 있지요.

또 역시 선비 중에 경족(慶足)이라는 이가 있어, 나라에 큰일이 생기면 나서서 이를 처리하여 평온히 하지 못하는 경우가 없습니다. 이 역시 영공이 즐거워하고 있지요.

다음으로 사추(史鰌)가 그 위(衛)나라를 떠나자, 영공은 자기 저택에서 석 달 동안이나 머무르면서 음악 소리 하나 내지 아니한 채, 사추가 돌아와 궁전으로 든 다음에야 자신도 궁궐로 들었습니다. 이로써 저는 그가 어질다는 것을 아는 것입니다.」

 개자추(介子推)가 15세에 형(荊) 땅의 재상이 되었다. 중니(仲尼)가 이 소식을 듣고 사람을 시켜 그가 어떻게 다스리는가를 살피고 오도록 하였다. 심부름하는 자가 돌아와 이렇게 설명하였다.

「그의 낭하(廊下)에는 25인의 준걸한 선비가 있고, 당상(堂上)에도 역시 25인의 노인이 있었습니다.」

이 말에 중니가 이렇게 말하였다.

「25인의 지혜를 합하면 탕(湯)임금이나 무왕(武王)보다 지혜로울 것이며, 25인의 노인의 힘을 합하면 팽조(彭祖)보다 셀 것이다. 이로써 천하를 다스리면 진실로 그 어떤 어려움도 면할 수 있으리라!」

 공자(孔子)가 편안히 쉬던 어느 날 위연(喟然)히 탄식하며 이렇게 말하였다.

「동제백화(銅鞮伯華)가 죽지 않았더라면 천하가 안정을 얻었을 터인데!」

이 말을 듣고 자로(子路)가 물었다.

「원컨대 그 사람이 어떤 인물인지 듣고 싶습니다.」

그러자 공자가 이렇게 설명해 주었다.

「그는 어려서는 민첩하면서 힘써 공부하였고, 장년에는 용기가 있어 불의에 굴복하지 않았으며, 늙어서는 도를 터득하여 능히 스스로 남의 아래에 처하였느니라!」

자로가 의심을 품으며 물었다.

「어려서 민첩하며 학문을 좋아한 것은 옳습니다. 또 장년으로서 용기를 가지고 불의에 굴하지 않은 것 또한 훌륭합니다. 그러나 늙어서 도까지 터득하였다면서 누구에게 스스로를 낮춘다는 말입니까?」

이에 공자가 다시 설명을 하였다.

「자유(子由)야. 너는 모르는구나. 내 듣기로 무리가 많음을 믿고 소수를 공격하였다가 망하지 않은 자가 없다고 하였다. 그러나 귀한 신분이면서 천한 사람 아래에 처하게 되면 얻지 못하는 것이 없다. 옛날 주공(周公) 단(旦)은 천하의 정치를 제압하면서도 자신을 낮추어 모신 선비가 70인이나 되었으니, 어찌 도가 없어서 그러하였겠느냐? 이는 바로 선비를 얻기 위해서 한 일이다. 무릇 도가 있으면서 능히 천하의 선비보다 아래에 처할 수 있는 것이 바로 군자로다!」

위(魏)나라의 문후(文侯)가 중산(中山)으로부터 급히 안읍(安邑)으로 달려올 때에 전자방(田子方)이 모시고 따랐다. 그러다가 오는 길에 태자(太子)인 격(擊)이 수레에서 내려 걸어서 따라오는 것을 보게 되었다. 그런데 자방은 여전히 수레에 앉은 채로 있다가 태자에게 이렇게 부탁하였다.

「저를 대신해서 임금을 모셔 주십시오. 그리고 조가(朝謌)에 가서 저를 기다려 주십시오!」

이 말에 태자가 불쾌히 생각하면서 전자방에게 물었다.

「알지 못하겠습니다. 가난한 자가 남에게 더 교만한지, 부귀한 자가 더 교만한지…?」

그러자 전자방이 이렇게 설명하였다.

「가난한 자가 교만하지요. 부귀한 자가 어찌 교만하겠습니까? 임금된 자가 교만하면 나라를 망치게 됩니다. 나는 아직까지 나라를 가진 자가 스스로 망하기를 바라는 것을 보지 못하였습니다. 또 대부가 교만하면 그 집안을 망치게 됩니다. 역시 나는 이제껏 자기 집안이 스스로 망하기를 바라는 자를 보지 못하였습니다.

그러나 가난하여 아무것도 없는 자는 뜻을 얻지 못하면 얼른 신을 신고 떠나 버리는 법, 어디에 간들 그 빈궁쯤이야 얻지 못하겠습니까? 따라서 가난한 자라야 남에게 교만스러운 것입니다. 부귀한 자가 어찌 남에게 교만하게 굴 수 있겠습니까?」

태자와 문후가 전자방의 이 말을 서로 주고받다가 문후가 이렇게 탄식하였다.

「너 태자가 아니었더라면 내 어찌 어진 이의 말을 얻어들을 수 있었으랴! 내가 전자방 아래에 처하였기 때문에 그를 친구로 얻을 수 있었던 것이다. 그가 나의 친구가 되고서부터 임금과 신하 사이가 더욱 친밀해졌고, 백성들이 더욱 많이 몰려들었다. 나는 이로써 우사(友士)를 얻는 공을 세울 수 있었던 것이다.

또 내가 중산을 치고자 하였을 때, 나는 무공(武功)에 있어서는 악양(樂羊) 아래에 처하여 그를 모셨다. 그렇게 하였더니 과연 3년 만에 그 중산이 나에게 바쳐졌다. 나는 이로써 무(武)의 공을 얻을 수 있었던 것이다. 내가 적지 않은 인물을 이렇게 진출시킬 수 있었던 것은, 지혜가 있다고 해서 나에게 교만하게 구는 자를 아직 보지 못하였기 때문이다. 만약 지혜로써 내게 교만하게 구는 자까지 내가 경험하였다면, 내 어찌 옛사람의 덕에 미치지 못하였겠느냐?」

 진(晉)나라의 문후(文侯)가 평지를 지나 험한 산길을 올라갈 때 대부들이 모두 그를 부축해 주었다. 그런데 대부 중에 수회(隨會)라는 자만은 문후를 부축해 주는 법이 없었다. 문후가 이를 불쾌히 여겨 이렇게 물었다.

「수회야! 무릇 남의 신하가 되어 그 임금에게 잔인하게 굴면 그 죄가 어디에 해당하지?」

수회의 대답은 이러하였다.

「그 죄는 중사(重死)에 해당하지요.」

문후가 다시 물었다.

「중사(重死)가 무엇이냐?」

「그 자신이 주살을 당하는 것은 물론이고, 처자까지도 육살(戮殺)을 당하는 것을 말합니다.」

이렇게 대답한 수회는 다시 덧붙여 물었다.

「그런데 임금께서는 신하된 자로서 임금에게 잔인하게 군 것에 대한 죄는 물으시면서, 왜 임금된 자가 신하에게 잔인하게 굴었을 때의 죄에 대해서는 묻지 않으십니까?」

이 말에 문후가 물었다.

「임금된 자가 신하에게 잔인하게 굴었을 때의 죄라니?」

그러자 수회가 대답하였다.

「남의 임금된 자가 그 신하에게 잔인하게 굴면 지혜로운 선비는 자신의 모책을 내놓지 아니하고, 변별력 있는 선비는 게책을 내놓지 아니하며, 어진 선비는 그 행동을 보여 주지 아니하고, 용기 있는 선비는 죽음을 바치지 아니합니다.」

이 말에 문후가 말고삐를 잡고 수레에 내린 다음 여러 대부들에게 이렇게 말하였다.

「과인이 허리에 병이 있어 내린 것이니, 원컨대 여러 대부들께서는 나를 이상하게 보지 말기를 바랍니다.」

제(齊)나라의 장군 전귀(田聵)가 출병을 하게 되자, 장생(張生)이 교외에까지 와서 환송해 주며 이렇게 말하였다.

「옛날 요(堯)임금이 천하를 허유(許由)에게 양보하려 하자, 허유가 귀를 씻고 이를 받지 않았다 합니다. 장군께서는 이를 알고 있습니까?」

「예, 알고 있습니다.」

「그러면 백이(伯夷)·숙제(叔齊)가 제후(諸侯)의 지위를 사양하고 받지 않았다 하였는데, 장군께서는 그것도 알고 있습니까?」

「예, 알고 있습니다.」

「오릉(於陵) 중자(仲子)는 삼공(三公)의 지위를 버리고 남의 정원사가 되어 꽃에 물을 주며 살았다는데, 장군께서는 이를 알고 있습니까?」

「예, 알고 있습니다.」

「지과(智過)가 임금의 동생으로서의 지위를 떠나 성명을 바꾸고 서인이 되어 화를 면하였다는데, 장군께서는 이를 알고 있습니까?」

「예, 알고 있습니다.」

「또 손숙오(孫叔敖)가 세 번이나 재상 자리를 그만두면서도 후회하지 않았다는 것을 장군께서는 알고 있습니까?」

「예, 알고 있습니다.」

이쯤 되자 장생이 이렇게 설명하였다.

「이상의 다섯 대부들은 명분상으로는 사양한 것이지만, 사실은 관직의 제의를 받은 것 자체를 부끄럽게 여겼습니다. 지금 장군께서는 한 나라의 권세를 다 삼키고 북을 치고 깃발을 드날리면서 튼튼한 방패와 갑옷, 그리고 예리한 무기에 마음 놓고 휘두를 수 있는 군사가 10만, 심지어 도끼를 들고 주살(誅殺)할 수 있는 권한까지 쥐고 있습니다. 그러니 조심하셔서 선비들이 부끄럽게 여겼던 권력으로 남에게 교만히 구는 일이 없도록 하시기 바랍니다.」

그러자 전귀가 이렇게 고마워하였다.

「오늘 여러 사람들은 모두 술과 안주로 나의 출행을 전별해 주었는데, 오직 선생만은 성인의 대도로써 저를 가르쳐 주시니 삼가여 그 명령을 따르겠습니다.」

위(魏)나라의 문후(文侯)가 단간목(段干木)을 만나면서는 계속해서 선 채로 이야기를 주고받느라 피곤하였지만 감히 쉴 수가 없었다. 그런데 적황(翟黃)을 만나면서는 당에 앉은 채 말을 주고받자 적황이 언짢게 여겼다. 이를 눈치 챈 문후가 이렇게 말하였다.

「단간목은 관직을 준다 해도 받지 않고, 녹을 준다 해도 사양하였다. 그런데 지금 그대는 관직을 달라면서 재상 자리를 위하고, 녹을 원하면서 상경(上卿)에 해당하는 것을 바라고 있다. 나에게 상을 받아 놓고 다시 예로써 대해 주지 않는다고 나를 책망하니, 이 어찌 난감한 일이 아닌가?」

 공자(孔子)가 담(郯)으로 가닿가 길에서 정자(程子)를 만났다. 둘은 수레의 덮개를 기울여 놓은 채 해가 기울도록 이야기를 나누었다. 그리고 잠깐 사이 자로(子路)를 돌아보며 이렇게 부탁을 하였다.

「비단 한 묶음 가져다가 이 선생님께 예물로 드려라!」

그러나 자로는 대답조차 아니하였다.

잠시 후 공자가 다시 뒤를 돌아보며 자로에게 「비단 한 묶음을 이 선생님께 드려라!」고 하였다. 자로는 언짢은 듯이 이렇게 물었다.

「제가 듣기로 선비로서 소개 없이 만난다거나 여자로서 중매 없이 시집 가는 일, 이런 것은 군자가 하는 일이 아니라 하였습니다.」

그러자 공자가 이렇게 설명해 주었다.

「유(由)야! 《시경(詩經)》에 이렇게 말하지 않았더냐? 『들에는 치렁치렁 뻗은 풀들, 구슬 같은 이슬이 맺혀 있다네. 아름다운 미인 하나, 맑고 뛰어난 그 아름다움, 오가는 길 한번만이라도 만나봤으면. 내 평생 소원이 풀리리로다!』

지금 정자(程子)라는 분은 천하의 현사(賢士)이시다. 지금 드리지 않으면 종신토록 뵙지 못할지도 모른다. 큰 덕이란 규칙을 벗어나서는 안 되지만, 작은 덕이란 약간의 넘나듦이 가능한 것이니라.」

제(齊)나라의 환공(桓公)이 관중(管仲)에게 국씨(國氏)를 다스리는 임무를 맡기자, 관중이 이렇게 대답하였다.

「낮은 지위에 있는 자가 존귀한 자를 다스릴 수는 없습니다.」

그래서 환공은 그를 상경(上卿)으로 삼았다. 그런데도 국씨가 다스려지지 않았다. 환공이 이상해서 물었다.

「무슨 까닭으로 국씨가 다스려지지 않습니까?」

관중의 대답은 이러하였다.

「가난한 자는 부유한 자를 부릴 수 없습니다.」

이에 환공은 제나라 시장의 세금 1년치를 관중에게 주었다. 그러나 역시 국씨는 다스려지지 않았다.

「무슨 까닭입니까?」

환공의 이 질문에 관중은 이렇게 대답하였다.

「관계가 먼 자는 관계가 친밀한 임금의 친족들을 제압할 수가 없습니다.」

이에 환공은 즉시 관중을 중부(仲父)로 삼았다. 그러자 국씨가 크게 다스려져서 드디어 천하를 제패할 수 있게 되었다.

공자(孔子)가 이렇게 말하였다.

「관중 같은 어진 이도 이러한 삼권(三權)을 쥐지 못하였더라면, 역시 그 임금으로 하여금 남면(南面)하여 패자가 되는 일을 성공시키지 못하였을 것이다.」

· 국씨(國氏): 제(齊)나라 공족(公族)으로 당시 세력을 잡고 있어 위협의 대상이 되었던 듯하다.

· 중부(仲父): 환공(桓公)이 관중(管仲)을 아버지 항렬의 중부(仲父, 작은아버지)로 삼았다.

 환공(桓公)이 관중(管仲)에게 물었다.
「나는 술잔에 술이 썩어나고 곳간에 고기가 썩어나게 하면서도 패자가 되고 싶은데, 이것이 방해가 되지는 않겠습니까?」

그러자 관중이 이렇게 대답하였다.

「이는 귀한 자에게 지극히 잘못된 것이기는 하나 패업을 이루는 데 해가 되지는 않습니다.」

이에 환공이 다시 물었다.

「그렇다면 패업을 이루는 데 방해가 되는 것은 무엇입니까?」

관중의 대답은 이러하였다.

「어진 이를 몰라보는 것, 알면서도 등용하지 않는 것, 등용해 놓고도 임무를 주지 않는 것, 임무를 주고 나서도 믿지 못하는 것, 믿기는 하되 다시 소인배를 시켜 간섭하는 것. 이것이 패업에 방해가 되는 것들입니다.」

이에 환공이 「좋습니다」라고 하였다.

 노(魯)나라 사람들이 비(鄪) 땅을 공격해 오자, 증자(曾子)가 비 땅의 임금에게 사직을 고하고 떠나려 하였다. 그리하여 비군(鄪君)에게 이렇게 말하였다.

「떠나겠습니다. 전쟁이 끝나면 다시 돌아오겠습니다. 그동안 잠시 저의 집에 개나 돼지 들이 마구 들어가지 못하도록 지켜 주십시오.」

그러자 비군이 이렇게 만류하였다.

「과인이 선생께 잘 대해 준 것을 모르는 사람이 없습니다. 지금 노나라가 우리를 공격하고 있는데, 선생께서 나를 버리고 떠나시면서 그 집을 지켜 달라니 어찌 그럴 수가 있습니까?」

노나라 사람들이 비 땅을 쳐들어와서는 과연 열 가지 죄목을 들어 비군을 나무랐다. 그런데 그 중 아홉 가지가 평소 증자가 간언하던 내용과 같았다. 노나라 군사가 물러가자, 비군이 다시 증자의 집을 잘 수리해 놓고 나서 그를 맞이하였다.

송(宋)나라의 사성(司城) 자한(子罕)은 자위(子韋)라는 인물을 대단히 중히 여겨 들어서는 밥을 같이 먹고, 나갈 때는 옷을 같이 입을 정도였다. 하지만 사성 자한이 국외로 망명하게 되었을 때에는 자위가 이를 따르지 아니하였다. 그런데도 사성 자한은 국내로 돌아오자, 다시 자위를 불러 여전히 후하게 대접해 주는 것이었다.

그러자 자한의 신하가 물었다.

「귀하께서 자위에게 그렇게 잘 대해 주었건만, 귀하가 망명할 때 그는 모른 척하였습니다. 그런데도 돌아와 다시 그를 귀히 여기시니, 귀하에게 충성을 바치는 자들에게 부끄럽지 않으십니까?」

이에 자한이 이렇게 설명하였다.

「내가 오직 자위를 잘 등용하지 않아서 망명의 경우까지 맛보게 되었다. 지금 내가 다시 복귀할 수 있었던 것은, 오히려 지위의 덕교(德敎)가 남아 있었기 때문이다. 이는 내가 망명의 길에 올랐을 때, 나의 공적을 다 깎아 버리고 내가 심은 것들을 다 뽑아 버린 채 나를 따르던 자들과 어느것이 나의 망명에 이익이 되었겠는가?」

양인(楊因)이 조간주(趙簡主)를 만나러 와서 이렇게 말하였다.

「저는 고향에서 세 번 쫓겨났고, 임금을 모시다가 다섯 번 퇴거당하였습니다. 그런데 지금 군(君)께서 선비를 좋아하신다는 말을 듣고 이렇게 찾아뵙게 된 것입니다.」

간주가 이 말을 전해 듣고 음식을 끊고 탄식하며 무릎으로 기어다니는 것이었다. 그러자 좌우 신하들이 나서서 간언을 하였다.

「고향에서 세 번이나 쫓겨났다는 것은 여러 사람에게 용납될 수 없는 인물이라는 뜻이요, 임금을 섬기다가 다섯 번이나 쫓겨났다는 것은 윗사람에게 충성을 할 줄 모르는 자라는 뜻입니다. 그러니 군(君)께서는 지금 여덟 번이나 과오를 저지른 선비를 맞으시려는 것입니다.」

간주는 이 말에 이렇게 대꾸하였다.

「그대들은 모르는구료! 무릇 미녀란 추부(醜婦)의 적이요, 성덕지사(盛德之士)는 난세(亂世)에 소홀함을 당하며, 정직한 행동은 사악하고 굽은 자에게 미움의 대상이라는 것을!」

그리고는 드디어 나가서 그를 맞이하여 재상으로 삼았다. 과연 나라가 크게 다스려졌다.

이러한 경우로 보건대, 멀리하고 가까이하여야 할 사람은 잘 살펴보고 결정하지 않으면 안 된다.

응후(應侯)와 가오자(賈午子)가 함께 앉아 있을 때, 응후가 가오자의 거문고 연주 소리를 듣고 이렇게 물었다.

「오늘의 거문고 소리가 어찌 이리도 슬프오?」

이에 가오자가 이렇게 대답하였다.

「무릇 줄을 팽팽히 하고 음조를 낮게 잡았더니, 이렇게 사람을 슬프게 하는 소리를 내는군요. 곧 줄을 강하게 하였다는 것은 훌륭한 재목감이라는 뜻이고, 음조를 낮추었다 함은 벼슬이 낮다는 뜻입니다. 훌륭한 재목감으로 낮은 관직에 처하도록 하였으니, 어찌 슬프지 않으리요!」

이 말에 응후는 「대단합니다」라고 하였다.

13년에 제후들이 군대를 일으켜 제(齊)나라를 공격해 오자, 제나라 임금(위왕)이 이를 듣고 크게 겁을 내며 군신(羣臣)·대부(大夫) 들을 불러 이렇게 고하였다.

「지혜로운 의견이 있으면 과인을 위하여 말씀해 주십시오.」

이 말에 박사(博士) 순우곤(淳于髡)이 하늘을 쳐다보고 크게 웃기만 할 뿐 대답이 없었다. 세 번씩이나 웃기만 하고 대답을 아니하자, 임금이 노기를 띠며 물었다.

「선생은 과인이 한 말을 놀림감으로 삼고 있습니까?」

그제서야 순우곤이 이렇게 대답하였다.

「제가 어찌 감히 임금의 말씀을 놀림감으로 여기겠습니까? 제가 웃은 것은, 밭에 나가 농사 잘 되리고 제사를 지내던 저의 이웃집 사람이 생각났기 때문입니다. 그는 그릇 하나에 밥을 떠놓고 술 한 병에 붕어 세 마리만을 차려 놓은 다음, 빌기는 『언덕 위의 밭에는 벼를 심기에 알맞게 해주시고, 물이 드는 논에는 수레 1백 대 분량의 쌀이 쏟아져 후세에 길이 전해지며, 실컷 쓰고도 남음이 있기를 비옵니다』라고 하더이다. 저는 그가 귀신에게 바치는 것은 적으면서 청하는 것은 많은 양을 보고 웃은 것입니다.」

이 말에 왕은 즉시 순우곤을 상경(上卿)으로 삼아 1천 금을 내려 주고, 수레 1백 대를 주며, 제후들에게 나가 사건을 조정해 줄 것을 청하였다. 그러자 제후들이 이 소식을 듣고 즉시 그 군대를 흩어 버리고 사졸을 휴식시키며, 감히 제나라를 공격할 엄두를 내지 못하였다. 이 모두가 어찌 순우곤의 힘이 아니겠는가?

전기(田忌)가 제(齊)나라를 버리고 초(楚)나라로 도망 가자, 초나라 임금이 교외에까지 나와 그를 맞이하여 숙소로 인도하였다. 그리고 나서 전기에게 물었다.

「우리 초나라는 만승지국(萬乘之國)입니다. 제나라도 역시 만승지국이지요. 그런데 서로 항상 상대방을 겸병하려고 으르렁거리고 있으니, 어떻게 하였으면 좋겠습니까?」

이에 전기가 이렇게 일러 주었다.

「알기 쉽지요. 제나라가 만약 신유(申孺)를 장수로 삼아 쳐들어오면, 이 초나라는 5만 명의 군사를 내어 상장군(上將軍)으로 하여금 거느리고 싸우게만 해도, 그 나라 장수급의 인물을 사로잡아 돌아올 수 있을 것입니다. 또 제나라가 전거(田居)를 장수로 삼아 쳐들어오면, 그때는 20만 명의 군사를 내어 역시 상장군으로 하여금 이를 거느리게 하되, 상대를 경우에 따라 나누어 상대하도록 하면 됩니다. 다음으로 제나라가 면자(眄子)를 장수로 삼아 쳐들어오면, 임금께서는 국경 내의 군사를 다 모아 친히 이들을 거느리고 저 전기도 그 뒤를 따르며, 상국(相國)과 상장군을 좌우 사마(司馬)로 삼아야 합니다. 이렇게 하여야만이 임금께서는 겨우 버티어 낼 수 있을 것입니다.」

과연 제나라는 먼저 신유를 장수로 삼아 초나라를 쳐들어왔다. 이에 초나라에서는 5만 명의 군사만 내어 상장군으로 하여금 맞서 싸우게 하였는데도, 제나라 장수를 사로잡아 돌아올 수 있었다.

그러자 제나라 임금이 분함을 품고, 다시 면자로 장수를 바꾼 다음 쳐들어왔다. 이에 초나라에서는 국경 내의 군사를 다 모아 임금이 친히 이들을 이끌고 나섰으며, 전기가 이에 따르고 상국과 상장군은 좌우의 사마가 되고, 다시 임금의 전차에는 구승(九乘)을 덧보태어 맞서서야 겨우 그 멸망을 면할 수 있었다.

싸움이 끝나고, 돌아온 임금이 북면(北面)하여 전기 앞에 옷깃을 여미고 앉아 이렇게 물었다.

「선생은 어찌하여 그렇게 예견할 수 있었습니까?」

이에 전기가 이렇게 설명해 주었다.

「신유는 그 사람됨이 어진 자는 경멸하고 불초한 자는 무시하는 인물이지요. 그래서 어진 자건 불초한 자건 누구나 그에게는 등용되지 못합니다. 이 때문에 망한 것이지요. 다음으로 전거라는 사람은 어진 자는 높일 줄 아나 불초한 자에게는 천박하게 대하는 사람입니다. 그래서 어진 자는 임무를 짊어지지만 불초한 자는 그로부터 떠나 버리지요. 그래서 싸움에 맞붙어 보면 서로 경우에 맞게 나누어 상대하여야 물리칠 수 있습니다. 그리고 면자라는 인물은 어진 자는 높여 주고 불초한 자도 아껴 줍니다. 그래서 어진 자건 불초한 자건 모두 그에게 책임을 다하지요. 이 때문에 임금께서는 그와 맞붙어 겨우 존속하는 것입니다.」

위(魏)나라의 문후(文侯)가 곡양(曲陽)이라는 곳에서 대부들과 술을 마시면서, 그 술이 어느 정도 취하자 이렇게 탄식하였다.

「나는 어찌하여 홀로 예양(豫讓) 같은 인물을 신하로 거느릴 수가 없을까?」

이 말을 듣고 건중(蹇重)이 술잔을 들어 문후에게 내밀며 이렇게 말하였다.

「청컨대 제가 임금에게 벌주를 드리겠습니다.」

문후가 물었다.

「무슨 뜻입니까?」

이에 건중이 이렇게 설명하였다.

「제가 듣기로 명령을 바르게 내리는 부모는 자식이 효자인지 모르는 법이며, 도를 아는 임금은 신하가 충성스러운지조차도 모른다고 하였습니다. 그렇다면 예양의 임금은 어떠한 인물이었겠습니까?」

그러자 문후가 그 벌주를 받아 양보하지도 않고 다 마셔 버렸다. 그리고는 이렇게 말하였다.

「관중(管仲)과 포숙(鮑叔) 같은 신하가 없었기에 예양 같은 이가 공을 세울 수 있었겠지요.」

조간자(趙簡子)가 이렇게 말하였다.

「나는 범씨(范氏)·중항씨(中行氏)가 거느렸던 그런 양신(良臣)을 얻고 싶다.」

그러자 사염(史黶)이 물었다.

「어디에 등용하시렵니까?」

이에 간자가 이렇게 말하였다.

「양신은 사람들이 다 원하는 바이다. 다시 무엇을 물을 게 있겠는가?」

그러자 사염이 이렇게 말하였다.

「귀하께서는 양신이 없다고 여기기 때문에 그런 생각을 하는 것입니다. 무릇 임금을 섬기는 자는 잘못을 간하여 주고 옳은 것은 추천하며, 잘한 것을 드러내어 표창하고 그릇된 것을 바꾸어 주며, 능력 있는 자를 올려 주고 어진 이는 추천하여야 합니다. 아침저녁으로 귀가 닳도록 잘한 일과 실패한 일을 임금께 들려 주되, 이것을 들어 주면 벼슬에 나아가고 그렇지 않으면 물러나는 것입니다.

지금 범씨·중항씨의 신하를 양신이라고 하였는데, 그들은 그 임금을 바로잡지도 못하고 오히려 어려움 속에 몰아넣었으며, 밖으로 쫓겨났는데도 다시 모셔 오지도 못하고 있습니다. 이렇듯 임금이 망명하자 포기하고 있으니, 어찌 양신이라 할 수 있겠습니까? 만약 그들이 포기하지 않고 따라가 죽었다면, 귀하께서 어찌 그들의 땅을 대신 차지할 수 있었겠습니까?

무릇 훌륭한 신하란 그 임금의 경영을 도와 복위(復位)토록 해야 하며, 그 임무는 죽음 이후에나 그쳐야 하는 것입니다. 그런 자가 있었다면 어느 날에 귀하에게 찾아왔겠습니까? 능히 임무를 완성하지 못하면 훌륭하다고 할 수 없습니다.」

이 말에 간자가 「훌륭합니다」라고 하였다.

자로(子路)가 공자(孔子)에게 물었다.
「나라를 어떻게 다스려야 합니까?」
공자가 대답하였다.
「어진 이를 공경하고, 불초한 자를 멀리하면 된다.」
자로가 다시 물었다.
「범씨(范氏)·중항씨(中行氏)는 어진 이를 공경하고 불초한 자를 멀리하였는데도 망하였습니다. 그 이유는 무엇입니까?」
이에 공자가 이렇게 설명하였다.
「범씨·중항씨는 어진 이를 공경하되 이를 등용하지 않았고, 불초한 자를 멀리하되 아주 끊지를 못하였다. 어진 이란 자신이 등용되지 않는 것을 알고 나면 원망하는 법이요, 불초한 자는 자기를 천히 여긴다는 것을 알고 나면 원수로 여기는 법이다. 어진 이가 원망을 품고 불초한 자가 원수로 여기면, 원망과 원수가 함께 나란히 앞을 가로막는 것과 같은데, 중항씨가 비록 망하지 않으려고 버틴들 그것이 가능하겠느냐?」

진(晉)나라와 형(荊)나라가 필(邲) 땅에서 싸울 때, 진나라가 계속해서 패배하자 순림보(荀林父)가 스스로 죽기를 청하였다. 진나라의 소공(昭公)이 이를 허락하자, 사정백(士貞伯)이 이렇게 만류하였다.
「안 됩니다. 성복지역(城濮之役) 때에는 우리 진나라가 초(楚)나라를 이겼습니다. 그때 문공(文公)께서는 오히려 근심스러운 얼굴을 하면서 『초나라에 자옥子玉이 살아 있는 한 근심은 사라지지 않을 것이다. 덫에 걸린 짐승도 끝까지 반항하는데, 하물며 한 나라의 재상임에랴?』 하고는, 드디어 초나라가 자옥을 죽여 버리자 『나에게 더 이상 독을 품을 자가 없으리라』고 하였습니다.

지금 순림보가 죽으면 혹시 이 진나라에 큰 경계심을 일깨워 줄지는 모르겠으나, 순림보는 임금을 섬김에 있어서 나아가서는 충성을 다하였고 물러나서는 잘못을 바로잡기에 애썼습니다. 바로 사직의 보위(保衛)라고 할 수 있습니다. 그런데 지금 죽인다면, 이는 초나라의 승리를 더욱 확실하게 해주는 것이 됩니다.」

이에 소공이 「좋습니다!」 하고는, 그를 다시 장군으로 복위시켜 주었다.

제9장 정간(正諫)

정직한 간언

《주역(周易)》에 『임금의 신하가 되어 온갖 고생을 두려워하지 않는다. 그러면서 결코 자기 몸을 위하지 않는다』고 하였으니, 사람의 신하로서 그 난관에 대해 온갖 고생을 하면서도 그 임금에게 충간을 하는 것은 모두가 자기 자신을 위한 것은 아니다. 이는 바로 그 임금의 과오를 바로잡아 주고, 그 임금의 실책을 교정(矯正)해 주는 것이어야 한다.

임금에게 과오와 실책이 있다는 것은 바로 위험과 멸망의 싹이 되는 것이므로, 임금의 과실을 보고도 이를 간언하지 않는 것은 임금의 위망(危亡)에 대해 경홀히 대처하는 행위이다.

무릇 임금의 위망을 경홀히 하는 일은 충신으로서는 차마 못할 일이다. 세 번을 간하였는데도 들어 주지 않으면 떠나야 한다. 떠나지 않으면 자신의 몸을 망치게 되기 때문이다. 자신의 몸을 망치는 것은, 어진 이로서는 할 바가 못 된다.

이런 까닭으로 간언(諫言)에는 다섯 종류가 있다.

첫째는 정간(正諫)이며, 둘째는 항간(降諫)이며, 셋째는 충간(忠諫)이며, 넷째는 당간(戇諫)이며, 다섯째는 풍간(諷諫)이다.

공자(孔子)는 「나는 풍간(諷諫)을 따르리라!」고 하였다.

무릇 간언하지 아니하면 임금이 위험하고, 간언을 하면 자신이 위험한 경우가 있다. 이럴 경우에는 임금을 위험하게 하느니보다 차라리 자신을 위험하게 하는 편이 낫다. 그러나 사신을 위험하게 하면서까지 간언을 하였는데도 끝내 들어 주지 않는 경우라면, 이는 아무리 간언을 해도 효과가 없다.

그래서 지혜로운 이는 임금의 권위와 시의(時宜)를 잘 헤아려 그 완급을 조절하며, 그 마땅함을 이해시킨다. 그렇게 함으로써 위로는 임금이 위험에 빠지지 않도록 하고, 아래로는 자신도 위험에 처하지 않도록 하는 것이다. 따라서 나라는 나라대로 위험이 없고, 자기 몸은 자기 몸대로 위태롭지 않게 된다.

옛날 진(陳)나라의 영공(靈公)은 설야(泄冶)가 간언을 하자, 이를 듣지 않고 죽여 버렸다. 그러나 조기(曹羈)는 세 번이나 조(曹)나라 임금에게 간언을 하였지만 들어 주지 않자 떠나 버렸다.

《춘추(春秋)》에는 그 의(義)를 보아 둘 다 어진 이라고는 하였지만, 둘 중에 그래도 조기가 예(禮)에 맞는 행동을 하였다고 볼 수 있다.

· 정간(正諫): 정당하고 바르게 간언함.
· 항간(降諫): 자기 자신을 최대한 낮추어 간언을 함. 〈강간〉으로도 읽을 수 있다.
· 충간(忠諫): 충성을 가지고 간언함.
· 당간(戇諫): 본음은 〈장간〉. 戇은 『어리석고 고지식하며 우직하다』의 뜻. 즉 우직하게 간언함을 말한다.
· 풍간(諷諫): 풍자·비유를 들어 간언하여 스스로 깨우치도록 유도함을 말한다.

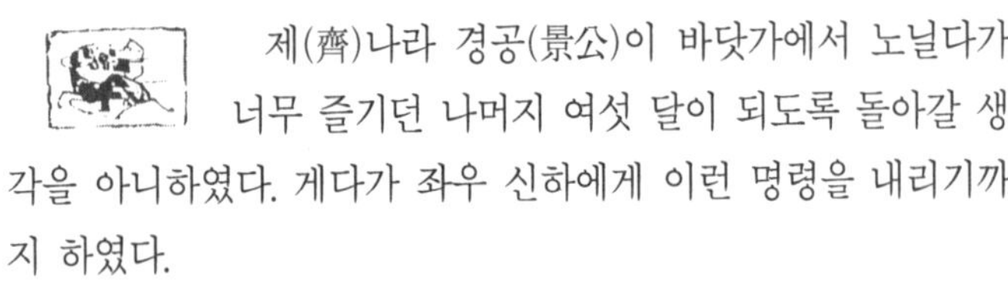제(齊)나라 경공(景公)이 바닷가에서 노닐다가 너무 즐기던 나머지 여섯 달이 되도록 돌아갈 생각을 아니하였다. 게다가 좌우 신하에게 이런 명령을 내리기까지 하였다.

「누구든지 먼저 돌아가자고 말하는 자가 있으면 내 이를 용

서 없이 죽이리라!」

이 말에 안촉추(顔燭趨)가 이렇게 간하였다.

「임금께서는 바닷가의 즐거움에 빠져 여섯 달째나 돌아갈 생각을 않고 있습니다. 저 궁궐 내에 만약 나라를 다스리겠다고 나서는 이가 있어 임금 자리를 빼앗기면, 임금께서는 장차 어찌 이 바닷가에서 다시 즐겨 볼 기회가 있겠습니까?」

그러자 경공이 창을 들고서 그를 쳐죽이려고 나섰다. 이에 안촉추가 다시 그 앞으로 나아가 옷깃을 여미며 죽음을 기다렸다.

「왜 어서 치지 않습니까? 옛날 걸(桀)은 관룡봉(關龍逢)을 죽였고, 주(紂)는 왕자 비간(比干)을 죽였습니다. 임금의 어짊은 이 두 폭군만도 못하고, 저의 재주 또한 두 충신에 미치지 못합니다. 그런데도 왜 어서 저를 죽이지 않습니까? 저로 하여금 그 두 사람의 이름과 함께 오를 수 있도록 해주시면, 이 또한 멋진 일이 아니겠습니까?」

경공이 이 말을 듣고 기뻐하며 드디어 귀로에 올랐다. 그러다가 중도에서 과연 나라안에서 경공이 들어오지 못하도록 음모를 꾸미고 있다는 소식을 듣게 되었다.

 초(楚)나라 장왕(莊王)이 임금이 되어 3년 동안 주회를 열지 않은 채, 오히려 나라에 이린 영을 내렸다.

「과인은 남의 신하된 자가 자주 그 임금에게 간언하는 것을 싫어한다. 지금 과인은 나라를 가지고 있으며, 사직을 세우고 있는 이 나라의 최고권자이다. 누구든지 간언하는 자가 있으면

이에 용서치 않고 죽여 버릴 것이다.」

이 말에 소종(蘇從)이라는 이가 나서서 이렇게 말하였다.

「임금의 은덕으로 높은 작위에 처해 있으면서, 또 임금으로 인해 후한 녹을 먹으면서 죽는 것이 아까워 간언을 하지 않는 것은 충신일 수 없다.」

그리고는 들어가 간언을 하였다. 장왕은 고종(鼓鐘) 등 많은 악기를 갖추어 놓은 가운데 왼쪽에는 양희(楊姬)를 끼고 오른 쪽에는 월희(越姬)를 껴안았으며, 왼쪽에는 짧은 옷을, 그리고 오른쪽에는 조회 때 입는 의복을 팽개쳐 놓은 채 이렇게 말하였다.

「나는 음악을 즐기느라 한가할 틈이 없다. 어찌 간언을 들을 시간이 있겠는가?」

이에 소종이 이렇게 말하였다.

「제가 듣기로 도를 좋아하면 많은 자질이 생기지만, 음악을 좋아하면 많은 미혹에 빠진다 하였습니다. 또 도를 좋아하게 되면 많은 양식이 생기지만, 음악을 좋아하면 망하고 만다고 하였습니다. 이 형(荊)나라는 망할 날이 얼마 남지 않았습니다. 죽을 신하인 저는 감히 임금께 고합니다.」

이 말에 장왕이 「옳다」 하고는 왼손으로는 소종의 손을 잡고, 오른손으로는 감추었던 칼을 꺼내어 악기를 매달아 놓은 줄을 끊어 버렸다. 그리고 이튿날 소종을 재상으로 삼았다.

진(晉)나라의 평공(平公)은 음악을 좋아하였으며, 아울러 많은 세금을 거두어 놓고도 성곽조차 수리하지 않았다. 그리고는 이런 명령을 내렸다.

「감히 간언하는 자가 있으면 죽여 버리리라!」

나랏사람들이 모두 근심에 싸여 있을 때, 구범(咎犯)이 나서서 문지기 대부를 만나 이렇게 전하도록 하였다.

「내가 듣자 하니, 임금께서 음악을 좋아하신다면서요? 내 음악을 가지고 임금을 뵙고 싶습니다.」

문지기 대부가 들어가 임금에게 「우리 진나라 사람으로 구범이라는 자가 음악에 관한 일로 임금을 뵙겠다 합니다」라고 전하자, 평공이 「들게 하라」고 허락하였다. 이에 구범이 궁궐에 들어가서 자리에 앉아 각종 악기를 꺼내었다. 잠시 후 평공이 물었다.

「손님께서는 악기를 연주할 줄 아시오?」

구범은 이렇게 대답하였다.

「신은 음악을 연주할 줄 모릅니다. 그러나 비유에 대해서는 잘 알지요.」

그러자 평공이 비유의 말을 잘하는 관리 12인을 불러들였다. 이에 구범이 물었다.

「은신(隱臣)들이 가만히 돌아보아 맞지 않으면 죽음을 감수할 수 있습니까?」

평공은 「좋소」라고 하였다. 그러자 구범이 왼쪽 팔뚝을 내밀고 다섯 손가락을 펴서 하나씩 꼽아 보였다.

평공이 그 은관들에게 「무슨 뜻인지 이를 점쳐 보시오!」 하자, 은관들 모두가 「모르겠습니다」라고 답하였다.

평공은 할 수 없이 「모두 제자리로 돌아가시오!」라고 명하였다.

이에 구범은 그 한 개씩의 손가락을 펴보이며 이렇게 말하였다.

「이 하나는, 놀이 때문에 산에 나무가 없이 벌거숭이가 되었는데 성궐은 높이 짓는 것을 뜻합니다. 두번째 이 손가락은, 임금의 기둥과 대들보는 비단으로 입혀 화려하게 꾸몄는데 선비나 백성 들은 입을 옷이 없다는 뜻입니다. 다음 세번째 이 손가락은, 광대들에게는 남아도는 술이 지천인데 죽어가는 선비에게는 갈증을 해소할 물 한 방울 없다는 뜻입니다. 네번째 이 손가락은, 백성은 굶주린 얼굴인데 임금의 말에게는 인간이 먹을 양식을 먹인다는 뜻입니다. 마지막 다섯번째 이 손가락은, 곁에 있는 신하는 감히 간언을 하지 못하고, 멀리 있는 신하는 감히 가까이 오지도 못한다는 뜻입니다.」

그러자 평공이 「옳다!」 하고는 종고(鐘鼓)를 막아 버리고 우슬(竽瑟)을 치우고, 드디어 구범과 함께 나라를 다스리는 일에 전념하게 되었다.

· 종고(鐘鼓): 종과 북.
· 우슬(竽瑟): 피리와 거문고.

　　　　　　맹상군(孟嘗君)이 장차 서쪽의 진(秦)나라로 가려 하자, 빈객들이 1백 번씩이나 간언을 하였지만 듣지 아니하였다. 그리고는 도리어 이렇게 말하였다.

「인사(人事)의 일로 나에게 간한다면 내가 다 아는 일이다. 또 만약 귀신의 일로 간한다면 죽여 버리리라!」

그때 알자(謁者)가 들어와 고하였다.

「어떤 손님이 귀신의 일로 말씀드릴 게 있다 합니다.」

이에 맹상군이 「들게 하라」고 허락하였다. 그러자 그 사람이 들어와서 이렇게 말하였다.

「제가 오는 길에 치수(淄水)가를 지나게 되었습니다. 그런데 흙으로 만들어진 인형이 바야흐로 나무로 만들어진 인형과 이야기를 나누고 있었습니다. 나무인형이 흙인형에게 『너는 원래 흙이었다. 그 흙을 가져다가 인형을 만든 것이다. 그러니 큰비가 오고 물이 넘쳐 밀려들게 되면 너는 어쩔 수 없이 허물어지고 말 것이다』라고 하자, 그 흙인형이 『그래. 나는 흙으로 되었으니 허물어지고 나서 나의 본래 모습으로 돌아가면 그뿐이다. 그러나 너는 원래 동원(東園)의 복숭아나무였다. 이를 조각하여 너의 모습이 된 것이다. 그러니 큰비가 내려 물이 넘쳐 밀려들면, 너는 그 어딘지도 모르고 정처없이 둥둥 떠다닐 것이다』라고 대꾸하였습니다.

지금 진(秦)나라는 사방이 막힌 나라인데다 호랑이나 이리 같은 마음을 품고 있어, 잘못하면 귀하가 나무인형 같은 신세가 되지나 않을까 염려스럽습니다.」

이에 맹상군이 머뭇거리다가 물러서서는 더 이상 대답을 하지 못하였다. 그리고는 마침내 감히 서쪽 진나라로 향하지 못하였다.

· 알자(謁者): 손님을 윗사람에게 통보하고 안내하는 임무를 띤 신하.

오왕(吳王)이 형(荊)나라를 치려고 하면서, 좌우 신하들에게 이렇게 일렀다.

「감히 반대하여 간언하는 자는 죽이리라!」

그런데 궁(宮) 안에 오왕의 젊은 태자(太子)가 있었다.

그는 간언을 하고 싶었으나 감히 실행을 하지 못하게 되자,
탄환(彈丸)을 지닌 채 후원(後園)에 가서 옷에 이슬을 적시면
서 사흘간이나 아침마다 서성거리고 있었다.

오왕이 이상하게 여겨 물었다.

「너는 무슨 까닭으로 옷까지 적시면서 고생함이 이와 같은가?」

그러자 젊은 태자는 이렇게 말하였다.

「이 뜰에 나무가 하나 있습니다. 그 나무에는 매미가 한 마
리 있지요. 그 매미는 높이 붙어서 슬피 울며 이슬을 먹고 있
습니다. 그런데 사마귀가 그 뒤에서 노리고 있다는 걸 모르고
있습니다. 그 사마귀는 몸을 붙이고 숨어서 매미를 덮칠 생각
에만 빠져, 그 곁에 꾀꼬리가 노리고 있는 것을 알지 못하고
있습니다. 그러나 그 꾀꼬리도 역시 목을 늘여 사마귀를 쪼아
먹을 생각에만 눈이 먼 채, 그 아래에 탄환을 가지고 쏠 준비
를 하고 있는 저를 알지 못합니다. 이 세 마리는 모두가 눈앞
에 있는 이익을 얻기에만 급급할 뿐, 그 뒤에 있는 환난을 돌
아볼 줄 모르는 것입니다.」

오왕이 이 말을 듣고서 「옳도다」 하고는, 드디어 군사를 흩어
버렸다.

초(楚)나라의 장왕(莊王)이 양하(陽夏)를 치면
서, 그 군사들이 오랫동안 시달렸지만 그만둘 생
각을 하지 않았다. 이에 여러 신하들이 간언을 하고자 하였으
나 감히 실행에 옮기지를 못하고 있었다. 그러다가 장왕이 마
침 운몽(雲夢)에 사냥을 나갔을 때, 초거(椒擧)가 나서서 의렇
게 간언하였다.

「임금께서 많은 짐승을 잡을 수 있는 것은 말이 있기 때문입니다. 그런데 임금의 나라가 망하고 나면 그 말을 어디서 구하지요?」

이 말에 장왕이 「옳다! 나는 강한 나라를 제압하면 제후의 우두머리가 될 수 있다는 것을 알고 있다. 또 땅을 많이 가지면 부자가 될 수 있다는 것도 알고 있다. 그러나 우리 백성들이 옳게 쓰이지 못하고 있다는 것은 잊고 있었다」 하고는, 이튿날 대부들을 위해 술자리를 마련해 놓고 그 자리에서 초거를 상객(上客)으로 삼아 양하의 전쟁을 그치게 하였다.

진(秦)나라 시황제(始皇帝)의 어머니인 태후(太后)는 근신함이 없었다. 겨우 낭(郞) 벼슬밖에 안 되는 노애(嫪毒)를 사랑하여 그에게 장신후(長信侯)라는 벼슬까지 주었고, 둘 사이에서는 두 아들까지 태어나게 되었다. 이에 노애는 국사에 전횡을 부리기 시작하였고 점점 교만과 사치에 물들어, 드디어 시중(侍中)과 임금 좌우의 귀한 신하들과 어울려 도박과 술판까지 벌였다. 그러다가 술이 취하여 언쟁이 붙고 싸움이 나면 눈을 부릅뜨고 이렇게 꾸짖는 것이었다.

「나는 황제(皇帝)의 가부(假父)이다. 하찮은 녀석들이 어찌 감히 나와 맞서려 하느냐!」

이에 그와 다투었던 자들이 황제에게 달려가 사실대로 이야기하자 황제가 크게 노하였다. 그러자 노애는 주살(誅殺)이 두려워 먼저 치고 나서서 난을 일으켰다. 전투는 함양궁(咸陽宮)에서 벌어졌다. 결국 노애가 패하자 황제는 노애를 잡아다가 사지(四肢)를 찢는 거열형(車裂刑)에 처하였고, 어머니 태후와

노애 사이에서 난 자신의 두 동생은 자루에 넣어 쳐죽여 버렸
다. 그리고 어머니인 황태후(皇太后)는 부양궁(萯陽宮)으로 옮
겨가 있도록 하고는 이렇게 영을 내렸다.

「감히 태후의 일로 나에게 간하는 자가 있으면 모두 죽여 없
애리라! 그리고 찔레가시로 그의 척육(脊肉)을 도려내며, 그 사
지(四肢)를 잘라 대궐 아래 쌓으리라!」

그런데도 간언을 하다가 죽은 이가 27인이나 되었다. 이때
제(齊)나라에서 온 모초(茅焦)라는 자가 황제에게 가서 알현하
기를 청하였다.

「제나라에서 온 모초라는 자가 황제께 간언을 하고자 합니다.」

이 말을 들은 황제는 사자를 시켜 태후의 일로 간언하는 것
이 아니라면 허락하겠노라고 하였다. 모초는 그렇게 하겠노라
고 하였으나, 사자는 이를 알아차리고 황제에게 가서 「과연 태
후의 일로 간언하려는 것입니다」라고 알렸다.

이에 황제가 이렇게 명하였다.

「얼른 가서 고하거라. 『너는 대궐 아래에 쌓인 시체들을 보
지 못하였느냐?』고.」

사자가 다시 모초에게 이 말을 전하자, 모초가 이렇게 말하
였다.

「제가 들으니, 하늘에는 이십팔수(二十八宿)가 있다고 하였습
니다. 지금 죽은 자가 27인이라면서요? 내가 온 것은 모자라는
하나의 수를 채우기 위한 것입니다. 나는 그 죽은 자들을 보고
두려워할 인물이 아닙니다. 어서 좇아가 전하시오. 나와 같은 동
네 사람으로 같이 밥을 먹고 살던 자들이 모두 옷가지를 싸 짊
어지고 이 나라를 떠나고 있다고!」

사자가 다시 좇아 들어가 이 말을 전하자, 황제가 크게 노하

여 이렇게 소리쳤다.

「이놈은 고의로 내가 정한 금법을 어기려 드는구나. 어서 솥을 걸고 불을 지펴 이놈을 삶아죽여라. 이런 놈이 어찌 저 대궐 아래에 쌓일 시체 축에나 들겠느냐? 어서 불러들여라!」

그리고 황제는 칼을 매만졌으며, 입에는 거품이 흘러나올 정도가 되었다. 사자가 모초를 불러들이자, 모초는 급히 걷지 않으면서 양발을 서로 스치게만 할 뿐이었다. 사자가 재촉하자 모초가 사자에게 이렇게 말하였다.

「내가 황제 앞에 가까이 가면 즉시 죽는다. 그대는 어찌 잠깐의 시간조차 줄 수 없다는 말인가?」

사자는 이 말을 듣고 매우 측은한 생각이 들었다. 드디어 모초가 앞으로 나아가 두 번 절하고 나서 말을 시작하였다.

「제가 듣기로 무릇 산 자는 죽음을 두려워하지 말아야 하고, 나라를 가진 자는 망할 것을 두려워해서는 안 된다고 하였습니다. 죽음을 두려워하면 삶을 얻을 수 없고, 망할 것을 두려워하면 나라를 이끌 수 없기 때문이지요. 대개 사생존망(死生存亡)은 훌륭한 임금들이 다투어 들어보려고 애쓰는 문제인데, 폐하께서는 들으시려 하는지 또는 그렇지 않은지를 알 수가 없군요!」

이 말에 황제가 물었다.

「무슨 뜻인가?」

이에 모초가 다시 말하였다.

「폐하께서는 미친 듯 패덕스러운 행동을 저질러 놓고도 스스로 깨닫지 못하고 있습니다.」

「어떤 것들인가? 들어보자.」

황제의 이 말에 모초는 이렇게 설명하였다.

「폐하께서는 가부(假父)를 거열형에 처하였는데 이를 통해 질투지심(嫉妬之心)이 있음을 보여 주었고, 두 아우를 자루에 넣어 쳐죽였으니 어질지 못하다는 이름을 남기게 되었으며, 어머니를 부양궁으로 옮겨 가두었으니 불효스런 행동을 드러내어 보인 것입니다. 또 간언하는 선비들을 찔레가시로 고문한 것은 걸(桀)이나 주(紂)와 같은 폭군의 기질이 있음을 보여 준 것입니다.

지금 천하가 이런 소문을 듣고 모두 무너져 이 진(秦)나라로 향할 자가 없어졌습니다. 제가 두려워하기는 진나라가 망하여 폐하가 위험해질까 하는 것입니다. 하고자 하는 말은 모두 끝났습니다. 어서 사형을 시켜 주십시오!」

이에 옷을 벗고 도끼 앞에 엎드렸다. 그러자 황제가 계단 아래로 내려와 왼손으로는 모초를 잡고, 오른손으로는 좌우에게 손짓을 하면서 이렇게 말하였다.

「살려 주어라. 선생은 어서 옷을 입으시오. 지금 시키는 일을 듣고 싶습니다.」

그리고는 즉시 모초를 중부(仲父)로 삼고 상경(上卿)의 벼슬을 내렸다. 황제는 또 즉시 수레를 준비시켰는데, 그것이 천승만기(千乘萬騎)나 되었다. 그리고는 그 수레의 왼쪽 자리를 비위둔 채 친히 부양궁까지 가서 태후를 영접하여 함양(咸陽)으로 돌아왔다. 태후는 크게 기뻐하여 큰 주연(酒宴)을 베풀고 모초를 대접하였다. 술이 오르자 태후가 이렇게 말하였다.

「굽은 것에 항거하여 곧게 만들었으며, 실패를 고쳐 성공으로 이끌었고, 진나라의 사직을 편안히 하였구료! 게다가 나로 하여금 모자(母子)가 다시 상봉할 수 있도록 해준 것도 모두 모초 당신의 힘이오!」

초(楚)나라 장왕(莊王)이 층대(層臺)를 짓는 데 드는 돌이 1천 겹이나 되고 그 차지하는 땅이 1백 리나 되자, 선비들이 그 비용이 초나라의 석 달분 식량과 맞먹는다 하여 반대하고 나섰다. 이렇게 간언한 대신이 72인이나 되었는데 모두 죽음을 당하고 말았다.

이때 제어기(諸御己)라는 사람이 있었는데, 초나라 국경으로부터 1백 리 밖에서 농사를 짓다가 이 소식을 듣고 같이 농사 짓던 친구에게 이렇게 말하였다.

「내 장차 임금을 만나 보리라!」

이에 그 친구가 만류하였다.

「자네 같은 신분으로? 내 듣자 하니 임금을 달래겠다고 나선 자들은 모두가 한가한 사람들이었다. 그런데도 그들은 그 지경에 이르러 죽고 말았다. 지금 그대는 풀 속에 파묻혀 사는 농사꾼일 뿐이잖는가!」

이 말에 제어기는 이렇게 대답하였다.

「만약 그대와 더불어 농사짓는 일이라면 이는 힘을 비교해서 누가 나은가를 따지겠지. 그러나 임금을 설득하는 일이라면 그대의 지혜로는 비교할 수가 없지!」

그리고 농사짓는 일을 그에게 맡기고는 장왕을 만나러 나섰다.

장왕이 이를 보고 「제어기라는 자가 왔다고? 너도 장차 간언을 하려느냐?」라고 물었다.

이에 제어기가 이렇게 설명하였다.

「임금에게는 의로운 임용과 법에 맞는 행동이 있어야 합니다. 또 제가 듣건대 땅이 물을 담으면 그 물이 평평해지고, 나무가 먹줄을 만나면 곧게 켜질 수 있으며, 임금이 간언을 만나면 성군(聖君)이 될 수 있다고 하였습니다.

임금께서 그 층대(層臺)를 짓는 데 드는 돌이 1천 겹이나 되고, 그 차지하는 땅도 1백 리나 된다면서요. 백성들은 이 고통으로 그 피가 개울을 이룰 정도인데도 감히 간언을 하지 못하고 있습니다. 그런데 제가 어찌 감히 간언을 할 수 있겠습니까?

그러나 저의 어리석음을 한 번 돌아보아 주십시오.

제가 알기로 옛날 우(虞)나라는 궁지기(宮之奇)의 말을 듣지 않았다가 진(晉)나라에게 망하였고, 진(陳)나라는 자가기(子家羈)의 말을 채용하지 않았다가 초나라에게 먹혔으며, 조(曹)나라는 희부기(僖負羈)의 의견을 무시하여 송(宋)나라가 이를 차지해 버렸으며, 래(萊)나라는 자맹(子猛)의 의견을 듣지 않아 제(齊)나라가 이를 병탄해 버렸습니다. 또 오(吳)나라는 오자서(伍子胥)의 의견을 무시하였다가 월(越)나라에게 합병당하였고, 진(秦)나라는 건숙(蹇叔)의 말을 듣지 않았다가 위험에 빠지기도 하였지요.

그런가 하면 걸(桀)이 관룡봉(關龍逢)을 죽이자 탕(湯)이 이를 차지하였고, 주(紂)가 왕자 비간(比干)을 죽이자 무왕(武王)이 이를 얻게 되었으며, 선왕(宣王)이 두백(杜伯)을 죽이자 주실(周室)이 비약(卑弱)해졌습니다.

이 세 천자(天子)와 여섯 제후(諸侯)는 모두가 어진 이를 높여 주거나, 훌륭한 말을 하는 선비를 쓰는 등의 일을 하지 못한 이들입니다. 그 때문에 자신도 죽고 나라도 망친 것입니다.」

이렇게까지 말해 놓고 제어기가 뛰쳐나갔다. 장왕이 급히 뒤따라가며 이렇게 말하였다.

「그대는 돌아오라. 내 장차 그대의 간언을 들어 주겠다. 이제껏 과인에게 설득을 편 자들은, 그 말들이 나의 마음을 움직이기에 부족하였다. 게다가 나에게 위험만을 가중시켰을 뿐이었다. 그 때문에 모두 죽음에 이른 것이다. 그러나 지금 그대의 말은 나의 마음을 감동시켰을 뿐만 아니라, 나를 위험으로 몰아넣지도 않았다. 그래서 내 장차 그대의 간언을 들으려 하는 것이다.」

이튿날 초왕은 이런 명령을 내렸다.

「능히 들어와 나에게 간언을 하는 자가 있으면 내 장차 그를 형제로 삼으리라.」

그리고는 드디어 층대 건축을 그치고 백성을 풀어 주었다. 이에 초나라 사람들이 이런 노래를 불렀다.

「나무 하고 있나, 풀을 베고 있나? 제어기가 없으니, 이제까지 이 초나라에는 그럴 만한 인물 하나 없었나? 나무 하고 있나, 풀을 베고 있나? 제어기가 없으니, 이제껏 이 초나라에는 사람도 없었단 말인가?」

 제(齊)나라 환공(桓公)이 포숙(鮑叔)에게 물었다.

「큰 종을 하나 주조(鑄造)하여 과인의 이름을 드날리고 싶습니다. 과인의 이런 행동이 설마 요(堯)·순(舜)을 꺼릴 만하지는 않겠지요?」

그러자 포숙이 물었다.

「임금의 행적이 무엇인지 감히 묻겠습니다.」

이에 환공이 신이 나서 이렇게 말하였다.

「이전에 나는 담(譚) 땅을 3년이나 포위한 끝에 이를 얻었지만, 나의 소유로 하지 않았으니 이는 인(仁)에 해당합니다. 또 북쪽으로 고죽국(孤竹國)을 치고 영지(令支)를 정복하고 돌아왔으니, 이는 무(武)에 해당하지요.

그런가 하면 규구(葵丘)에서 제후들과 회맹하여 천하의 병력을 내게 엎드리게 하였으니 이는 문(文)에 해당하며, 제후로서 미옥(美玉)을 가지고 내게 조견(朝見)하러 찾아온 나라가 아홉이었지만 내 이를 받지 않았으니 이는 바로 의(義)에 해당한다고 볼 수 있습니다. 그러니 문무인의(文武仁義)는 과인이 모두 가지고 있는 셈, 어찌 과인의 행적이 요·순에 미치지 못하리요?」

그러자 포숙이 이렇게 설명하였다.

「임금께서 사실대로 말씀하시니 저도 곧이곧대로 대답해 드리지요. 지난날 공자 규(糾)가 윗자리에 오르고자 하였을 때 이를 양보하지 않았으니, 이는 인(仁)이 아닙니다. 또 태공(太公)의 말을 저버리고 노(魯)나라 땅을 침범하였으니, 이는 의(義)가 아닙니다. 그런가 하면 회의석상에서 칼 하나에 굴복하였으니, 이는 무(武)라고 볼 수 없습니다. 여자들 틈바구니에서 그 품을 떠나지 못하니, 이는 문(文)이 아닙니다.

무릇 만물에 옳지 못한 일을 저지르고도 스스로 알지 못하는 이는, 비록 하늘의 재앙이 없다 하더라도 사람이 해치려 들 것입니다. 하늘은 지극히 높은 곳에 있으나, 그 듣는 것은 지극히 낮은 곳까지 이릅니다. 그러니 임금이 하신 잘못된 말을 제거하시면 그 말도 하늘은 들으실 것입니다.」

이 말에 환공은 이렇게 말하였다.

「내게 그런 허물이 있었구료! 다행스럽게도 기억시켜 주시니, 이는 바로 이 나라 사직의 복입니다. 선생께서 가르쳐 주지 않으셨다면 하마터면 큰 죄를 지어 사직을 욕되게 할 뻔하였습니다.」

초(楚)나라 소왕(昭王)이 형대(荊臺)에 놀이를 가려 하자, 사마자기(司馬子綦)가 나아가 이렇게 만류하였다.

「형대의 유람지는 왼쪽에는 동정호(洞庭湖)의 파도가 있고, 오른쪽에는 팽려호(彭蠡湖)의 물이 있으며, 남쪽으로는 엽산(獵山)이, 아래로는 방회(方淮)에 임해 있습니다. 그곳의 즐거움은 사람으로 하여금 늙음과 죽음을 잊게 할 정도입니다. 임금으로서 그곳에 놀이를 갔던 분들은 모두가 나라를 망치고 말았습니다. 원컨대 대왕께서는 가지 않으셨으면 합니다.」

그러자 소왕이 「형대는 내 땅이다. 내 땅에 가서 내가 놀겠다는데 그대는 무엇 때문에 나의 놀이에 찬물을 끼얹는가?」라고 하면서 화를 내고, 그를 쳐버렸다.

이때에 영윤(令尹) 자서(子西)가 네 필 말이 끄는 좋은 수레를 몰고, 급히 궁전으로 달려와 이렇게 말하였다.

「오늘 형대의 놀이에 저도 참가하지 않을 수 없지요!」

이 말에 임금은 수레에 올라 그의 등을 두드리며 「아무렴! 오늘 형대의 놀이에 그대와 함께 그 즐거움을 나누어야지!」하고 칭찬하였다.

이렇게 하여 10리쯤 오자, 자서가 고삐를 당겨 수레를 멈추고는 이렇게 말하였다.

「저는 더 이상 감히 수레를 몰 수가 없습니다. 어떤 도(道)를 하나 얻고 싶은데 대왕께서 들어 주실 수 있을는지요?」

그러자 임금이 「차례대로 말해 보시오!」라고 하였다. 이에 자서는 이렇게 말을 이었다.

「제가 들으니 신하된 자로서 그 임금에게 충성을 다한 자에게는 작록(爵祿)만으로는 그 상이 충분치 않으며, 또 신하로서 그 임금에게 아첨하는 자에게는 형벌만으로는 그 값이 모자란 다고 하였습니다. 지금 보면 사마자기 같은 인물은 임금에게 충성을 다한 자요, 저 같은 인물은 임금에게 아첨하는 신하입 니다. 원컨대 대왕께서는 저의 몸에 사형을 내리시고, 저의 집 에는 형벌을 내려 주십시오. 그리고 사마자기에게는 작록을 내 려 주시기 바랍니다.」

그러자 임금이 물었다.

「만약 내가 능히 여기서 그쳐 그대의 말을 듣는다고 합시다. 그러나 이는 오직 나 혼자만의 놀이를 그만두는 것뿐입니다. 나의 후세대에 나처럼 놀이 올 자가 끝없이 있을 텐데 그것은 어쩌지요?」

이 말에 자서는 자신 있게 대답하였다.

「후세대의 이런 일을 금지시키는 것은 아주 쉽습니다. 산릉 (山陵)이 무너지고 났을 때,* 원컨대 대왕께서는 형대에 능을 쌓으십시오. 아버지의 무덤 곁에 온갖 악기를 가지고 와서 즐 기는 자는 이제껏 없었습니다.」

이에 임금은 수레를 돌려 마침내 형대의 놀이를 포기하고, 미리 그곳에 설치하였던 준비물을 모두 치우도록 하였다.

공자(孔子)가 노(魯)나라로부터 이 소식을 듣고 이렇게 평하 였다.

「훌륭하도다! 영윤 자서여! 10리도 채 가기 전에 이를 만류 하였으나, 그 권능은 1백세 후까지 남도록 하였도다!」

· 영윤(令尹): 초(楚)나라의 독특한 제도로 다른 나라의 상국(相國)에 해당한다.
* 임금의 죽음을 높이 표현한 것.

형(荊)나라 문왕(文王)이 여황(如黃)이라는 유명한 사냥개와 균로(箘簬)라는 훌륭한 화살을 얻어 운몽(雲夢)에 사냥을 가서는, 그만 석 달이 되도록 돌아올 줄을 몰랐다. 게다가 다시 주지희(舟之姬)라는 여자까지 생기자, 그 사랑에 빠져 1년이 넘도록 조회를 열지 않는 것이었다. 그러자 보신(保申)이라는 늙은 신하가 나섰다.

「선왕께서 점을 쳐 신으로 하여금 대왕을 보호하도록 하는 것이 길하다는 점괘를 얻으셨습니다. 지금 임금께서 여황의 사냥개와 균로의 화살을 얻어 운몽에 사냥을 가서는 석 달이 넘도록 돌아오지 않더니, 주지희라는 여자까지 생기자 그 음일에 빠져 1년이 넘도록 조회를 열지 않으니, 임금의 죄는 바로 태형(笞刑)에 해당합니다.」

그리고는 겨우 포복(匍伏)하여 임금에게 태형을 가하려 하였다. 이에 임금이 이런 부탁을 하였다.

「나는 겨우 강보(襁褓)를 면한 나이에 이미 제후에 오른 인물입니다. 원컨대 다른 방법으로 하시고 태형만은 피해 주십시오.」

그러나 보신은 이렇게 말하였다.

「저는 선왕으로부터 받은 명을 감히 폐기할 수 없습니다. 임금께서 만약 태형을 거부하시면, 이는 선왕의 명을 거역하는 것입니다. 신은 차라리 대왕께 죄를 짓는 한이 있더라도 선왕을 배반할 수는 없습니다.」

임금은 할 수 없이 허락하고 말았다. 이에 보신은 임금에게 자리를 준비시켰다. 임금은 엎드리는 수밖에 없었다. 보신은 가는 대나무 화살 50개를 묶어 꿇어앉아 임금의 등 위에 그것을 얹어 놓았다. 이렇게 두 번을 반복한 다음 임금에게 일어서라고 하였다. 그러자 임금이 이렇게 말하였다.

「어쨌거나 태형을 받았다는 명분은 같습니다.」

결국 이렇게 태형의 형식은 끝나게 되었다. 이에 보신은 이렇게 말하였다.

「신이 듣건대 군자에게는 부끄러움을 알게 하고, 소인에게는 아픔을 알게 해주어야 한다고 하였습니다. 그러나 부끄러운 줄 알면서 고치지 못하고, 아픈 것만 알고 바로잡지 못한다면 무슨 이익이 있겠습니까?」

그리고는 급히 뛰쳐나가 스스로 유형(流刑)을 자원하며 임금에게 죄를 고하였다. 그러자 임금이 이렇게 만류하였다.

「이는 모두가 저의 과실입니다. 그대에게 무슨 죄가 있겠습니까?」

임금은 이에 보신의 말을 따라 행동을 고치고, 여황의 사냥개는 죽여 버리고 균로의 화살은 꺾어 버렸다. 그리고 주지희도 멀리 보낸 다음 형나라 다스리기에만 힘썼다.

이리하여 겸병한 나라가 삼십. 형나라의 국토를 이렇게 넓히도록 한 것은, 바로 보신이 감히 극언(極言)으로 간언한 공이었다.

소하(蕭何)와 왕릉(王陵)이 이런 이야기를 듣고 이렇게 평하였다.

「어진 임금으로서 능히 선세(先世)의 업을 받들어 공과 이름을 이룬 자는 오직 형나라 문왕뿐이다. 그래서 천하가 지금까지도 그를 높이 받들고 있으며, 어진 임금, 충성스러운 신하, 효성스러운 아들이 되고자 하는 이들이 그를 표준으로 삼는 것이다.」

· 태형(笞刑): 대쪽으로 볼기를 치던 형벌.

·유형(流刑): 죄인을 먼 지방이나 섬에 보내어 그곳에 머물러 있게 하
던 형벌의 하나.

진(晉)나라 평공(平公)이 숙향(叔向)을 오(吳)나라에 외교 답례 사절로 보냈다. 오나라에서는 배를 수리하여 깨끗이 닦은 다음 숙향을 맞이하면서, 그 오른쪽 왼쪽에 각각 5백 인이나 되는 사람들을 도열시켜 환영하였다. 그들의 옷차림은 어떤 이는 비단옷에 표범 외투, 또 어떤 이는 비단옷에 여우털 외투를 입는 등 화려하고 사치스럽기가 지극하였다. 숙향이 돌아와 평공에게 이런 사실을 보고하자, 평공이 이렇게 말하였다.

「오나라는 곧 망하겠구나! 배가 중요한 것인가, 백성이 중요한 것인가?」

그러자 숙향이 평공에게 이렇게 말하였다.

「임금께서는 지금 치저(馳底)의 누대(樓臺)를 짓느라 정신이 없으시지요? 그렇게 하시면 위로는 천병(千兵)을 징발할 수 있고, 아래로는 종고(鐘鼓)를 진설(陳設)할 수가 있을 것입니다. 그렇지만 제후들이 임금께서 이렇게 하고 있는 것을 보면 똑같이 『누대가 중요한가, 백성이 중요한가?』라고 묻겠지요. 이는 모두가 각각 무엇을 중히 여기느냐의 차이일 뿐입니다.」

이에 평공이 누대짓는 일을 그치게 하였다.

·천병(千兵): 많은 군사.

조간자(趙簡子)가 군대를 일으켜 제(齊)나라를 공격하면서, 군중에 누구든지 감히 간언하는 자가 있으면 그 죄는 사형에 해당하리라고 명령을 내렸다. 그때 갑옷을 입은 병사 중에 공로(公盧)라는 자가 있었는데, 멀리 간자를 보고 크게 웃었다. 간자가 이상히 여겨 「그대는 왜 웃는가?」라고 물었다.

그는 「저는 원래 잘 웃는 버릇이 있습니다」라고 변명하였다.

그러나 간자는 「그 이유를 밝히면 용서하려니와 밝히지 않으면 죽이리라」고 윽박질렀다. 이에 그가 이렇게 대답하였다.

「뽕을 따던 때였습니다. 저의 이웃집 사나이가 그 아내와 함께 밭에 나갔다가, 뽕밭에 여자가 있는 것을 보고 아내 몰래 그 여자를 쫓아갔지요. 그런데 결국 그 여자를 놓치고 돌아왔습니다. 그 아내가 이를 알고 크게 노하여 그만 떠나가 버렸습니다. 저는 그 사나이가 너무나 멍청한 자라고 여겨져 웃은 것입니다.」

이 말에 간자가 「지금 내가 남을 치다가 나라를 잃는다면, 그것이 곧 그 멍청한 사나이와 같겠구나!」라고 하고는 군대를 돌려 귀환해 버렸다.

경공(景公)이 누대(樓臺)를 지었다. 이 누대가 완성되자, 이번에는 종(鐘)을 주조하겠노라고 하였다. 이에 안자(晏子)가 나서서 이렇게 만류하였다.

「임금께서는 누대를 만들 욕심을 이겨내지 못하더니, 이번에는 종까지 만드시겠다지요? 이렇게 되면 백성으로부터 무거운 세금을 거두어야 하고, 백성은 이 때문에 고통을 당하여야 합

니다. 무릇 세금으로 백성을 괴롭히면서, 이를 윗사람의 즐거움을 채우는 데 쓴다는 것은 상서롭지 못한 일입니다.」

경공이 이 말에 계획을 중단하고 말았다.

경공(景公)에게 아끼던 말이 있었는데, 이를 관리하던 자가 잘못하여 그 말이 죽고 말았다. 경공이 화가 나서 창을 들고 직접 나서서 그를 찌르려 하였다. 이에 안자(晏子)가 나서서 이렇게 말하였다.

「이렇게 되면 그자는 무슨 죄인지도 모르고 죽음을 당하게 됩니다. 청컨대 제가 임금을 위해 그에게 책임을 물어, 그로 하여금 그 죄를 알게 한 연후에 죽이도록 하십시오.」

경공이 이 말에 「좋습니다」라고 허락하였다. 이에 안자가 창을 들고 그에게 다가가 이렇게 말하였다.

「너는 우리 임금을 위해 말을 기르면서 그 말을 죽게 하였으니, 그 죄는 죽음에 해당한다. 그리고 나아가 우리 임금으로 하여금 말 때문에 사람을 죽이게 하였으니, 그 죄 또한 죽음에 해당한다. 더 나아가 너는 우리 임금으로 하여금 말 때문에 사람을 죽인 이로 사방의 제후들에게 알려지게 하였으니, 너의 그 죄 또한 죽음에 해당한다.」

이 말이 떨어지자 경공이 황급히 나섰다.

「선생, 풀어 주시오! 선생, 어서 풀어 주시오! 나의 인(仁)에 손상이 가지 않도록 해주시오!」

　　　　경공(景公)은 새 잡는 것을 좋아하였다. 잡은 새를 촉추(燭雛)로 하여금 맡아 기르게 하였는데, 그만 잘못하여 죽이고 말았다. 이에 경공이 노하여 촉추를 죽이려 하자, 안자(晏子)가 이렇게 말하였다.

「촉추는 죄를 지었습니다. 청컨대 우선 그의 죄를 책망한 다음에 죽이시지요?」

이 제의에 경공이 「좋습니다」라고 하였다. 이에 안자는 촉추를 경공 앞에 불러다 놓고 이렇게 책망하였다.

「너는 우리 임금을 위해 새를 기르는 일을 맡아하면서 그 새를 죽게 하였으니, 이것이 그 첫번째 죄이다. 또 우리 임금으로 하여금 새를 이유로 해서 사람을 죽이게 하였으니, 이것이 그 두번째 죄이다. 다음은 제후들로 하여금 우리 임금이 새는 중히 여기고 선비는 가벼이 여긴다는 것을 알도록 하였으니, 이것이 그 세번째 죄이다. 자, 촉추의 죄를 책망하는 일이 끝났으니 사형을 집행하시지요!」

이에 경공이 황급히 나섰다.
「그치시오! 죽이지 말고 풀어 주시오!」

　　　　경공(景公)이 한낮에 머리를 풀어 늘어뜨리고, 육마(六馬)가 끄는 수레를 타고서 부인들을 거느린 채 정규(正閨)를 나서고 있었다. 이때 다리 잘린 형벌을 받은 자가, 그 말을 치며 이렇게 항거하였다.

「너는 나의 임금이 아니다.」

경공이 이 말을 듣고 부끄럽게 여겨 조회를 나오지 못하였다. 이에 안자(晏子)가 예오(裔敖)를 만나자 이렇게 물었다.

「임금께서 어찌하여 조회에 나타나지 않는 것입니까?」

예오의 대답은 이러하였다.

「지난날 임금께서 한낮에 머리를 풀어 늘어뜨리고, 여섯 필의 말이 끄는 수레를 타고서 부인들을 거느린 채 정규를 나서고 있었는데, 다리 잘린 형벌을 받은 자가 그 말을 치며 『너는 나의 임금이 아니다』라고 비난하였다 합니다. 임금께서 이를 부끄럽게 여기어 되돌아와서는 밖으로 나오지를 못하고 있습니다. 이 까닭으로 조회를 열지 못하는 것입니다.」

이 말을 듣고서 안자가 들어가자, 경공이 먼저 입을 열었다.

「지난날 과인이 죄를 지었습니다. 피발(被髮)에 육마(六馬)가 끄는 수레를 타고 정규를 나서자, 마침 다리 잘린 형벌을 받은 자가 내 말을 치면서 『너는 나의 임금이 아니다』라고 비난하였습니다. 과인은 천자의 대부로서 사명(賜命)을 받아 백성을 인솔하여 종묘를 지키고 있습니다. 지금 다리 잘린 형벌을 받은 자에게 비난을 당하여 사직을 욕되게 하였으니, 내가 이러고도 과연 여러 제후들 앞에 나란히 설 수 있겠습니까?」

이 말에 안자는 이렇게 안심시켰다.

「임금께서는 걱정하지 마십시오. 제가 듣건대 아래로 직언을 해 주는 자가 없고, 위로 임금을 감싸 주는 자가 없으면 백성들은 어떤 말이라도 내뱉기를 꺼리고, 임금은 이를 모른 채 그 행동이 교만해진다고 하였습니다. 옛날 명석한 임금이 윗자리에 있을 때는 아랫사람의 직언이 많았고, 임금이 윗자리에서 선(善)을 좋아하면 백성은 꺼리는 일이 없었습니다. 지금 임금에게 그릇된 행동이 나타나자, 다리 잘린 형벌을 받은 비천한 죄인조차 곧바로 직언을 해서 이를 못하도록 만류하고 있으니, 이것이야말로 임금의 복입니다. 그 때문에 제가 와서 이렇게 축하해 드리는 것입니다. 청컨대 그에게 상을 내려 임금께서 선을 좋아한다는 것을 천하에 알리십시오. 그리고 그를 예로써 우대하여, 임금께서 그 어떤 간언이라 하더라도 능히 받아들인다는 사실을 밝혀 보여 주십시오.」

그제서야 경공이 웃음을 띠며 「그래도 되겠습니까?」라고 물었다.

안자는 「됩니다!」라고 답하였다.

이에 그 다리 잘린 형벌을 받은 자에게 재물을 두 배로 주고, 부세를 면제해 주었다. 그러자 일시에 조정이 아무 일도 없이 평온해졌다.

· 정규(正閨): 임금의 정침소(正寢所).

경공(景公)이 술을 마시다가, 안자(晏子)의 집으로 술자리를 옮겨 그 즐거움을 계속하려 하였다. 앞에 선 심부름꾼이 안자의 집 문 앞에 이르러 「임금께서 오십니다」라고 하자, 안자가 현단(玄端)을 걸치고 문 앞에 서서 이렇게 물었다.

「제후들에게는 아무 일 없습니까? 국가에는 아무 일 없습니까? 임금께서는 어찌하여 때도 아닌데 이렇듯 한밤에 욕된 걸음을 하셨습니까?」

그러자 경공이 말하였다.

「좋은 술맛과 훌륭한 음악이 있어, 원컨대 선생과 함께 즐기고 싶어서 이렇게 찾아왔습니다.」

이에 안자가 이렇게 거절하였다.

「자리를 깔고 술그릇을 마련해 드리는 일은 따로 임무를 맡은 사람이 있습니다. 저는 감히 그런 일에 참여할 수가 없습니다.」

그러자 경공은 할 수 없이 「사마양저(司馬穰苴)의 집으로 가자」고 하였다.

앞에 선 심부름꾼이 그 문 앞에 이르러 「임금께서 오십니다」라고 하자, 사마양저가 갑옷과 투구를 갖춘 채 창을 잡고 문 앞에 서서 물었다.

「제후들에게 무슨 군사 행동이 일어난 것은 아니겠지요? 대신들 가운데 누가 반란이라도 일으킨 것은 아니겠지요? 임금께서는 어찌하여 때도 아닌데 이렇듯 한밤에 욕된 걸음을 하셨습니까?」

경공은 역시 똑같은 말을 하였다.

「좋은 술맛과 훌륭한 음악을 선생과 함께 즐기고 싶어서 찾아왔습니다.」

이에 사마양저 역시 똑같이 거절하였다.

「자리를 깔고 술그릇을 마련해 드리는 일은 따로 임무를 맡은 사람이 있습니다. 저는 감히 그런 일에 참여할 수가 없습니다.」

경공은 다시 「양구거(梁丘據)의 집으로 가자」고 하였다.

앞에 선 심부름꾼이 그 문 앞에 이르러 「임금께서 오십니다」라고 하자, 양구거가 왼손에는 거문고를 오른손에는 우(竽)를 들고서 노래를 부르며 나오는 것이었다. 이를 본 경공이 신이 나서 이렇게 말하였다.

「즐겁도다! 오늘 저녁의 술자리여! 앞서의 두 사람이 없었다면 어찌 이 나라를 다스릴 수 있겠으며, 이 한 사람이 없었다면 누구와 더불어 내 자신을 즐길 수 있으리요!」

성스럽고 어진 임금에게는 모두가 도움되는 친구일 뿐, 즐거움에만 빠지게 하는 신하는 없었다. 그러나 경공은 그에 미치지 못하였다. 그 때문에 두 사람을 등용함으로써 겨우 망하지는 않을 수 있었던 것이다.

· 현단(玄端): 재계(齋戒)할 때 입는 옷. 스스로 근신하여 단정히 하고
있었음을 암시한다.

　　오(吳)나라는 오자서(伍子胥)와 손무(孫武)의
계책을 써서 서로는 강한 초(楚)나라를 쳐부수었
고, 북으로는 제(齊)나라·진(晉)나라를 위협하였으며, 남으로
는 월(越)나라를 굴복시켰다. 그러나 월왕(越王) 구천(勾踐)이
나타나 오나라를 고소(姑蘇)에서 패배시켰다. 그리고 그때에 오
나라 합려(闔廬)의 엄지발가락을 다치게 하고서야 군대를 철수
시켰다. 패배한 합려는 태자 부차(夫差)에게 이렇게 말하였다.
「너는 구천이 너의 아버지 죽인 것을 잊겠느냐?」
부차가 말하였다.
「감히 잊지 못할 것입니다.」
이날 밤에 합려는 죽었다. 부차는 왕위에 오르자 백비(伯嚭)
를 태재(太宰)로 삼고, 훈련을 거듭하여 3년 만에 월나라를 쳐
부추(夫湫)에서 크게 승리를 거두었다. 이에 월왕 구천은 겨우
잔병 5천 인만을 이끌고 회계산(會稽山)으로 쫓겨갈 수밖에 없
었다. 쫓겨간 월왕은 대부 문종(文種)을 시켜 많은 재물을 오나
라 태재인 백비에게 주고 화해를 청하면서, 온 나라를 다 맡겨
자신은 신하가 되고 왕비는 첩이 되겠노라고 굴복해 왔다. 오
왕이 이를 허락하려 하자, 오자서가 나서서 이렇게 간언을 하
였다.
「월왕은 그 사람됨이 어떤 굴욕도 이겨낼 자입니다. 지금 아
주 그를 없애지 않으면 뒷날 틀림없이 후회하게 될 것입니다.」

그러나 오왕은 이를 듣지 않았다. 도리어 태재 백비의 계책을 따라 월나라와 화평을 이루고 말았다.

그로부터 5년 뒤, 부차는 제나라의 경공(景公)이 죽고 대신들이 권력 다툼을 벌이고 있으며, 새로 들어선 임금이 나약하다는 말을 듣고 군대를 일으켜 제나라를 치겠다고 나섰다. 오자서가 또다시 나서서 만류하였다.

「안 됩니다. 월왕 구천은 음식도 간소하게 먹으며, 조문과 병문안에 열심입니다. 이는 장차 그 백성을 잘 사용하겠다는 의도입니다. 이자가 죽지 않는 한 오나라의 근심도 사라지지 않습니다. 지금 월나라는 바로 뱃속의 병과 같고, 제나라는 겨우 피부병 정도에 불과합니다. 그런데도 임금께서는 뱃속의 병인 월나라를 먼저 치지 않고, 피부병에 불과한 제나라 치기에 열심이시니, 이 어찌 오류가 아니겠습니까?」

이번에도 오왕 부차는 오자서의 말을 듣지 않았다. 그리고 제나라를 쳐 과연 애릉(艾陵)에서 제나라 군대를 크게 쳐부수고, 드디어 추(鄒)나라와 노(魯)나라 임금을 불러 회맹을 한 후 개선하였다. 당연히 오자서의 말은 갈수록 오왕의 귀로부터 멀어져만 갔다.

그로부터 4년이 흐른 후, 오나라는 다시금 북쪽으로 제나라를 치게 되었다. 이때에 월왕 구천은 자공(子貢)의 계책에 따라 월나라 군대를 이끌고 오나라를 도우면서 많은 보물을 다시 태재 백비에게 바쳤다. 태재 백비는 이미 지주 월나라의 뇌물을 받은 터라 월나라를 아끼고 신용함이 매우 두터웠다. 그래서 낮이나 밤이나 월나라를 위해 오왕 부차를 달랬고, 오왕 역시 백비를 믿어 주었다. 참다 못한 오자서는 다시 나설 수밖에 없었다.

「무릇 월나라는 뱃속의 병입니다. 지금 떠도는 말, 거짓과 사기의 달콤한 말에 속아 제나라를 탐내고 있으니, 이는 비유컨대 돌밭을 갖겠다는 것과 같습니다. 아무런 쓸모가 없습니다. 반경(盤庚)에 『옛사람 중에 아주 못된 자가 있었다』라고 하였는데, 이는 바로 상(商)나라가 흥하게 된 원인입니다. 원컨대 임금께서는 제나라 공격을 그치고, 대신 월나라 없애는 것을 먼저 서두르십시오. 그렇지 않으면 장차 후회해도 소용이 없습니다.」

오왕 부차는 이 말도 듣지 않고, 오히려 오자서에게 제나라에 사신으로 갈 것을 명하였다. 이에 오자서는 자신의 아들을 불러 놓고 이렇게 말하였다.

「내가 임금에게 간하였건만, 임금은 전혀 나의 의견을 들으려 하지 않는다. 나는 지금 이 오나라가 곧 망할 것임을 알고 있다. 너와 오나라가 함께 망하는 것은 아무런 의미가 없다.」

이에 그 아들을 제나라로 데려가서 포씨(鮑氏)에게 맡기고는, 돌아와 오왕에게 사신으로 다녀온 일을 보고하였다. 한편 태재 백비는 이미 여러 가지 일로 오자서와 틈이 벌어져 있었다. 그래서 백비는 이 기회를 틈타 오왕에게 이렇게 참언하였다.

「오자서의 사람됨은 강포하고 은혜를 베풀 줄 모르는 자입니다. 그가 원망이나 적의를 품는 것은 바로 화가 될 수 있습니다. 지난날 임금께서 제나라를 치고자 하였을 때 오자서는 실패하기를 은근히 바랐으나, 임금께서 마침내 쳐서 큰 성공을 거두자 오자서는 자신의 계책이 쓰이지 않은 것에 대해 심히 한을 품고서 도리어 임금을 원망하고 있습니다.

그러던 차에 임금께서 지금 다시 제나라를 치려 하자, 오자서는 강퍅(强愎)하게 이를 간하여 이 일을 그르치려 하고 있습니다. 그래서 오히려 우리 오나라가 패하여 자신의 계책이 옳았으면 하는 요행을 바라고 있습니다. 특히 임금께서 친히 나서서 나라안의 모든 무력을 모아 제나라를 치려 하는 이때에, 오자서는 자신의 간언이 받아들여지지 않자 거짓으로 병을 핑계하여 나오지도 않고 있습니다. 임금께서는 방비하지 않으시면 안 됩니다. 이런 화(禍)는 일어나기가 아주 쉽습니다.

또 제가 사람을 시켜 살펴보게 하였더니, 그는 제나라에 사신으로 갔을 때 자신의 아들을 포씨에게 맡겼다 합니다. 무릇 남의 신하된 자가 안에서 그 뜻을 얻지 못하였다고 해서 밖으로 다른 제후와 교왕하고, 또 선왕 때부터의 모신(謀臣)인데도 지금 자신의 의견이 받아들여지지 않는다고 해서 늘 앙심을 품고 있는 신하라면 임금께서 가능한 빨리 처치할수록 좋을 줄 압니다.」

이 말에 오왕 부차도 동의를 표하였다.

「그대의 말이 아니었더라도 나 역시 의심해 온 터요!」

이에 사람을 시켜 오자서에게 촉루(屬鏤)의 검을 내리면서 이렇게 전하도록 하였다.

「그대는 이 칼로 자결하시오!」

칼을 받은 오자서는 이렇게 한탄하였다.

「아! 참신(讒臣)인 태재 백비가 난을 일으킨 셈인데, 임금께서는 도리어 나를 죽이려 드는구나. 나는 너 부차의 아버지를 패자로 만들어 주었고, 네가 태자에 오를 때에도 어러 공자들이 서로 태자 자리를 다투는 것을 내가 죽음으로 선왕인 합려에게 너를 추천해 주었다. 너는 그때 하마터면 태자의 자리에 오르지 못할 뻔하지 않았던가? 그리고 너는 드디어 태자에 오르자 오나라를 나누어 내게 주겠다고까지 했었지. 나는 물론 감히 받을 수 없다고 거절하였지만. 그러던 네가 어찌 간신배의 말만 듣고 오나라를 이토록 키워 준 나를 죽인단 말인가?」

그리고는 다시 자기 집 하인을 불러 이렇게 당부하였다.

「내 무덤 곁에 자(梓)나무를 심어 다오. 그 나무가 자라면 오왕의 관을 만들리라. 그리고 내 눈동자를 도려내어 오나라의 동쪽 문에 달아 다오. 월나라 군사가 밀려들어 이 오나라를 멸망시키는 것을 보겠노라!」

그리고는 스스로를 찔러 죽었다. 오왕 부차는 이 말을 듣고 크게 노하여, 오자서의 시체를 거두어 치이(鴟夷)에 넣어서 강물에 띄워 버렸다. 오나라 사람들이 이를 불쌍히 여겨 강가에 사당을 짓고서, 그 이름을 서산(胥山)이라 하였다.

그로부터 다시 10년, 월나라가 오나라를 습격하였다. 오왕 부차는 여전히 맞아 싸웠으나 이기지 못하자, 대부를 시켜 월나라에게 강화(講和)를 하자고 제의토록 하였지만 이번에는 월나라가 허락하지 않았다. 오왕은 죽음에 이르자 이렇게 후회하였다.

「내가 오자서의 말을 듣지 않아 이 지경에 이르렀구나! 죽은 자가 아무것도 모른다면 그뿐이려니와, 죽은 자도 아는 것이 있다면 내 무슨 면목으로 오자서를 볼 수 있으랴?」

그리고는 드디어 얼굴에 솜을 뒤집어쓴 채 목을 찔러 죽고 말았다.

· 포씨(鮑氏): 환공(桓公) 때의 포숙아(鮑叔牙)의 후손.
· 모신(謀臣): 지혜와 꾀가 있는 신하. 모략에 능한 신하.
· 촉루(屬鏤): 옛적의 명검(名劍).
· 참신(讒臣): 참소를 잘하는 신하.
· 치이(鴟夷): 말가죽으로 만든 부대.

제(齊)나라 간공(簡公)의 신하 가운데 제어앙(諸御鞅)이라는 자가 있었다. 그가 간공에게 이렇게 말하였다.

「전상(田常)과 재여(宰予) 이 두 사람은 사이가 지극히 나쁩니다. 저는 그들이 서로 싸울까봐 겁이 납니다. 서로 싸우면 비록 이반되어 약해지기야 하겠지만 나라에 위험하기는 마찬가지입니다. 그렇게 되면 안 되지요. 원컨대 임금께서 한 사람을 제거해 주십시오.」

이에 간공이 말하였다.

「하찮은 자가 감히 이러쿵저러쿵할 일이 아니다.」

그런데 얼마 지나지 않아 전상은 과연 조정에서 재여를 공격하여, 그 화를 간공에게 퍼부어 죽이게 되었다. 간공이 한숨을 쉬며 이렇게 말하였다.

「내가 제어앙의 의견을 듣지 않았다가 이 지경에 이르렀구나!」

그러므로 충신의 말은 잘 살피지 않으면 안 되는 것이다.

노(魯)나라 양공(襄公)이 형(荊)나라로 조견(朝見)을 가던 중 회(淮) 땅에 이르렀을 때, 형나라 강왕(康王)이 죽었다는 소식을 듣게 되었다. 양공이 잘 됐다 하고는 되돌아가려 하자, 숙중소백(叔仲昭伯)이 나섰다.

「임금께서 형나라로 가시려 한 것은 그 나라의 위세 때문이었습니다. 지금 그 나라의 임금이 죽었다고 해서, 그 위세까지 사라진 것은 아닙니다. 그런데 어찌 되돌아가려 하십니까?」

그러나 많은 대부들은 되돌아가자고 요구하였다. 이에 다시 자복경백(子服景伯)이 나섰다.

「그대들이 여기까지 온 것은 나라의 이익을 위해서입니다. 그 때문에 피곤함을 두려워 않고, 그 먼길을 멀다 아니하고 형나라의 의견을 들으려 하는 것입니다. 이는 또 형나라의 위세를 두려워해서이기도 합니다. 무릇 의로운 자는 남의 경사가 있으면 기뻐해 주고, 남의 근심이 있으면 이를 위로해 주는 법입니다. 그것이 하물며 두려워하면서 초빙까지 해준 상대임에랴 더욱 그러하겠지요.

그런데 두려움 때문에 찾아가는 길에 상대 나라에 상(喪)이 났다는 소식을 듣고 발길을 되돌린다면, 그 누가 모욕을 느끼지 않는다고 하겠습니까? 미성(羋姓)은 아직도 그 왕위가 이어지고 있고, 태자 또한 이미 자랐으며, 그 나라 집정자들도 바뀌지 않은 채 임금을 모시고 정치를 하고 있습니다. 그들이 이 모욕스러운 말을 듣고 나서 다음 임금이 결정되면, 그 사실이 뒷사람들에게 알려지겠지요. 그러면 우리에 대한 원한이 점점 커질 것입니다. 이에 우리 같은 작은 나라가 그 나라와 전쟁이 나면 누가 능히 이를 막아낼 수 있겠습니까?

지금 임금의 말을 들어 주고 나중에 환난을 만나는 것보다는, 차라리 임금의 뜻을 위반하더라도 뒤에 올 재난을 피하는 것이 낫습니다. 또 군자는 계획을 세운 후에 행동에 옮긴다고 하였습니다. 그렇다면 여러분들은 어떤 계획이나 대비책이 있습니까? 초나라를 방어할 책략과 나라를 지켜낼 대비가 있다면 돌아가도 좋습니다. 그러나 만약 아직 그러한 대책이 없다면 계속 가는 것이 낫습니다!」

이에 드디어 계속 나아갔다.

효경황제(孝景皇帝) 때에 오왕(吳王) 비(濞)가 반란을 일으켰다. 양(梁)나라 효왕(孝王)의 중랑(中郞)인 매승(枚乘)은 자(字)가 숙(叔)이었는데, 이 소식을 듣고 글을 지어 오왕에게 이렇게 간언을 하였다. 그 내용은 이러하다.

「군왕의 외신(外臣)인 이 매승은 이렇게 들었습니다. 전부를 얻는 자는 모든 것을 창성(昌盛)케 하고, 전부를 잃는 자는 모든 것을 멸망시킨다 하였습니다.

옛날 순(舜)임금은 송곳 세울 만한 땅도 없으면서 천하를 갖게 되었고, 우(禹)임금은 10여 호(戶)도 안 되는 무리로써 모든 제후의 왕이 되었으며, 탕(湯)과 무왕(武王)은 사방이 1백 리도 안 되는 땅이었으나 위로는 삼광(三光)의 빛을 끊지 아니하고 아래로는 백성의 마음을 상하게 하지 아니하였습니다. 이는 바로 왕술(王術)을 가지고 있었기 때문입니다. 따라서 부자(父子) 사이의 도는 천성(天性)이지만, 충신은 감히 죽음을 피하지 아니하고 직간(直諫)을 하여야 그 사업이 폐기되지 아니하고, 그 공이 만세에 유전되는 것입니다.

이에 저는 진실로 뱃속의 마음을 다 끄집어 내어 우충(愚忠)을 바치고 싶지만, 대왕께서 들어 주지 아니할까 걱정스럽습니다. 그래도 신은 대왕께서 저의 말에 불쌍히 여기는 작은 관심이나마 보태어 주실 것을 기대합니다.

무릇 가느나란 실 한 올에 천균(千鈞)이니 되는 큰 무게를 매어 위로는 저 끝없이 높은 곳에 매고, 그 아래로는 깊이를 알 수 없는 깊은 연못에 늘어뜨려 놓는다면, 아무리 어리석은 사람이라도 그것이 끊어질까봐 안타까워하는 마음이 생길 것입니다.

이는 말이 이미 놀라 있는데 이를 거듭 겁을 주어 놀라게 하는 것과 같고, 실이 곧 끊어지려 하는데 여기에 더 무거운 것을 매다는 것과 같습니다. 그 꼭대기가 끊어지면 다시 잇기가 어렵고, 끊어져 연못에 빠지면 건져내기가 어렵습니다. 그것을 건져내고 건져내지 못하는 것은 머리카락 하나가 용납되지 못하는 아주 미세한 차이입니다.

그러니 진실로 저의 말을 들으시면 단번에 어려움에서 벗어날 수 있지만, 기어이 하고 싶은 대로만 하신다면 그 위험은 계란을 거듭 쌓아 놓은 것과 같고, 하늘에 오르는 것보다 더 어려울 것입니다. 그러나 하고 싶은 바를 고치시기만 하면 손바닥 뒤집듯 쉬울 것이요, 태산보다 안전할 것입니다.

지금 천명(天命)의 수(壽)를 누리시고 무궁한 즐거움을 닳도록 맛보시며, 만승(萬乘)의 위세를 보전하려 하신다면서 여반장(如反掌)의 쉬운 일, 태산같이 편안한 일을 택하지 않으시고 도리어 중란지위(重卵之危)를 타고 상천지난(上天之難)의 길을 내달으려 하시니, 이것이 바로 어리석은 제가 크게 당혹스럽게 여기는 바입니다.

어떤 사람이, 그 성품이 그림자가 자신을 그대로 따라다니는 것을 두려워하고 싫어했습니다. 그래서 뒤로 걸어 보았지만 그 그림자는 없어지지 않았습니다. 그는 그늘 속에 들어가 서 있으면 그림자가 없어진다는 것을 몰랐던 것입니다.

이처럼 사람들이 듣지 못하게 하려면 애초에 말을 아니하는 것이 최상이요, 사람들이 모르게 하고 싶으면 그런 행동을 하지 않는 것이 제일입니다.

뜨거운 물을 차게 하려 하면서 한 사람에게는 그 솥 밑에 불을 때게 하고, 1백 사람에게 물을 젓게 한들 이는 소용없는 짓일 것입니다. 우선 섶을 치우고 불을 꺼야 되겠지요. 그 불을 끄지 않고 그 물이 차가워지기를 바라는 것은, 바짝 마른 섶을 짊어지고 불을 끄러 달려드는 것과 같습니다.

옛날 양유기(養由基)는 초(楚)나라의 활의 명수였습니다. 버드나무 잎에서 1백 보를 떨어진 자리에서 쏘아도 백발백중이었습니다. 그 작은 버들잎에 백발백중이라면 가히 명수라 할 수 있습니다. 그러나 이것은 1백 보 내에서의 일일 따름입니다. 특히 저처럼 궁시(弓矢)를 다룰 줄 모르는 사람에 비하면 더욱 불가능한 일이지요.

복은 그 생기는 기본이 있고, 화도 그 근원이 있습니다. 그 복의 근본을 받아들이고 그 화의 근원을 끊어 버리면 화가 더 이상 올 수 있겠습니까? 태산(泰山) 위의 물방울은 돌을 뚫고, 가느다란 실은 오랫동안 끌고 당기면 나무가 끊어집니다. 이는 그 물이 금강석이 아니고, 그 실이 톱날이 아닌데도 그렇습니다. 적게 닳는 것이 모여서 그렇게 되는 것입니다.

또 무릇 아주 적은 양을 저울로 달아 이를 한 섬 정도 모아 보면, 바로 한 섬을 달아 본 것과 차이가 날 것입니다. 마찬가지로 한 촌 한 촌씩 재어 한 길〔一丈〕을 이루어 놓고 보면, 반드시 본래의 한 길과 차이가 날 것입니다. 한 섬의 저울질과 한 길의 측량씩으로 하여야 그 차이가 적을 것입니다.

둘레가 열 길이나 되는 큰 나무라도 처음에는 아주 약한 싹에 불과하였습니다. 이때에는 당겨도 낳을 수 있고 뽑으면 뽑힐 수도 있습니다. 아직 제대로 자라지 않았고, 그 형태 또한 아직 갖추어지지 않았을 때이므로 그것이 가능하지요. 그러나 그 큰 나무라도 돌로 조금씩 문지르면, 그 닳는 것이 보이지 않는다 해도 언젠가는 다 닳아 없어질 것입니다. 마찬가지로 나무를 심어 길러 보면, 그 커감을 볼 수는 없으나 언젠가는 큰 나무로 변하고 맙니다.

적덕수행(積德脩行)도 마찬가지입니다. 그 효과가 금방 나타나지 않는 듯 보이나 어느 때인가는 쓰임이 있게 마련입니다. 악행과 잘못을 저지르는 일, 의를 버리고 이치를 배반하는 일, 이것도 그 악함을 모르고 있으나 어느 때인가는 망하게 마련입니다. 원컨대 대왕께서는 깊이 생각해 보시고 행동으로 옮기십시오. 이는 1백 임금이 나타난다 해도 바꿀 수 없는 도(道)입니다.」

그러나 오왕은 이 말을 듣지 않았다. 그리하여 결국 단도(丹徒)에서 죽음을 당하고 만 것이다.

· 삼광(三光): 해·달·별의 빛. 천지자연의 정상(正常).
· 왕술(王術): 임금 노릇을 할 수 있는 능력과 기술.
· 중란지위(重卵之危): 쌓아 놓거나 포개 놓은 알이라는 뜻으로, 어떤 구성체 따위가 무너질 것처럼 몹시 위태로운 형편의 비유. 누란지위(累卵之危).
· 상천지난(上天之難): 하늘에 오르려는 것과 같은 어려움.

 오왕(吳王)이 백성들과 함께 술을 마시고자 하였다. 이에 오자서(伍子胥)가 이렇게 만류하였다.

「안 됩니다. 옛날 백룡(白龍)이 맑고 차가운 연못으로 내려와 물고기로 화하였습니다. 그러자 예차(豫且)라는 어부가 그 눈을 쏘아 맞혔습니다. 백룡이 하느님에게 이를 호소하자, 하느님이 이렇게 책망하였습니다.『그 당시에 너의 형상은 무엇이 되

어 있었느냐?』백룡은『저는 맑고 찬 연못으로 내려가 물고기
가 되어 있었지요』라고 하였습니다. 그러자 하느님은 다시『물
고기는 바로 사람들이 쏘아 잡고 싶어하는 대상이다. 그런데
예차에게 무슨 죄가 있겠느냐?』라고 하였지요.

무릇 백룡은 하느님이 기르는 귀한 축물(畜物)입니다. 예차
는 송(宋)나라의 일개 천한 백성에 불과합니다. 그 백룡이 물고
기로 화하지 않았다면, 예차 또한 그를 쏘지 않았을 것입니다.
지금 만승의 높은 지위를 버리고 포의(布衣)의 선비들과 어울
려 술을 마시고자 하신다니, 저는 예차 같은 놈이 있을까 두렵
습니다.」

이 말에 오왕은 그만두고 말았다.

공자(孔子)가 이렇게 말하였다.

「좋은 약은 입에 쓰나 병 치료에는 이롭고, 좋
은 말은 귀에 거슬리나 덕행에는 이롭다. 그러한 까닭으로 무
왕(武王)에게는 직언하는 이들이 있었기에 나라가 창성하였고,
주(紂)에게는 말 못하는 자들만 있었기에 나라를 잃었다.

임금에게 직언하는 선비가 없거나, 아버지에게 직언하는 아
들이 없고, 형에게 직언하는 아우가 없으며, 남편에게 직언하는
아내가 없고, 선비에게 직언하는 친구가 없으면, 그 망함을 선
채로 기다리는 것과 같다.

그리하여 임금이 잘못하면 신하가 바로잡아 주고, 아버지가
잘못하면 아들이 바로잡아 주며, 형이 잘못하면 아우가 바로잡
아 주고, 남편이 잘못하면 아내가 바로잡아 주며, 선비가 잘못
하면 친구가 바로잡아 주어야 한다. 그래야만 나라를 망치고

집안을 망치는 일, 패덕한 아버지에 잘못된 아들, 방탕한 형에 어리석은 아우, 미친 남편에 못된 아내, 사귐을 끊는 선비에 잘못된 친구가 생기지 않는다.」

 안자(晏子)가 또다시 경공(景公)에게 물었다.

「조정에 있을 때 엄숙하게 하십니까?」

이에 경공이 이렇게 되물었다.

「조정에서 엄숙히 하면 나라를 다스리는 데 어떠한 해가 미칩니까?」

이 말에 안자는 이렇게 설명해 주었다.

「조정에서 지나치게 엄숙히 하면 아랫사람이 말을 하지 못하지요. 아랫사람이 말을 아니하면, 위에서는 백성의 사정을 들을 수가 없습니다. 아랫사람이 말을 하지 못하는 것을 암(暗)이라 하고, 윗사람이 듣지 못하는 것을 농(聾)이라 합니다. 이렇게 벙어리〔暗〕·귀머거리〔聾〕가 되고 나면, 나라를 다스리는 데 해가 되지 않고 어찌겠습니까?

콩이나 좁쌀의 그 작은 알맹이가 모여서 창고를 가득 채우는 것이요, 가늘고 성긴 실이 합해져서 장막의 큰 천이 되는 것입니다. 태산이 그렇듯 높은 것은 돌 하나로 되는 것이 아닙니다. 낮은 것은 많이 쌓여야 높은 것을 떠받들 수 있는 것입니다.

무릇 천하를 다스리는 자는 한 선비의 말만 들어서는 아니 됩니다. 진실로 들어보고 맞지 않으면 안 쓰면 되지, 어찌 미리 막아서 아예 들어오지도 못하게 할 필요가 있겠습니까?」

동문선

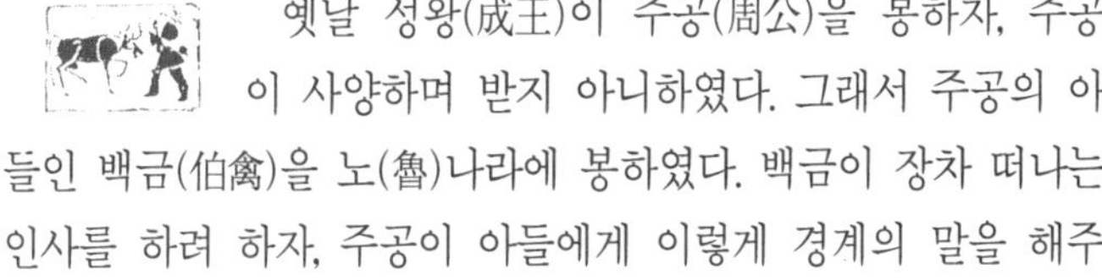 존망화복(存亡禍福)은 그 요인이 대개 자기 자신에게서 비롯된다. 이 때문에 성인(聖人)은 경계를 중시하였으며, 자신의 소홀한 바에 대해 경계하고 삼가는 마음을 가졌던 것이다.

중용(中庸)에는 『숨긴 것보다 더 잘 나타나 보이는 것은 없고, 미세한 것보다 더 잘 드러나는 것은 없다』라고 하였다. 그래서 군자는 능히 그 홀로 있을 때를 조심하여야 한다.

격언에 「경계하면 허물이 없고, 사려를 깊이 하면 욕됨이 없다」라고 하였다.

무릇 경계하지도 않고 사려를 깊이 하지도 않으면서, 몸을 온전히 하고 나라를 보전하기란 매우 어렵다.

《시경(詩經)》에 『두려워하고 조심하기를 마치 깊은 물가에 임하듯이 하고, 얇은 얼음을 밟듯이 한다』라고 하였으니, 바로 이를 두고 한 말이다.

옛날 성왕(成王)이 주공(周公)을 봉하자, 주공이 사양하며 받지 아니하였다. 그래서 주공의 아들인 백금(伯禽)을 노(魯)나라에 봉하였다. 백금이 장차 떠나는 인사를 하려 하자, 주공이 아들에게 이렇게 경계의 말을 해주었다.

「떠나거라! 너는 노나라를 가졌다는 것으로 선비들에게 교만하게 굴어서는 안 된다. 나는 문왕(文王)의 아들이며, 무왕(武王)의 동생이고, 지금 왕인 성왕(成王)에게는 숙부(叔父)이다. 또한 천자(天子)를 돕고 있으므로 나는 천하 사람들에게도 역시 가벼운 인물이 아니다. 그러면서도 일찍이 한 번 머리를 감다가도 세 번이나 그 머리를 쥐고 나왔고, 한 번 밥을 먹는데도 세 번씩이나 수저를 놓고 찾아온 선비를 만나 주었다. 그런데도 오히려 천하의 선비들을 놓칠까 걱정하였다.

내 듣자 하니 덕행을 널리 베풀면서 이를 공경으로 지키는 자는 영화(榮華)를 얻고, 토지를 넓게 가져 부유하면서도 이를 검약(檢約)으로 지키는 자는 안녕(安寧)을 얻고, 녹위(祿位)가 높고 성한 자로서 이를 겸비(謙卑)로 지키는 자는 귀함을 얻고, 많은 무리에 강한 병력을 가지고 있으면서도 두려워하는 마음으로 지키는 자는 승리를 얻으며, 총명과 예지가 있으면서도 우매한 듯이 지키는 자는 이익을 얻고, 널리 듣고 많이 기억하나 스스로 낮은 듯이 지키는 자는 넓음[廣]을 얻는다고 하였다. 이 여섯 가지의 지킴은 모두가 결국 겸덕(謙德)이다.

무릇 천자(天子)처럼 귀한 자리에 사해(四海)를 다 가진 부(富)를 누린다 할지라도, 겸손하지 못하면 천하를 잃고 몸을 망치고 마나니 걸(桀)·주(紂)가 바로 그러한 예이다.

그러니 가히 삼가지 않을 수 있겠느냐? 그 때문에 《주역(周易)》에 『하나의 도(道)만 가지고 있으면 크게는 족히 천하를 지킬 수 있고, 중간으로는 나라를 지킬 수 있으며, 작게만 해도 족히 그 몸을 지킬 수 있으니, 바로 겸손이 그것이다』라고 한 것이다.

무릇 『천도(天道)는 가득 찬 것을 덜어 겸손한 것에게 보태 주고, 지도(地道)는 가득 찬 것을 변화시켜 겸손한 쪽으로 흐르게 하며, 귀신은 가득 찬 것을 해(害)하여 겸손한 이에게 복을 주며, 인도(人道)는 가득 찬 것을 싫어하며 겸손한 것을 좋아하게 마련이다』

그리하여 옷이 다 완성되면 옷고름이 빠져 있게 되고, 궁성이 다 이루어지고 났더니 그 귀퉁이가 허물어져 버리는 경우가 있으며, 집을 다 짓고 났더니 잘못 얽힌 경우가 있는 것이다. 이는 바로 완벽함이 없다는 것을 보여 주는 것으로 천도가 그렇게 한 것이다.

《주역(周易)》에는 『겸(兼)은 형(亨)하다. 군자는 유종의 미를 이루어 길하리라』고 하였고, 《시경(詩經)》에는 『탕(湯)임금 내려오심이 늦지 않았네. 날마다 성스럽고 공경스러움으로 향하셨네!』라고 하였으니, 그 경계하심이 이와 같았다. 그러니 너는 절대로 노나라를 가졌다고해서, 선비에게 교만하게 굴어서는 안 된다.」

· 겸비(謙卑): 제 몸을 겸손하게 낮춤.
· 겸덕(謙德): 겸손과 덕성.

 공자(孔子)가 《주역(周易)》을 읽다가 손괘(損卦)·익괘(益卦)에 이르자 위연히 탄식을 하였다. 자하(子夏)가 이를 보고서 자리를 피해 앉으며 물었다.

「선생님께서는 어찌하여 탄식을 하십니까?」

공자의 대답은 이러하였다.

「무릇 스스로 손해를 보고자 하면 이익을 얻게 되고, 스스로 이익만 구하는 자는 손해를 본다고 하였으니, 내 이를 보고 감탄하는 것이다.」

이에 자하가 다시 물었다.

「그러면 공부하는 것도 이익을 구할 수 없는 일입니까?」

그러자 공자가 이렇게 설명해 주었다.

「그렇지 않다. 하늘의 도를 보면 완성된 것은 오래 지속된 것이 없다. 학문이라는 것은 빈 마음으로 받아들이는 것이다. 그래서 얻음이 있는 것이다. 진실로 지식을 접하고 가득 찬 것을 놓지 않으려고 한다면, 천하의 선한 말들이 귀로 들어올 수가 없다.

옛날 요(堯)임금은 천자의 지위를 실천하면서 오히려 공손을 다하여 이를 지켜 나갔고, 허정(虛靜)으로 아랫사람을 대해 주었다. 그래서 1백 년이 지났어도 그 이름이 더욱 높아졌고, 지금에 이르도록 더욱 빛나게 된 것이다. 그런가 하면 곤오(昆吾)는 스스로 뽐내고 득의만만하여 높이 올라갈 데까지 가고도 그칠 줄을 몰랐다. 그래서 당대에 이미 기울고 패하였을 뿐만 아니라, 지금까지도 그 악명이 사그라지지 않는 것이다. 이것이 바로 손(損)·익(益)의 징험(徵驗)이 아니겠느냐?

나는 이러한 이유로 겸손이란 공경을 지극히 하여 그 자리를 지키는 것이라고 말한 것이다. 무릇 큰 광명이 있으면서 부지런히 움직이기 때문에 능히 클 수 있는 것이다. 그러나 지극히 크고 나면 기울게 마련인 것이다. 나는 바로 이를 경계해야 한다고 본다.

그래서 해가 한낮이 되면 서쪽으로 기울기 시작하고, 달이 차면 기울어 줄어들게 된다. 천지의 차고 기우는 것은 시간이 흐름에 따라 자라고 줄어드는 것을 말한다. 그래서 성인은 오히려 아주 극성(極盛)함을 감당할 수 없다고 여겼다.

수레를 타고 가다가 세 사람을 한꺼번에 만나면 수레에서 내려섰고, 두 사람을 만나면 난간을 잡고 인사하여 그 차고 기욺을 잘 조절하였기 때문에 성인이 이렇게 장구(長久)할 수 있었던 것이다.」

자하가 이 말을 듣고 「알아들었습니다. 청컨대 종신토록 이를 외우겠습니다」라고 하였다.

・허정(虛靜): 아무것도 생각지 않고 사물에 마음이 동요되지 않는 정신상태.

 공자(孔子)가 주(周)나라 사당을 참관하다가 기기(欹器)라는 불안정한 그릇을 보게 되었다. 이에 공자가 사당지기에게 물어보았다.

「이것이 무슨 그릇입니까?」

사당지기는 이렇게 대답하였다.

「아마 우좌(右坐)의 그릇이 아닌가 합니다.」

공자가 다시 물었다.

「내가 듣기로 우좌라는 그릇은 가득 차면 엎어지고, 다 비우면 기대어야 서며, 알맞게 채우면 똑바로 선다는데 정말 그렇습니까?」

이에 사당지기는 「그렇습니다」라고 대답하였다. 그러자 공자가 자로(子路)로 하여금 물을 떠오게 하여 실험해 보았다.

그랬더니 과연 가득 채우면 엎어지고, 중간쯤 채우면 바로 서며, 다 비우자 다른 물건에 기대어야 세울 수 있었다. 이에 공사가 위연히 감탄하였다.

「아! 어찌 가득 채우고도 기울지 않는 것이 있으리요!」

이 말에 자로가 물었다.

「감히 여쭙건대 가득 채우고도 이를 지킬 수 있는 방법은 없습니까?」

공자가 대답하였다.

「가득 찬 것을 지킬 수 있는 방법은 그를 덜어내어 양을 줄이는 것이지!」

「그러면 양을 덜어내어 줄이는 방법에는 어떤 것이 있습니까?」

자로의 이 질문에 공자는 이렇게 설명하였다.

「높은 자리에 처하면서도 능히 낮추어 행동하고, 가득 찼으면서도 능히 빈 듯이 하며, 부유하면서도 능히 검소하게 하고, 귀하면서도 낮은 듯이 하며, 지혜로우면서도 능히 어리석은 듯하고, 용감하되 능히 겁약(怯弱)한 듯이 하며, 말을 잘하면서도 어눌(語訥)한 듯이 하며, 넓은 지식이 있어도 능히 얕은 듯이 하고, 명철하면서도 어두운 듯이 하는 것, 이것이 곧 알맞게 덜어서 극한에 이르지 않는다는 뜻이다. 이와 같은 도를 실행할 수 있는 것은, 오직 지극한 덕이 있는 자라야 미칠 수 있는 것이다.」

《주역(周易)》에 『덜지 않고 자꾸 보태려고만 하기 때문에 손해가 나는 것이요, 스스로 덜어내어 끝마무리를 잘하니 그 때문에 이익이 되는 것이다』라고 한 것이 바로 그 뜻이다.

· 기기(攲器): 밑이 불안정하여 바로 서지 못하는 그릇.
· 겁약(怯弱): 겁이 많고 마음이 약함.

 상창(常摐)이 병이 나자 노자(老子)가 찾아가 여쭈었다.

「선생님의 병이 중하시군요. 우리 여러 제자들에게 가르침을

남겨 주실 말씀이 없으신지요?」

이에 상창은 이렇게 말하였다.

「그대가 묻지 않았더라도 내 그대에게 말해 주려 하였지!」

그리고는 말을 이었다.

「사람들은 고향을 지나게 되면 수레에서 내리게 되지. 그 이유를 아는가?」

노자가 대답하였다.

「고향을 지나다가 수레에서 내리는 것은 고향을 잊지 못하기 때문이 아닙니까?」

「아무렴, 맞는 말이지」하고는 상창이 다시 물었다.

「큰 교목(喬木)을 지나다가는 그리로 달려간다. 그 이유를 아는가?」

이에 노자는「큰 교목을 보고 달려가는 것은 늙은이를 공경한다는 뜻이 아닙니까?」라고 하였다.

그러자 상창이「아무렴, 그렇고말고!」하고는 자신의 입을 벌려 노자에게 보여 주면서 물었다.

「내 혀가 있느냐?」

이 말에 노자가 있다고 대답하자, 상창이 다시「그럼 이빨은 그대로 있느냐?」고 물었다. 이에 노자는「다 빠지고 없습니다」라고 답하였다.

「그렇다면 그 이유를 아는가?」

이 질문에 노자는 이렇게 대답하였다.

「무릇 혀가 그대로 있는 것은 부드럽기 때문이 아닙니까? 또 이빨이 빠지는 것은 강하기 때문이 아니겠습니까?」

그러자 상창이「아무렴, 맞는 말이다. 천하의 원리를 다하였으니 내 무엇으로 그대에게 말해 줄 게 있으랴!」라고 하였다.

한평자(韓平子)가 숙향(叔向)에게 물었다.

「강한 것과 부드러운 것, 어느것이 더 견고합니까?」

이에 숙향은 이렇게 대답하였다.

「저는 지금 나이가 여든입니다. 이〔齒〕는 모두가 두 번씩이나 빠져서 없지만, 혀는 아직도 그대로 있습니다. 노담(老耼)이 이런 말을 하였지요. 『천하에 가장 부드러운 것만이 천하에 가장 견고한 것을 타고 부릴 수 있다』 또 이런 말도 하였지요. 『사람이 태어날 때는 유약하지만 죽고 나면 뻣뻣하며, 만물의 초목도 갓 자라날 때는 부드럽고 약하지만 죽어서는 말라 뻣뻣하다. 이로 보건대 유약함이란 살아 있는 무리들이 지닐 수 있는 것이요, 강함이란 죽은 무리의 것들이다』 무릇 생명이 있는 것은 허물어져도 다시 복원되지만, 죽은 것은 한 번 무너지면 더욱 쇠잔해지고 맙니다. 저는 이 까닭으로 부드러운 것이 강한 것보다 견고하다고 알고 있습니다.」

평자가 이 말을 듣고 「좋습니다! 그렇다면 그대의 행동은 무엇을 표준으로 삼아 따르고 있습니까?」라고 물었다.

이에 숙향은 「저 역시 부드러움을 따를 뿐이지요. 어찌 강함을 위하리요!」라고 하였다.

그러자 평자가 「부드러움은 너무 취약(脆弱)한 것이 아닙니까?」라고 다시 물었다.

이에 숙향은 이렇게 설명하였다.

「부드러움이란 질겨서 끊어지지 않고 맑으면서도 결(缺)함이 없으니, 어찌 취약하다고 하겠습니까? 하늘의 도리란 미약한 것이 이기게 되어 있습니다. 이 때문에 두 군대가 맞붙으면 부드러운 자가 이기며, 원수진 두 사람이 이익을 다투게 되면 약자(弱者)가 얻게 됩니다.

《주역(周易)》에 『천도(天道)는 가득 찬 것을 덜어 겸손한 것에게 보태 주고, 지도(地道)는 가득 찬 것을 변화시켜 겸손한 쪽으로 흐르게 하며, 귀신은 가득 찬 것을 해(害)하여 겸손한 이에게 복을 주며, 인도(人道)는 가득 찬 것을 싫어하며 겸손한 것을 좋아한다』라고 하였습니다. 이처럼 무릇 겸(謙)을 품고 있으면 유약(柔弱)의 부족함을 사도(四道)가 도와 줄 것이니, 어찌 그쪽으로 가서 그 뜻을 얻지 못할 수 있겠습니까?」

이에 평자가 「좋습니다!」라고 하였다.

환공(桓公)이 이렇게 말하였다.

「쇠붙이가 딱딱하면 부러지고, 가죽이 딱딱하면 찢어지며, 임금된 자가 강하면 나라가 멸망하고, 신하된 자가 강하면 사귐이 끊어진다.」

무릇 강하기만 하면 화합하지 못하고, 화합하지 못하면 쓸 수가 없다. 그래서 수레의 네 마리 말이 서로 조화를 이루지 못하면 먼길을 갈 수 없고, 부자 사이에 화목이 없으면 그 세대가 파망(破亡)하며, 형제가 불화하면 함께 오래 살 수가 없다. 또 부부 사이가 불화하면 집에 큰 흉조가 들게 된다.

《주역(周易)》에 『두 사람이 같은 마음이면 그 날카로움이 쇠를 자를 수 있다』라고 하였으니, 이는 바로 강하지 않은 것으로 시작해야 한다는 뜻이다.

 노자(老子)가 이렇게 말하였다.

「이익되는 바를 얻으면 반드시 그 손해날 것에 대하여 염려해야 하고, 성취에 따른 즐거움을 누릴 때에는 반드시 그 실패가 있지 않을까 돌아보아야 한다.

선(善)을 위해서 힘쓰는 자는 하늘이 복(福)으로 보상하고, 불선(不善)을 저지르는 자는 하늘이 화(禍)로써 이를 갚는다.

그래서 『화는 복을 의지해서 생겨나고, 복은 화 속에 감추어져 있는 것이다』라고 하였으니 경계하고 조심할지니라.

군자가 힘쓰지 않으면서 어찌 방비할 수 있겠는가?

무릇 위로 하늘이 있음을 알면 때를 놓치지 않을 것이요, 아래로 땅이 있음을 알면 재물을 잃지 않을 것이다. 밤낮으로 근신하면 재해를 만나지 않을 것이다.」

 증자(曾子)가 병이 나자, 그 아들 증원(曾元)이 아버지의 머리를 잡고 또 다른 아들 증화(曾華)가 다리를 껴안았다. 이에 증자가 이렇게 말하였다.

「나는 안연(顏淵)만큼 재주가 없으니 너희들에게 무슨 말을 해줄꼬? 비록 능력은 없더라도 군자라면 부지런히 힘쓰고 노력해야 한다. 무릇 꽃은 많으나 열매가 적은 것은 하늘의 뜻이요, 말은 많으나 행동은 적은 것이 곧 인간이다. 나는 새는 산도 낮다고 여겨 그 산꼭대기에 둥지를 틀고, 물고기나 자라는 깊은 못도 얕다고 여겨 그 바닥에 굴을 뚫고 산다. 그런데도 이들을 잡아올릴 수 있는 것은 바로 미끼이다.

군자가 진실로 이익의 유혹으로 인해 몸을 망치는 일만 없다면 욕됨이 어디에서 다가오겠는가? 관직에 있는 자가 태만하게 되는 것은 바로 그 관직에서 무언가를 성취시켰을 때이고, 병은 도리어 조금 나았을 때에 심해지는 법이며, 화는 게으름에서 생겨나고, 아내와 자식 때문에 부모에 대한 효도가 식어 가게 마련이다.

이상 네 가지를 잘 살펴 끝맺음을 시작할 때의 각오와 같게 하여야 한다.

《시경(詩經)》에 『시작할 때에는 잘하는 듯하더니 끝맺음은 오히려 시원치 않네!』라고 하였다.」

선쾌(單快)가 이렇게 말하였다.

「나라에는 다섯 가지 추위가 있지만 얼음이나 결빙(結氷)은 그 속에 포함되지 않는다. 첫째 정사(政事)를 어그러뜨리는 것, 둘째 여자로 인한 여해(厲害), 셋째 비밀의 누설, 넷째 경사(卿士)를 존경하지 않아 국가가 패망하는 것, 다섯째 안을 잘 다스리지도 못하면서 나라 밖의 일에 힘쓰는 것이다.

이 다섯 가지 중에 한 가지 현상이라도 나타나면, 비록 제사를 지내도 조상신들이 복을 내려 주지 않아 화근을 제거해도 화가 미칠 것이며, 복을 빌어도 그 복은 빌어 쓰는 것처럼 잠시 나타났다가 사라질 것이다.」

공자(孔子)가 말하였다.

「존망화복(存亡禍福)은 그 근본이 모두 스스로에게 있을 따름이다. 비록 하늘의 재앙이나 땅의 변고가 있어도 그렇지 않은 사람을 죽이지는 못한다.」

옛날 은(殷)나라 임금 제신(帝辛) 때에 참새가 성(城) 귀퉁이에서 까마귀를 낳았다.

공인(工人)이 이를 점치고 나서「작은 것이 큰 것을 낳았으니 나라에는 큰 복이 있고, 임금에게는 그 명예가 배로 오르리라」고 풀이하였다.

임금 제신이 그 참새의 덕을 기쁘게 여겨 나라의 정치를 팽개친 채 포악한 짓을 일삼았다. 그리하여 외적이 밀려와 은나라는 망하고 말았다. 이는 바로 하늘의 시조(時兆)를 거스른 것이며, 복을 뒤집어 화가 되도록 한 행위이다.

한편 역시 은나라 무정(武丁) 때에 이르러 선왕의 도가 어그러진데다 형법이 느슨하였던 까닭에, 궁중 뜰에 상(桑)과 곡(穀)이 함께 나더니 이레 만에 그 크기가 한 아름이나 되었다.

다시 공인이 이를 점쳐 가로되「상곡은 들에나 자랄 식물이다. 그 야물(野物)이 조정에서 자라고 있으니, 이는 바로 나라가 망한다는 뜻이로다!」라고 하였다.

이 말에 무정은 두려워하며 자신과 주변을 잘 닦아 옛 선왕의 도를 생각하며 망할 나라를 일으키고, 끊어질 세대를 이어주며, 안일에 빠진 백성을 들어 진작시키고, 늙은이의 지혜를 밝히는 일에 힘썼다.

그렇게 하여 3년이 지나자, 멀리 있는 나라의 임금이 두 번 이상의 통역을 거쳐 찾아오는 자가 여섯 나라나 되었다. 이는 바로 하늘의 시조(時兆)를 잘 영접하여 화를 복으로 돌린 예이다.

그러므로 요얼(妖孽)이란 하늘이 천자와 제후를 경계시키는 것이며, 또 악몽(惡夢)이란 사(士)·대부(大夫)에게 경각심을 불러일으키는 것이다. 따라서 아무리 악한 요얼도 선정(善政)

을 이기지 못하며, 아무리 나쁜 악몽일지라도 선행(善行)을 이기지 못하는 법이다.

지성으로 다스리면 화는 복으로 바뀌게 마련이다. 그 때문에 태갑(太甲)은 「하늘에서 내린 재앙은 피할 수 있으나, 자신이 지은 재앙은 피할 수 없다」라고 하였던 것이다.

·공인(工人): 나라의 대사를 점치는 점복관(占卜官).
·요얼(妖孽): 요사스러운 귀신, 또는 그 귀신이 끼치는 재앙.

석수(石讐)가 이렇게 말하였다.
「춘추(春秋)시대에 갑자기 망한 나라들이 많았다. 나라의 임금은 조심하지 않으면 안 된다. 비첩(妃妾)이 많으면 나라가 망하고, 공족(公族)간에 불화가 생기면 망하며, 대신이 자기 임무를 다하지 않아도 망하고, 나라의 작록(爵祿)이 제대로 쓰이지 못해도 망하며, 아첨하는 무리들을 가까이해도 망하고 만다.

또 많은 사람을 쓰되 때를 맞추지 못해도 망하고, 백성을 부리되 절약하지 않으면 망하며, 형벌이 공정하지 못해도 망할 수 있고, 안으로 백성의 마음을 잃으면 망하는 것이요, 밖으로 대국(大國)에게 태만히 굴어도 망하고 만다.」

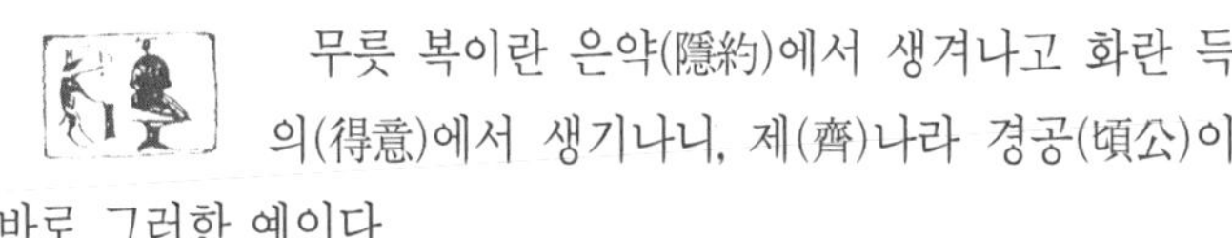

무릇 복이란 은약(隱約)에서 생겨나고 화란 득의(得意)에서 생기나니, 제(齊)나라 경공(頃公)이 바로 그러한 예이다.

제나라 경공은 환공(桓公)의 후손으로, 당시 땅이 넓고 백성이 많았으며 병력도 강하고 나라도 부강하였다. 게다가 패자(覇者)로서의 남은 존망(尊望)까지 있었건만 교만하고 태만하게 굴 뿐 한번도 제후들의 회동(會同)에 나가지 않았다. 그런데도 군대를 일으켜 노(魯)나라를 치다가 도리어 위(衛)나라 군대에게 신축(新築)에서 패하였으니, 이는 작은 것을 경솔히 여기고 크다고 자만했던 행동이 지나쳤기 때문이다.

그리고 잠시 후 진(晉)나라·노(魯)나라와 교빙(交聘)하면서 그들 사신을 희롱하기까지 하였다. 두 나라가 노하여 서로 자기편을 구하여 결속하니, 이에 위(衛)와 조(曹) 두 나라가 이들과 합세, 결국 네 나라가 서로 합하게 되었다.

이어서 안(鞍)에서 전투를 기약하고 모여 제나라 군대를 크게 쳐부수고 경공을 사로잡았으며, 방축보(逄丑父)를 참수하니 그제서야 놀라 겁을 먹었다.

그러나 방축보의 사기(詐欺)에 힘입어 겨우 도망쳐 돌아와서는 조문과 병문안을 게을리하지 않았고, 7년 동안 술을 입에 대지 않았으며, 고기도 절제하고 금석사죽(金石絲竹)의 음악과 여색(女色)을 멀리하였다. 또한 제후들과의 회맹에 나가 여러 제후들에게 스스로를 낮추었다.

국가를 다스리매 안으로 의를 행한 결과, 그 소문이 제후들에게 널리 알려져 잃었던 땅은 요구하지 않아도 스스로 반환되었고, 존귀와 총애는 무력을 사용하지 않아도 얻어지게 되었다. 이는 바로 변화에 능히 굽히고 숙일 수 있었기 때문에 이룬 것이라 할 수 있다. 따라서 복이란 은약에서 생기며 화란 득의에서 생긴다고 할 수 있으니, 이것이 바로 득실(得失)의 이치이다.

· 은약(隱約) : 공을 감추고 겸손히 하여 줄이고 묶음.

 큰 공을 세울 수 있는 효험은, 바로 어진 이를 등용하고 도를 쌓는 데 있다. 그렇게만 하면 점점 그 공이 드러나고 밝아지게 마련이다. 반대로 쇠멸(衰滅)의 과정은, 바로 득의(得意)하여 태만히 굴 때에 시작되어 점차 거만해지고 망해 가게 된다. 진(晉)나라 문공(文公)이 바로 그 대표적인 예이다.

그는 망명중에도 도를 수양함을 그치지 않아 결국 임금의 자리를 누리게 되었으며, 임금의 자리에 올라 있을 때에도 마침 위로는 영명한 천자(天子)가 없었고 아래로는 어진 방백(方伯)이 없어 강한 초(楚)나라가 회맹을 주재하고 있었지만, 제후들이 이반(離畔)되어 있었다. 게다가 천자는 자신의 권위를 잃고 정(鄭)나라에 가서 살고 있던 때였다.

문공은 이에 중국(中國)의 미약함을 걱정하여 구범(咎犯)· 선진(先軫)· 양처보(陽處父)를 등용하여, 백성을 보살피고 군대를 길러 4년 만에 국내 정치가 안정되자 군대를 일으켜 위(衛)나라를 치고 조백(曹伯)을 사로잡았으며, 강한 초(楚)나라까지 눌러 천하에 위세를 떨쳤다.

이리하여 왕법(王法)을 밝히고 제후를 이끌어 천자를 조견하니, 누구 하나 감히 듣지 않는 자가 없게 되어 천하가 평정되고 주실(周室)이 높임을 되찾게 되었다. 이 때문에 큰 공의 효험은, 바로 어진 이를 등용시키고 덕을 쌓는 데에 있어 점차 창현(彰顯)되고 밝아진다고 말할 수 있는 것이다.

한편 문공은 패공(覇功)을 세우고 그만 자신이 탕왕(湯王)·무왕(武王)의 마음과 같게 될 듯이 기대하며, 그 백성을 돌보는 것을 잊고 한 해에 세 번씩이나 전쟁을 일으켜 그들에게 쉴 틈을 주지 않으면서, 드디어 허(許)나라를 포위하게 되었다. 그리하여 병사들은 지극히 피폐해져서 그들을 굴복시키지 못하고, 제후들에게 피폐함을 당한 채 돌아와야 하였다.

이로부터 정치에 태만하게 되었고, 심지어 적천(狄泉)에서 회맹을 할 때에는 직접 참가하지도 않아 제후들로부터 신의(信誼)가 쇠결(衰缺)하게 되었다. 이는 마치 좋은 그물을 가졌음에도 보수(補修)하지 않은 것과 같아 위무(威武)가 꺾여 믿음을 잃게 된 것이다. 이리하여 제후들이 찾아오지 않고 정(鄭)나라는 드디어 등을 돌렸으며, 이적(夷狄)이 침입해 오고 위(衛)나라는 상구(商丘)로 도읍을 옮기는 등 제멋대로였다.

그래서 쇠멸(衰滅)의 길은, 득의만만하여 태만해지기 시작할 때부터 생겨 점차 교만해지고 끝내 망하는 것이라고 한 것이다.

· 방백(方伯): 원래 천자가 임명하는 외직(外職). 곧 제후(諸侯).

 전자방(田子方)이 위(魏)나라의 문후(文侯)를 모시고 있을 때, 태자인 격(擊)이 급히 달려와 임금을 만나고자 하였다. 빈객들과 여러 신하들이 모두 일어섰지만 전자방만이 홀로 앉은 채로 있었다. 이에 문후가 불쾌한 표정을 지었고, 태자 역시 그러하였다. 이를 본 전자방이 이렇게 말하였다.

「그대를 위해 일어설까요? 그러면 예의상 어떤지 알 수가 없

습니다. 그대로 앉아 있을까요? 그러면 법률상 어떤지 알 수가 없습니다. 청컨대 그대의 아들을 위해 초(楚)나라 공왕(恭王)이 태자였을 때의 이야기를 읊어 드리고 싶습니다. 그가 장차 운몽(雲夢)으로 가는 길에 대부인 공윤(工尹)을 만났지요. 공윤은 태자를 보자 얼른 민가로 숨어 버렸습니다. 그러자 태자가 수레에서 내려 그 집을 찾아가 이렇게 말하였지요.

『그대 대부께서는 어찌 이와 같이 하십니까? 제가 듣건대 그 아버지를 공경한다고 해서, 그 아들까지 공경해야 하는 것은 아니라 하였습니다. 그 아들까지 공경해야 한다면, 그보다 더 상서롭지 못한 일이 없다 하였습니다. 그런데 그대 대부께서 무슨 일로 이와 같이 하십니까?』

그러자 공윤이 『조금 전까지는 그대의 외모만 보았는데, 지금부터는 그대의 마음을 기억하겠습니다』라고 하였다 합니다.

이 이야기를 잘 헤아려 보십시오. 그대는 장차 어떻게 하겠습니까?」

이 말에 문후가 「좋습니다!」라고 하였다. 한편 태자 격은 앞으로 나아가서 공왕의 말을 외우되 세 번을 반복하고 따라 배울 것을 청하였다.

 자공(子贛)이 승혹(承或)이라는 곳으로 가다가, 길가에 낡은 천으로 얼굴을 가린 몹시 남루한 차림을 한 사람을 보게 되었다. 그의 이름은 주작(舟綽)이었다.

자공이 그에게 물었다.

「여기서 승 땅까지는 얼마나 됩니까?」

그러나 그가 묵연히 아무런 대답도 하지 않는 것이었다. 자공이 다시 물었다.

「사람이 묻는데 대답도 하지 않으니, 무슨 경우가 그렇소?」

그러자 그가 얼굴을 더욱 가리면서 이렇게 대답하였다.

「남을 바라보면서 사람을 무시하는 것을 어질다고 볼 수 있습니까? 또 가까이 와서 빤히 보면서 모르는 척하는 것이 지혜로운 일입니까? 남을 경멸한다면 그것이 의로운 일입니까?」

이 말에 자공이 수레에서 내려 「제가 인의가 모자랐습니다. 방금 물으신 세 가지를 다시 한 번 들을 수 있겠습니까?」라고 하였다. 그러나 주작은 「그만하면 됐소! 더 이상 일러 줄 게 없소!」라고 하였다.

이로부터 자공은 누구든 세 사람을 한꺼번에 만나면 수레를 잡고 인사하고, 다섯 사람이면 수레에서 내려 인사를 하였다.

손숙오(孫叔敖)가 초(楚)나라의 영윤(令尹)이 되자, 온 나라 관리와 백성 들이 와서 축하를 해주었다. 그런데 한 늙은이만이 초라한 의복에 흰 관을 쓰고 맨 뒤에 와서 조문(弔問)을 하는 것이었다. 이에 손숙오가 의관을 바르게 하고 나아가 그를 맞으면서 물었다.

「초왕께서는 제가 이렇게 불초한 줄을 모르고 저에게 백성을 다스리는 힘든 일을 맡으라 하셨습니다. 그런데 백성들은 모두 와서 축하를 해주고 있는데, 귀하께서만은 조문을 하러 오셨다니 무슨 뜻이 있으십니까?」

이에 그 늙은이가 이렇게 말하였다.

「뜻이 있지요! 스스로가 귀해졌다고 해서 남에게 교만하게 굴면 백성이 이런 자를 떠나가고, 지위가 높아졌다고 해서 권력을 휘두르게 되면 임금이 이를 미워하며, 봉록이 많은데도 족한 줄을 모르면 우환이 따르게 됩니다.」

이 말에 손숙오가 두 번 절하며 이렇게 청하였다.

「명령을 공경히 받들겠습니다. 나머지 가르침까지 듣고 싶습니다.」

그러자 늙은이는 다시 이렇게 일러 주었다.

「지위가 높을수록 뜻은 더욱 낮추며, 관직이 클수록 마음은 더욱 작게 하며, 녹이 후할수록 더욱 삼가여 마구 취하는 일이 없도록 하면 됩니다. 그대는 이 세 가지를 잘 지키시기만 하면 족히 이 초나라를 다스릴 수 있습니다.」

 위(魏)나라 안희왕(安釐王) 11년에, 진(秦)나라 소왕(昭王)이 좌우에게 물었다.

「지금 한(韓)·위(魏)와 우리 진(秦)나라를 비교하면 누가 강한가?」

그러자 모두가 「우리 진나라만큼 강하겠습니까?」라고 대답하였다.

임금이 다시 물었다.

「그렇다면 지금 여이(如耳)·위제(魏齊)·맹상군(孟嘗君)·망묘(芒卯), 이 넷 중에는 누가 가장 어진가?」

이에 「맹상군과 망묘가 훨씬 어질지요!」라고 대답하였다.

그러자 임금이 이렇게 말하였다.

「맹상군과 망묘의 어짊으로 한나라·위나라의 무리를 이끌고 우리 진나라를 공격해 온다 해도 나를 어쩌지 못할 텐데, 하물며 지금 무능한 여이·위제가 약한 한나라·위나라 군대를 이끌고 우리 진나라를 공격해 오니, 그들이 나를 어쩌지 못하리라는 것은 명확한 일이로다.」

그러자 좌우가 모두 「그렇습니다」라고 답하였다.

이때 신기(申旗)라는 자가 거문고를 엎어 놓고 이렇게 말하였다.

「임금께서 천하를 헤아리심은 아주 잘못되었습니다. 옛날 진(晉)나라에 육경(六卿)이 정권을 잡았을 때, 지씨(智氏)가 가장 강하여 범씨(范氏)와 중항씨(中行氏)를 멸망시켰습니다. 그리고 나서 다시 한씨(韓氏)·위씨(魏氏)를 이끌고 조양자(趙襄子)를 진양(晉陽)에서 포위, 진수(晉水)의 물을 터서 진양성을 물바다로 만들었습니다. 그 물이 겨우 삼판(三板)만 남겨 놓고 들어차게 되자, 지백(智伯)은 그 물에서 물러나오면서 위(魏)나라 선자(宣子)에게 수레 고삐를 잡게 하고, 한(韓)나라 강자(康子)는 옆에서 자신을 모시고 타게 한 후, 『나는 물이 남의 나라를 망치게 하는 줄 몰랐다. 지금에서야 알았다. 그렇지, 분수(汾水)를 트면 안읍(安邑)을 잠기게 할 것이요, 강수(絳水)를 트면 평양(平陽)을 함락시킬 수 있겠군!』이라고 하였습니다.

이 말을 들은 위나라 선자가 한나라 강자의 넓적다리를 찔러 신호를 보냈으며, 한나라 강자는 위나라 선자의 발을 밟아 알았다고 신호를 하였지요. 넓적다리와 발이 수레 위에서 통하자 도리어 지씨 땅이 찢어졌고, 이리하여 지백은 신사국망(身死國亡), 결국 천하의 웃음거리가 되고 말았습니다.

지금 우리 진나라가 비록 강하나 그때의 지씨만 못하고, 한·위가 비록 약하다고 하나 진양성 아래에 있을 때보다는 현명합니다. 지금 바야흐로 그 넓적다리와 발을 사용하고 있는 때인지도 모릅니다. 원컨대 임금께서는 쉽게 여기지 마십시오!」

이 말에 소왕은 두려움을 느끼게 되었다.

위(魏)나라의 공자(公子) 모(牟)가 동쪽의 자기 나라로 가려 하자, 양후(穰侯)가 전송을 하며 물었다.

「선생께서는 장차 저를 떠나 산동(山東)으로 가시고자 합니다. 어찌 저에게 한 말씀 좋은 가르침을 남기지 않을 수 있겠습니까?」

이에 공자 모가 이렇게 말하였다.

「그대가 일러 주지 않았더라면, 제가 하마터면 잊을 뻔하였구료! 그대는 관운(官運)이 형세(形勢)와 아무런 약속이 없었는데도, 그 세(勢)가 저절로 이르는 경우를 아시지요? 또 그 세가 부(富)와 아무런 약속이 없었는데도, 그 부가 저절로 이르는 경우를 아시지요? 그런가 하면 그 부가 귀(貴)와 아무런 약속이 없었는데도, 그 귀가 저절로 이르는 경우를 아시지요? 또 그 귀가 교(驕)와 아무런 약속이 없었는데도, 그 교가 저절로 이르는 경우를 아시지요? 그리고 그 교가 죄(罪)와 아무런 약속이 없었는데도 그 죄가 저절로 이르며, 그 죄가 죽음과 아무런 약속이 없었는데도 그 죽음이 저절로 이르는 경우를 아시지요?」

이에 양후가 「좋습니다. 밝은 가르침을 공경히 받들겠습니다」라고 하였다.

윗사람을 높이고, 어진 이를 존중하며, 남에게 교만하게 굴지 말아야 한다.

총명하고 성스러운 지혜를 가진 자는 남을 궁지에 몰지 않으며, 천품(天品)이 민첩할수록 남보다 앞서서는 안 된다.

또 스스로가 강의(剛毅)하고 용맹하다고 해서 남을 이기려고 들어서도 안 된다.

모르면 물어야 하고, 못하면 배워야 한다.

비록 지혜롭다 해도 반드시 그 바탕을 살펴본 연후에야 이를 변석(辯析)하며, 비록 능하다 할지라도 반드시 양보한 이후에야 이를 맡아야 한다.

그러므로 선비란 비록 총명하고 성지(聖智)가 있다 해도 스스로는 어리석음으로 지켜야 하고, 그 공이 천하를 덮을지라도 스스로는 양보로써 지키며, 용력(勇力)이 세상을 막을 수 있다 해도 스스로는 겁약(怯弱)으로 지키고, 부(富)가 천하를 다 가졌다 해도 염직(廉直)으로 지켜야 한다.

이렇게 하는 자는 가히 높이 있어도 위험하지 않고, 가득 차고도 넘치지 않을 것이라 말할 수 있다.

· 강의(剛毅): 강직하고 굳셈. 의지가 강하여 권력이나 금력에 굴하지 아니함.
· 변석(辯析): 이치를 똑똑히 밝힘.
· 염직(廉直): 마음이 청렴하고 강직함.

제(齊)나라 환공(桓公)이 술을 마련하여 정오에 모두 모이기를 기약하였다. 관중(管仲)이 가

장 늦게 도착하였는데, 환공은 술잔을 들어 한 잔을 다 마셨으나 관중은 반만 마시고 나머지를 버리는 것이었다. 환공이 이를 보고서 그 연유를 물었다.

「뒤늦게 도착하여 술도 반 잔밖에 마시지 않고 버리니, 그것이 예에 맞는 것입니까?」

그러자 관중이 이렇게 설명하였다.

「제가 들으니 술이 들어가면 혀가 나오고, 혀가 나오면 말에 실수가 있게 마련이며, 말에 실수가 있으면 그 몸을 버린다 하였습니다. 저는 생각하기에 몸을 버리느니 술을 버리는 것이 낫다고 보아 그렇게 한 것입니다.」

이에 환공이 웃으면서 「중부(仲父)께서는 일어나 자리에 가서 앉으시지요!」라고 하였다.

초(楚)나라 공왕(恭王)과 진(晉)나라 여공(厲公)이 언릉(鄢陵)에서 싸울 때였다. 장군 사마자반(司馬子反)이 목이 말라 마실 것을 찾자, 수곡양(豎穀陽)이 술을 가져다 바쳤다.

그러자 자반이 「물러가거라. 술이 아니냐?」라며 거절하였다. 하지만 곡양이 「술이 아닙니다」라고 하자 자반이 다시 「가져가거라. 술이 아니냐?」고 하였고, 곡양이 끝내 「술이 아닙니다」라고 하자 이를 받아 마시고는 그만 취하여 잠이 들고 말았다.

공왕이 다시 전투를 하려고 사람을 시켜 자반을 부르러 보냈으나, 자반이 마음에 병이 났다고 하면서 응하지 않는 것이었다. 이에 공왕이 수레를 몰고 막사 안으로 들어가 보니 술냄새가 진동하였다. 그러자 공왕이 「오늘 전투는 그대 사마를 믿고 시작하였는데 그대가 이렇게 취해 있으니, 이는 나의 나라를 망치고 우리 백성을 저버리는 일이오! 내 더 이상 싸울 수 없소!」 하고는 자반을 죽이고 귀환해 버렸다.

무릇 곡양이 술을 가져다 준 것이 자반을 질투해서가 아니었건만, 충성을 다한다고 한 짓이 오히려 그를 죽음에 몰아넣은 것이 되고 말았다. 따라서 작은 충성은 큰 충성의 적(賊)이며, 작은 이익은 큰 이익의 잔(殘)이다.

싸움을 좋아하는 신하는 잘 살펴야 한다. 작은 치욕을 부끄럽게 여겨 큰 원한을 사게 되며, 작은 이익을 탐하여 많은 무리를 잃는 경우가 있으니, 《춘추(春秋)》에도 이를 경계하라고 하였다. 바로 진(晉)나라의 선진(先軫)이 그러한 예이다.

선진은 자신의 공을 높여 명예를 얻기 위해, 진(秦)나라가 길을 빌려 달라고 하지도 않은 채 자신의 진(晉)나라를 통과한다는 사실을 기화로 임금에게 진(秦)나라 군대를 칠 것을 요청하였다. 그러나 양공(襄公)은 이를 반대하였다.

「안 됩니다. 무릇 진백(秦伯)과 나의 선군(先君)은 결교(結交)를 맺었습니다. 선군께서 돌아가시자마자 군대를 일으켜 진(秦)나라를 치는 것은 내가 선군께 죄를 짓는 것이며, 이웃나라와의 교분을 파괴하게 되면 결국 선군의 뜻을 어긴 불효자가 됩니다.」

그러자 선진은 이렇게 말하였다.

「선군께서 돌아가셨는데 조문조차 오지 않는 것은 우리의 상사(喪事)에 대해 애도하지 않는다는 뜻이며, 군대를 일으켜 우리 땅을 지나면서 길을 빌려 달라는 말 한 마디 아니한 것은 지금 임금을 얕보는 처사입니다. 게다가 선군의 관이 아직까지 집안에 있는데도, 이 나라의 상(喪)에 대하여 슬퍼해 주는 기색 하나 없이 군대를 일으킨 것입니다.」

이에 점을 쳐보았더니, 그 점괘가 「대국의 군대가 장차 이르리라. 청컨대 맞아 싸워야 한다」고 하였다.

그러자 진나라의 양공은 선진의 주장을 들어 주었고, 결국 선진이 군대를 이끌고 효산(殽山)의 요새에서 전쟁을 벌였다. 그러나 진(晉)나라 군대는 이 격퇴의 싸움에서 말 한 필 수레 하나 온전히 돌아온 것이 없었고, 도리어 진(秦)나라에게 큰 원한만 갖게 하는 결과를 낳고 말았다.

칼날의 연접으로 그 피가 홍수를 이루었고, 엎어진 시체와 볕에 드러난 해골뿐이었으며, 국가는 약해질 대로 약해져서 10여 년을 고통 속에서 지내야 하였다. 그뿐 아니라 끝내 그 많은 군대를 다 잃게 되어 그 화가 대부에게까지 미쳤으며, 후세에까지 그 근심이 이어졌다. 따라서 싸움을 좋아하는 신하는 잘 살피지 않을 수 없는 것이다.

 노(魯)나라 애공(哀公)이 공자(孔子)에게 물었다. 「내가 듣기로 건망증이 심한 자 가운데 이사를 간 후 자기 아내조차 잊어버린 이가 있다든데, 그런 일이 있습니까?」

그러자 공자가 이렇게 대답하였다.

「그 정도면 건망증이 심한 것은 아니지요. 정말 심한 자는 자기 자신을 잊는데요!」

애공이 「좀 얻어들을 수 있겠습니까?」라고 묻자, 공자는 이렇게 설명하였다.

「옛날 하(夏)나라 걸왕(桀王)은 천자의 귀한 신분에 천하를 다 가진 부를 누렸으나, 우(禹)임금의 도는 닦지 아니하고 도리어 국법을 훼멸하였고, 세사(世祀)를 끊어 버리고 음악에 도취하였으며, 술에서 깨어나지 못하였습니다. 그의 신하 가운데 좌사(左師) 벼슬의 촉룡(觸龍)이라는 자가 있어 끊임없이 아첨을 하였지요. 이에 탕(湯)임금이 걸(桀)을 주벌(誅罰)할 때, 그 좌사 촉룡은 몸이 죽어 사지가 각각 다른 곳에 놓이게 되었으니, 이런 경우가 바로 자기 몸을 잊어버린 것이 아니고 무엇이겠습니까?」

애공은 두렵고 놀라운 기색을 하며 겨우 「알았습니다」라고 대답할 뿐이었다.

· 세사(世祀): 대대로 지내는 제사.

공자(孔子)가 주(周)나라 태묘(太廟)를 구경하는데, 오른쪽 계단 앞에 금속으로 만든 동상이 하나 놓여 있었다. 그 동상은 입이 세 겹이나 꿰매어져 있었고, 그 등에는 이런 명문(銘文)이 새겨져 있었다.

「옛사람을 경계시키던 말이라. 경계할지니라. 경계할지니라.
말을 많이 하지 말라. 말이 많으면 일을 그르친다.
많은 일을 욕심내지 말라. 일이 많으면 근심도 많다.
편안하고 즐거울 때 반드시 조심하여 후회할 일을 짓지 말라.
무엇이 손해나리요라고 하지 말라. 그 화는 커질 것이다.

무엇이 해로우리요라고 하지 말라. 그 화는 장차 크리라.

무엇이 잔혹하리요라고 하지 말라. 그 화는 장차 불꽃 같으리라.

아무도 못 듣겠지라고 하지 말라. 하늘의 요괴가 지켜보고 있다.

번쩍번쩍 꺼지지 않고 활활 타오르니 어찌할꺼나.

막힘없이 출렁출렁 장차 강하(江河)처럼 되리라.

끊임없이 이어져 장차 그물처럼 되리라.

푸르고 푸르러 베어지지 않는다고 하나, 장차 큰 도끼를 만나면 어찌하려나.

진실로 조심하지 않으면 화의 뿌리가 되리라.

말이 무엇을 상하게 하는가? 바로 화의 문이로다.

강하기만 한 자는 제 명(命)에 죽지 못하고, 이기기만을 좋아하는 자는 반드시 적을 만나리라.

도둑이 주인을 원망하고, 백성이 그 귀인을 해(害)하리라.

천하를 다 덮을 아무것도 없다는 것을 군자라면 알아야 한다.

그 때문에 자신을 뒤로 하고 자신을 낮추어 사람들이 그를 사모하도록 하는 것이다.

암컷처럼 물러서며 낮은 것을 택하여, 그가 스스로 대적하려 들지 않게 하여야 한다.

사람들이 누구나 저것을 좇을 때 나는 홀로 이를 지키며, 많은 무리가 미혹에 빠져도 나는 마음을 옮기지 않으며, 나의 지식을 깊이 감추어 사람들과 재주를 다투지 말지니라.

내 비록 존귀하나 사람이 나를 해치지 않게 하라. 무릇 강하(江河)가 모든 골짜기 물의 왕이 될 수 있는 것은 바로 스스로를 낮추기 때문이다.

하늘의 도는 따로 친한 것이 없고, 항상 선한 이의 편에 선다. 경계할지니라. 경계할지니라!」

공자가 이를 읽고 제자들을 돌아보며 이렇게 말하였다.

「기록해 두어라! 이 말은 비록 비속(鄙俗)하기는 하나 사정에 꼭 맞는 것들이다. 《시경(詩經)》에 『두려워하고 조심하여 마치 깊은 물가에 임한 듯이, 마치 얇은 얼음을 밟듯이 하라』고 하였으니, 이와 같이만 행동한다면 어찌 입으로 인해 화를 만나겠느냐?」

· 태묘(太廟): 조상들의 위패를 모신 종묘. 천자(天子)의 종묘를 태묘라 한다.
· 명문(銘文): 금석(金石)에 새긴 글. 또는 공적을 새긴 글.

 노(魯)나라 애후(哀侯)가 그 나라를 버리고 제(齊)나라로 도망쳐 왔다. 그러자 제후(齊侯)가 물었다.

「당신은 아직도 젊은 나이인데, 어찌하여 이렇듯 일찍 나라를 포기하십니까?」

이에 애후가 이렇게 대답하였다.

「제가 태자였을 때에 많은 사람들이 제게 충고를 해오면 저는 듣기만 하고 실행하지는 않았으며, 또 많은 사람들이 저를 사랑해 주면 저도 그들을 사랑해 주기만 하였지 가까이하지는 않았습니다. 이 때문에 안으로는 소문을 들을 수 없고, 밖으로는 보필해 줄 신하가 없게 되었습니다. 이는 마치 가을날의 쑥과 같아, 뿌리는 상했는데 가지와 잎만 무성하여 한 번의 가을 바람에 뿌리까지 뽑힌 것과 같습니다.」

 공자(孔子)가 길을 가다가 어떤 이의 우는 소리를 들었는데, 그 소리가 심히 비창하였다. 이에 공자가 「빨리 수레를 몰아라, 어서. 저 앞에 이상한 분의 울음소리가 있다」라고 재촉하였다.

그에게 가까이 다가가 보았더니 구오자(丘吾子)라는 사람이었다. 그는 낫을 껴안고서 새끼줄로 자신의 몸을 묶은 채 울고 있었다. 공자가 수레에서 내려 물었다.

「선생께서는 무슨 상을 당한 것도 아닌데 무엇 때문에 이렇게 슬피 우십니까?」

그러자 구오자가 이렇게 설명하였다.

「나에게는 세 가지 과실이 있습니다.」

공자가 다시 「원컨대 그 세 가지 과실을 듣고 싶습니다」라고 하자, 구오자는 이렇게 대답하였다.

「나는 젊어서 학문을 한답시고 천하를 두루 돌아다녔지요. 그러다가 집에 돌아와 보니 양친이 이미 돌아가셨더군요. 이것이 나의 첫번째 과실입니다. 또 임금을 모시면서 그 사치스럽고 교만함을 간언하였지만 성공하지 못하였습니다. 이것이 두번째 과실입니다. 그리고 아주 친하게 지내던 친구를 뒤에 끊게 되었습니다. 이것이 세번째 과실입니다.

나무가 고요하고자 하나 바람이 멎지 아니하고, 자식이 부모를 봉양코자 하나 어버이가 기다려 주지 않는군요. 흘러가고는 다시 오지 않는 것, 그것이 곧 세월이며 한 번 가면 다시 만나볼 수 없는 것, 그것이 부모겠지요. 청컨대 이 말을 잘 따라 주십시오!」

그리고는 목을 베어 죽어 버렸다. 이에 공자가 「제자들이여, 기록하라. 이는 족히 경계로 삼을 일이로다!」라고 하였다.

그러자 제자들 중에 고향으로 돌아가 어버이를 모신 자가 13인이나 되었다.

 공자(孔子)가 시(詩)를 논하다가 정월(正月)의 육장(六章)에 이르러 크게 탄복을 하며 말하였다.

「때를 만나지 못한 군자가 어찌 위태롭지 않겠는가? 임금에게 순종하고 세속만 따르면 원칙을 저버리게 되고, 임금을 거스르고 세속을 떠난다면 자신이 위험해지게 마련이다. 또 나 혼자의 길을 가려 하면 사람들은 나를 괴상하게 보지 않으면 멍청하다고 여긴다. 이 때문에 걸(桀)이 관룡방(關龍逢)을 죽였고, 주(紂)가 왕자 비간(比干)을 죽인 것이다. 그러므로 어진 자는 때를 만나지 못하면 좋은 죽음을 맞지 못할 것을 항상 염려하여야 한다.

《시경(詩經)》에 『하늘 지붕이 아무리 높다 해도 몸을 굽히지 않을 수 없고, 땅이 아무리 두텁다 해도 발소리 조심하지 않을 수 없으리』라고 하였으니, 바로 이를 두고 한 말이다.」

 공자(孔子)가 그물을 쳐놓고 새를 잡는 사람을 보았더니, 그가 잡는 것은 작은 참새들뿐이었다. 이에 공자가 물었다.

「참새는 있는 대로 다 잡으면서 큰 새는 잡지 못하니 무슨

이치입니까?」

그러자 새 잡던 이가 이렇게 설명해 주었다.

「참새가 큰 새를 따라다니면 그 참새조차 잡을 수가 없지요. 그러나 큰 새이면서 참새를 따라다니는 놈은 잡을 수 있습니다.」

이 말을 듣고 공자가 제자들에게 이렇게 일렀다.

「군자는 누구를 따를 것인가를 신중히 생각해야 한다. 옳은 사람을 따르지 않으면 이처럼 그물에 걸릴 위험이 있다.」

몸을 닦고 바른 행동을 함에는 조심하지 않을 수 없나니 기욕(嗜欲)은 그 행위를 일그러지게 하고, 참유(讒諛)는 바른 마음을 어지럽게 하며, 많은 사람의 한결같은 주장은 마음을 돌아서게 한다.

우환은 소홀함에서 생기고, 화(禍)는 아주 작은 데에서 비롯된다. 한 번 오욕을 입으면 씻어내기 어렵고, 일을 그르치고 나면 되돌리기가 불가능하다. 심념원려(深念遠慮)하지 않았다가 후회하는 일이 얼마나 많은가?

무릇 요행을 바라는 것은 천성을 그르치게 하는 도끼요, 기욕(嗜欲)이란 화를 따라 좇아가는 말〔馬〕과 같다. 그리고 아첨이란 그 궁극이 치욕의 집이요, 남에게 학대를 일삼는 것은 화를 찾아 달려가는 길과 같다.

그래서 요행을 버리고 충(忠)과 신(信)에 힘쓰고, 기욕을 질제하고 남에게 학대를 일삼지 않으면 군자라는 칭호를 얻을 수 있고, 그 명성도 항상 가지게 될 것이다.

· 기욕(嗜欲): 기호와 욕심. 즐기고 좋아하는 욕심.

· 참유(讒諛): 아첨.
· 심념원려(深念遠慮): 깊이 생각하고 멀리까지 고려함.

원망은 보답하지 않은 데에서 생기고, 화(禍)는 다복(多福)에서 생긴다. 안정과 위험은 스스로 어떻게 처하느냐에 달려 있고, 곤핍에 빠지지 않는 방법은 미리 예측하는 길밖에 없다. 또 존망(存亡)은 어떤 사람을 얻느냐에 따라 결정된다. 따라서 끝맺음을 처음 시작할 때처럼 조심하면 이에 장구할 수 있으리라.

이상의 다섯 가지를 능히 실천하는 자는 그 몸을 온전히 할 수 있다.

『자기가 하기 싫은 일을 남에게 시행치 말라』고 하였으니, 이것이 곧 도의 요체이다.

안회(顔回)가 서쪽으로 떠나면서 공자(孔子)에게 물었다.

「어떻게 하여야 몸을 바로 세울 수 있을까요?」

공자가 이렇게 설명하였다.

「공(恭)·경(敬)·충(忠)·신(信)을 갖추면 몸을 바로 세울 수 있느니라. 공을 갖추면 무리로부터의 환난을 면할 수 있고, 경을 갖추면 사람들의 사랑을 받을 것이며, 충을 갖추면 사람들이 그와 함께 하려 하고, 신을 갖추면 사람들이 그를 믿어 주느니라. 사람들이 사랑하고 함께 해주며 믿어 준다면, 화를 면하는 것은 필연적인 일이다. 이렇게만 되면 나랏일도 할 수 있을 것이니, 어찌 하물며 그 몸 하나 세우는 것으로 끝나랴!

그러므로 많은 것을 가까이하지 않고 성긴 것을 친하려 든다면 그것은 너무나 먼 것이 아니겠으며, 가운데를 닦지 않고 그 밖을 닦는다면 이 또한 잘못된 것이 아니겠으며, 일을 먼저 염려하지 않으면서 어려움이 닥쳐서야 해결책을 구한다면 이는 너무 뒤늦은 것이 아니겠느냐?」

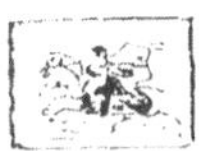 무릇 자기 자신을 잘 관리함에는 반드시 조심해야 할 다섯 가지 기본이 있다.

첫째 부드럽게 하되 인(仁)으로 할 것, 둘째 성실하게 하되 신(信)으로 할 것, 셋째 부귀할 때 남에게 교만히 굴지 말 것, 넷째 공(恭)을 다하되 경(敬)으로 할 것, 다섯째 관용을 베풀되 남모르게 조용히 할 것 등이다.

이 다섯 가지를 잘 생각하여 행동하는 자는 흉명(凶命)을 만나는 일이 없을 것이다.

능히 그 경(敬)을 실천하면 천시(天時)가 도와 흉명이 오지 않고, 화도 찾아오지 않는다. 남을 공경한다는 것은 남을 공경하는 것이 아니라 자신을 공경하는 것이요, 남을 귀하게 여기는 것도 남을 귀하게 여기는 것이 아니라 자신을 귀하게 여기는 것이다.

옛날에 나는 하늘이 금석(金石)과 피를 함께 내리는 것을 본 적이 있고, 또 네 개의 달과 열 개의 태양이 함께 나타나 날씨가 무섭게 빨리 변하는 것을 본 적이 있으며, 높은 산이 무너지고 깊은 골짜기가 막히며 큰 도회지의 왕궁이 무너지고 큰 나라가 멸망하는 것을 본 적이 있다.

그런가 하면 높은 산이 찢어지고 깊은 못의 모래가 없어지며, 귀인(貴人)의 수레가 부서지는 것도 보았고, 많던 수풀에 나무가 사라지고 평원이 계곡으로 변하며, 군자가 노비가 되는 것을 보았다.

또 강과 하수가 말라 구덩이가 되고, 한겨울에 뽕나무·유(楡)나무의 잎을 따며 한여름에 눈과 서리가 내리고, 천승의 임금 만승의 군주가 죽어 장례도 치르지 못하는 것도 본 적이 있다.

그러므로 군자는 공경으로 그 이름을 이루며 소인은 공경으로 그 형벌을 제거할 수 있으니, 어찌 다섯 가지 근본을 경계치 아니하고 삼가지 않을 수 있으랴?

· 흉명(凶命): 흉한 운명.

노(魯)나라에 공경을 실천하는 선비가 있었는데, 그 이름을 궤범(杌氾)이라고 하였다. 나이가 이미 일흔이 넘었는데도 공경하기를 더욱 철저히 하였다.

겨울에는 응달로 다니고 여름에는 양달로 다니며, 저자거리에 행차할 때는 무리를 짓는 쪽으로만 갔고, 다니면서도 홀로 행동하는 법이 없었다. 앉을 때도 오똑 단정하게 앉고, 한 번의 식사에도 세 번씩 일어나 가슴을 펴고도 음식을 얼른 삼키지 않는 정도였다. 게다가 구갈(裘褐)을 입은 선비만 보면, 그 선비에게 예를 행하는 것이었다. 이에 노나라 임금이 그에게 물었다.

「궤(杌) 노인께서는 연세도 높으신데, 이제 공(恭)에서 해방되어도 되지 않겠습니까?」

그러자 궤범은 이렇게 설명하였다.

「군자는 공경을 좋아하므로 그 이름을 이루고, 소인은 공경을 배움으로써 형벌에서 벗어날 수 있는 것입니다. 임금을 대하고 앉아 있는 지금 어찌 편안하지 않으리요만, 그래도 오히려 실수가 있을 수 있지요. 또 밥 한 끼 먹는 것이 어찌 즐겁지 않으리요만, 그래도 오히려 잘못하여 목이 메이는 경우가 있을 수 있지요.

지금 저를 두고 행복한 자라고 말할 수 있겠지만 꼭 그런 것은 아닙니다.

홍곡(鴻鵠)이 하늘을 찌를 듯 날아가니, 이 어찌 높이 나는 것이 아니겠습니까? 그러나 잘못하여 화살이 그에게 맞을 수도 있지요. 호표(虎豹)가 용맹스럽기는 하지만, 사람이 그를 잡아 살은 먹고 가죽은 깔고 앉을 수도 있습니다.

칭찬해 주는 자는 적고 악담하는 자가 많은 것이 이 세상입니다. 내 일흔을 살면서도 항상 나에게 형벌이 가해지지 않을까 걱정하고 있는 터에, 어찌 공경을 저버리라는 말입니까?」

·구갈(裘褐): 갖옷과 굵고 짧은 모포옷.

나이 많은 성회(成回)가 자로(子路)에게 3년 동안이나 배우고도 그 공경함이 그치지 않았다. 이에 자로가 무슨 「까닭이느냐」고 묻자, 성회가 이렇게 대답하였다.

「제가 들으니 사람의 행동은 새와 같아야 한다고 하였습니다. 위로는 매나 독수리를 걱정하여야 하고, 아래로는 그물을 조심하여야지요. 무릇 사람은 나에게 선으로 대해 주는 자는 적고, 참훼를 늘어 놓은 자는 많습니다. 만약 내 몸이 아직 죽지 않은 기간이라면 어찌 화나 죄가 다가오지 않는다고 보장하겠습니까?

저는 일흔이나 되었지만, 그래도 항상 행동에 잘못이 있을까 염려하며 살고 있습니다. 이에 오직 공경으로 하늘의 큰 사명을 대할 뿐입니다.」

그러자 자로가 고개를 조아리며 「정말 군자이시군요!」라고 하였다.

제11장

뛰어난 설득력

선설(善說)

 손경(孫卿)이 이렇게 말하였다.

「무릇 말하는 기술은 바르고 장엄하게 하여 자기의 관점을 세우고, 단정 성실히 하여 의견을 처리하며, 굳세고 강하게 하여 자기 주장을 견지하고, 비유를 들어 상대를 깨우치며, 사리를 분별하여 이를 증명하고, 즐거움과 감정을 충만시켜 계속 끌고 나가며, 진귀한 보물처럼 느끼게 하고, 귀하고 신기하게 여기도록 해야 한다. 이렇게만 하면 목적을 달성하지 못하는 경우가 없다.」

대저 이와 같이 하는 것을 일컬어 능히 귀한 바를 귀하게 다룰 줄 안다고 하는 것이다.

전(傳)에는 『오직 군자라야 능히 귀한 바를 귀하게 여길 줄 안다』라고 하였고, 《시경(詩經)》에는 『경솔하게 말하지 말고 구차스럽게 말하지 말라』고 하였다.

또 귀곡자(鬼谷子)는 이렇게 말하였다.

「행위가 선량하지 못한 사람을 고쳐 주기란 어렵다. 그러나 설득해도 실천하지 않고 말을 해도 따라 주지 않는 것은, 그 언변이 명확하지 않았기 때문이다. 논리가 명확한데도 그가 행동해 주지 않는 것은 논리의 견지(堅持)가 굳세지 않았기 때문이며, 굳세게 밀고 나갔는데도 효과가 없다면 이는 그의 마음속에 있는 선을 격동시키지 못하였기 때문이다.

논리에 맞고 명확하며 지속적이고 견고하게 하면서 또한 그의 마음속 선(善)까지 적중시켜, 그 언어가 신기하고 진기하며 밝고 분명하여 마음속을 움직이듯 설득력을 가졌으면서도 실행을 얻지 못하는 경우란 하늘 아래에서 내 듣지 못하였다.」

바로 이러한 것을 선설(善說)이라 한다. 그런가 하면 자공(子

貢)은 이렇게 말하였다.

「말을 내어 놓고 의견을 진설(陳說)하는 일은 자신에게는 득실을, 국가에게는 안위를 좌우하는 문제이다.」

《시경(詩經)》에는 다시 『윗사람의 부드럽게 풀어 주는 말투, 백성들의 마음을 안정시키네』라고 하였으니, 말이란 바로 사람에게 있어서 스스로를 소통시키는 것이다.

또 주보언(主父偃)은 「사람이 말을 아니하면 어찌 알고 써주리요!」라고 하였다.

옛날 자산(子産)은 말을 잘하였기에 조무(趙武)가 그를 공경히 대하였고, 왕손만(王孫滿)은 그 말이 명백하였기 때문에 초(楚)나라 장왕(莊王)이 부끄러움을 깨달았으며, 소진(蘇秦)은 그 유세가 뛰어났기에 육국(六國)이 안정을 찾았고, 괴통(蒯通) 역시 말을 잘하여 그 몸을 보전할 수 있었다.

이처럼 말이란 임금을 높이고 자기 자신을 중하게 하며, 나라를 안전히 하고 생명을 보전하는 것이다. 따라서 말이란 잘 훈련하지 않을 수 없고, 설(說) 또한 잘 따져서 하지 않으면 안 된다.

 조(趙)나라가 사람을 시켜 위왕(魏王)에게 이렇게 제의하였다.

「나를 위해 범좌(范痤)를 죽여 주면 70리의 땅을 드리겠습니다.」

위왕이 이를 허락하고, 관리로 하여금 범좌를 잡아오도록 하였다. 포위해 놓고 아직 죽이지 않았을 때, 범좌가 지붕으로 올라가 꼭대기를 타고 앉아 그 사자(使者)에게 이렇게 소리쳤다.

「나를 죽여서 효시하느니, 나를 살려 세상에 널리 알리는 것이 낫다. 내가 죽은 후에 조나라가 만약 땅을 주지 않는다면 임금은 어찌할 것인가? 그러니 나를 살려둔 채 땅을 먼저 받고, 그 뒤에 나를 죽이는 것이 순서가 아닌가?」

이 말을 듣고 위왕이 「옳다」라고 하였다.

이에 범좌는 곧 신릉군(信陵君)에게 이렇게 글을 올렸다.

「저 범좌는 일찍이 이 위나라의 재상을 지냈던 자입니다. 조나라가 땅을 주겠다는 조건으로 저를 죽여 달라고 하자, 우리 위왕께서 이를 허락하였습니다. 만약 강한 진(秦)나라가 역시 장차 조나라와 똑같은 방법을 답습하여 우리에게 요구하면, 그 다음은 당신 차례입니다. 어떻게 하겠습니까?」

이 말에 신릉군이 놀라 임금에게 말하여 그를 놓아 주도록 하였다.

오(吳)나라 군대가 초(楚)나라에 침입해서는 진(陳)나라의 회공(懷公)을 소환하였다. 이에 회공이 대신들을 불러 놓고 이렇게 명하였다.

「초나라 편을 들었으면 좋겠다고 생각하는 사람은 왼쪽으로, 그리고 오나라 편을 들었으면 좋겠다고 생각하는 사람은 오른쪽으로 모이시오!」

이때 봉활(逢滑)이라는 자가 가운데 쪽의 회공 앞으로 나아가 이렇게 진언하였다.

「오나라라고 복을 주는 것도 아니고, 초나라라고 화를 주는 것도 아닙니다.」

회공이 물었다.

「오나라가 승리하였다고 임금인 나를 오라고 부르는데, 이것
이 화가 아니고 무엇이오?」

이에 봉활이 이렇게 설명하였다.

「우리처럼 작은 나라도 이렇게 망설이는데 큰 나라라면 어떻
겠습니까? 초나라는 비록 덕은 없지만 더 이상 그 백성들을 죽
이게 두지 않을 것이며, 오나라는 싸우느라 그 해골이 마치 초
망(草莽)처럼 들에 나뒹굴고 있으니, 이 또한 덕이라 여길 수
없습니다. 하늘이 초나라를 바르게 가르치기 위해서 그 화를
내린 것입니다. 또 오나라에게도 곧 화가 미칠 것이니, 그럴 날
이 어찌 멀다고 우리만 서둘러 일을 결정하려 하십니까?」

회공은 이 말을 따르기로 하였다.

· 초망(草莽) : 들의 거친 풀.

환공(桓公)이 중부(仲父)를 재상으로 삼은 다음
대부들에게 이렇게 일렀다.

「나에게 찬성하는 자는 들어와서 오른쪽에, 반대하는 자는
왼쪽에 서시오!」

그런데 가운데에 서 있는 자가 있었다. 환공이 이유를 묻자,
그는 이렇게 대답하였다.

「관자(管子)의 지혜는 족히 천하를 다스릴 만하고, 그의 재능
은 족히 천하를 빼앗을 만하기도 합니다. 임금께서는 그를 완
전히 믿습니까? 내정을 그에게 일임하고 외교를 그에게 마음
대로 하게 하며 백성을 몰아 모두 그에게 붙여 주면, 그는 정
권까지 빼앗을 것입니다.」

이 말에 환공이 「그렇다」고 여기고, 관중에게 이렇게 일렀다.

「정치의 문제는 모두 그대에게 위임한다. 그러나 정령(政令)의 미치지 못하는 바에 대해서는 오직 내가 그대를 바로잡으리라.」

관중은 이로 인해 삼귀대(三歸臺)를 짓고, 백성의 고통을 스스로 자책하였다.

 제(齊)나라 선왕(宣王)이 사산(祉山)으로 사냥을 가자, 그곳의 부로(父老) 13인이 서로 나와 선왕을 대접하며 위로하였다.

선왕이 고마움을 느껴 「여러 부로들께서는 고생하였습니다」라고 하고는, 좌우에게 명하여 그들에게 농토의 세금을 면제해 주도록 하였다.

선왕에 부로들이 일제히 고맙다고 절을 하였다. 그러나 그 중 여구(閭丘) 선생이라는 사람만이 절을 하지 않았다.

선왕이 이를 보고 「부로들께서는 적다고 여기십니까?」 하고는, 다시 좌우에게 명하여 그들의 요역(徭役)까지 면제해 주도록 하였다. 그러자 그들이 다시 일제히 절을 하며 고마움을 표시하였다. 이때에도 여구 선생은 절을 하지 않았다.

그러자 선왕이 「절을 한 분은 물러서고 절을 하지 않은 분은 앞으로 나오시오!」라고 한 후, 여구 선생에게 물었다.

「과인이 오늘 이곳에 구경을 왔더니, 고맙게도 부로들께서 과인을 잘 대접해 주었습니다. 그래서 세금을 면제해 주도록 하였던 것입니다. 그러자 그들이 모두 절을 하였건만 유독 선생께서는 허리를 굽히지 않으셨습니다. 과인이 너무 적다고 그런 것이 아닌가 여겨 다시 부로들의 요역까지 면제해 주었더니 모두들 고맙다고 또 절을 하였는데, 그래도 선생께서는 절을 하지 않으시니 과인에게 무슨 잘못이라도 있는 것이 아닌가 싶습니다.」

그러자 여구 선생이 이렇게 대답하였다.

「대왕께서 이곳을 찾아오신다는 소리를 듣고 모두 이렇게 대왕을 대접하며 위로하는 것은, 대왕이 우리를 오래 살게 해주고 부유하게 해주며 귀하게 해줄 것이라는 기대 때문이었습니다.」

선왕이 이 말에 의아해서 다시 물었다.

「죽고 사는 것은 하늘이 그 시기를 가지고 있지, 과인이 어찌 사람을 오래 살게 할 수 있겠습니까? 선생을 오래 살게 하는 것은 과인이 아니잖습니까? 또 나라의 창고가 비록 비어 있는 것은 아니지만, 이는 재해를 방비하기 위한 것이지 선생을 부유하게 하기 위한 것이 아닙니다. 게다가 대관(大官)의 자리는 쉽게 나는 것이 아니고, 소관(小官)은 너무 비천한 자리라 이 또한 선생을 귀하게 해줄 수 있는 경우가 아닙니다.」

여구 선생은 다시 이렇게 설명하였다.

「그런 것이 곧 제가 바라는 것은 아닙니다. 원컨대 대왕께서 양가집의 훌륭한 인물, 덕행을 닦은 자를 뽑아 관리로 삼고 그 법을 공평히 실행하면, 곧 우리 같은 노인네는 좀더 오래 살 수 있을 것이고, 춘하추동 때를 잘 맞추어 그 시기에 알맞는 일로 백성을 진작시켜 백성이 번거롭지 않게 해주시면 우리는 조금 더 부유해질 수 있으며, 법령을 내리시되 젊은 사람은 윗사람을 공경하고 어른은 노인네를 공경하게 해주시면 우리의 위치가 조금은 더 귀해지지 않나 하는 바람일 뿐입니다.

그런데 대왕께서 그렇게 아니하시고 세금을 면제해 주신 것

은 고마우나 그렇게 되면 나라의 창고는 무엇으로 채울 것이
며, 또 요역을 면제해 주신다고 하셨으니, 그러면 관부(官府)의
어려운 일은 누구를 시켜 처리하겠습니까? 따라서 앞서 말씀
하신 것을 구하는 것이 아니라는 바를 아실 것입니다.」

이 말에 제나라 임금은 「훌륭합니다. 내 선생을 청하여 재상
으로 삼고 싶습니다」라고 하였다.

・부로(父老): 그 동네에서 나이가 많은 남자 어른을 높이어 이르는 말.
・요역(徭役): 나라에서 백성에게 구실 대신으로 시키던 노동.

효무황제(孝武皇帝) 때에 분음(汾陰)에서 보정
(寶鼎)이 발견되어 이를 감천궁(甘泉宮)에 헌납
해 왔다. 여러 신하들이 모여 임금에게 축수를 하며 「폐하께서
주정(周鼎)을 얻으셨다!」라고 환호하였다.

그런데 시중(侍中) 벼슬의 우구수왕(虞丘壽王)이라는 자만이
홀로 「이것은 주정(周鼎)이 아니다」 하며 시큰둥하였다. 임금이
이 소문을 듣고 그를 불러 물었다.

「짐이 주정을 얻자, 여러 신하들이 모두 다 주정이라 하는데
그대만은 아니라고 하니 무슨 연유인가? 연유가 분명하면 살
려 주려니와 그렇지 않으면 죽이리라!」

그러자 우구수왕이 이렇게 말하였다.

「제가 어찌 감히 분명하게 말하지 않겠습니까? 제가 듣건대
주(周)나라의 덕은 처음 후직(后稷)에게서 싹터 공유(公劉)에
게서 자랐으며, 태왕(太王)에 이르러 극대해졌고, 문왕(文王)・
무왕(武王) 때에 성공을 거두었으며, 주공(周公)에 이르러 드러

났다고 합니다. 그 덕택은 위로 하늘에 통하였고, 아래로는 땅속 샘까지 적셔 통하지 않는 곳이 없었습니다. 이에 하늘이 그 보답에 응하여 정(鼎)을 주나라에게 내려 준 것입니다. 그 때문에 그 이름이 주정(周鼎)입니다.

지금 우리 한(漢)나라는 고조(高祖)께서 주(周)의 정통을 이으셨고, 그 밝은 덕이 드러나 보였으며, 은혜를 널리 베풀어 육합(六合)이 화동(和同)하였습니다. 더구나 지금 폐하께 이르러서 더욱 풍성하여 하늘의 서복(瑞福)이 함께 이르며, 상서로운 징조가 모두 나타나고 있는 때입니다.

옛날 진(秦)나라의 시황(始皇)조차도 친히 팽성(彭城)까지 가서 구정(九鼎)을 찾았지만 구하지 못하였습니다. 그러던 보정이 하늘이 유덕함을 밝히셔서 지금 스스로 나타났으니, 이는 하늘이 우리 한나라에게 준 것으로 한정(漢鼎)이지 주정(周鼎)이 아닙니다.」

이런 풀이에 임금이 「좋다」라고 하니, 여러 신하들이 만세를 불렀다. 이날에 무제는 우구수왕에게 황금 10근을 하사하였다.

· 보정(寶鼎): 주정(周鼎) · 구정(九鼎). 원래 하(夏)나라 우왕(禹王)이 구주(九州)의 금속을 모아 만든 아홉 개의 솥을 왕위 전승의 보기(寶器)로 하였으므로, 국가 · 왕위 · 제업(帝業)의 뜻으로 쓰임. 뒤에 주(周)나라로 이어져 종주국(宗主國)의 상징이 됨.

 진(晉)나라 헌공(獻公) 때였다. 동쪽 성곽 밖에 사는 조조(祖朝)라는 일반 백성이 헌공에게 이런 글을 올렸다.

「초가집에 묻혀 사는 동쪽 성곽 밖의 조조라는 백성이온데, 국가의 계책에 대하여 듣고 싶습니다.」

이에 헌공이 사람을 시켜 그에게 이렇게 전달하도록 하였다.

「고기를 먹는 정도의 관리라면 이미 더불어 논하지만, 풀이나 먹고 사는 무식한 백성이 어디라고 간여하려 드는가?」

이 말에 조조는 이렇게 대답하였다.

「대왕께서는 홀로 옛날 환사마(桓司馬)라는 장군의 이야기를 듣지 못하셨습니까? 그가 아침 일찍 임금을 뵈어야 하는데, 그만 아침에 늦게 일어나고 말았습니다. 그래서 급히 마부에게 수레를 몰게 하였는데, 옆에 같이 탄 자*도 역시 말에게 소리를 지르는 것이었습니다. 그러자 마부가 그의 다리를 치면서 이렇게 제지하였지요.

『어찌하여 월권을 하고 있소? 어찌하여 수레를 어떻게 몰라고 자꾸 그러는 거요!』

그러자 옆에 탄 이가 이렇게 말하였지요.

『마땅히 소리지를 때 소리지르는 것이 나의 일이다. 그대는 수레나 바로 몰라. 그대의 고삐나 똑똑히 잡으라. 그대가 고삐를 잘못 잡아 갑자기 말이 놀라 마구 길을 달리다가 행인이라도 다치게 하는 경우엔 큰 적을 만나리라. 그땐 수레에 내려 칼도 없이 피를 튀기며 싸워야 하는 것은 나의 일이다. 그대가 어찌 고삐를 놓고 내려와 나를 돕겠는가? 이처럼 그대가 잘못하면 그 화가 나에게까지 미친다는 것을 깊이 생각할 때, 내 어찌 간섭을 아니할 수 있겠는가?』

지금 대왕께서는 고기를 먹는 정도의 관리라면 이내 서로 고려함이 가능하나, 풀이나 먹고 사는 무식쟁이가 어디라고 간여하느냐고 하였지요? 만약 고기나 먹는 관리들이 조정에 앉아

서 하나라도 실수하는 날이면, 저처럼 풀이나 먹는 무식한 이
들이 어찌 중원지야(中原之野)에 간담도지(肝膽塗地)하는 일이
없다고 보장하겠습니까? 그 화가 제 몸에 직접 미치는데, 이를
깊이 우려할 마당에 제가 어찌 국가의 계획에 간여하지 않을
수 있겠습니까?」

　이 말에 헌공이 그를 불러 만나 보았다. 사흘을 더불어 이야기
를 나누어 보고, 더 이상 거리낄 게 없음을 알고 곧바로 그를 스
승으로 삼았다.

＊수레의 오른쪽에 타는 호위무사. 군주는 왼쪽, 마부는 가운데, 호위무
　사는 오른쪽에 탄다.
・중원지야(中原之野)：중원의 싸움터.
・간담도지(肝膽塗地)：간과 쓸개를 땅에 바름. 즉 전쟁으로 인해 처참
　히 죽음.

어떤 사람이 양왕(梁王)에게 이렇게 일러 주었다.
「혜자(惠子)는 어떤 사건을 설명하면서 비유를
잘 듭니다. 임금께서 그에게 비유법을 쓰지 말라고 하면, 그는
말을 하지 못할 것입니다.」

　이에 임금은 「알았다」 하고, 다음날 혜자를 만났다.

　「원컨대 선생께서는 직접적으로 말씀하시되 비유는 들지 말
아 주십시오!」

　그러자 혜자가 물었다.

　「지금 여기에 탄(彈)이 무엇인지 모르는 자가 있다고 합시다.
그가 『탄이란 어떻게 생긴 물건이냐』고 물어왔을 때, 『탄의 모

양은 탄처럼 생겼지』라고 한다면 그가 알아듣겠습니까?」

임금이 「못 알아듣지요」라고 하자, 혜자가 말을 계속하였다.

「그러면『탄의 모양은 활 같고, 대나무로 현(弦)을 만들었다』고 설명하면 알아듣겠습니까?」

「그러면 알아듣지요!」

이에 혜자가 이렇게 설명하였다.

「무릇 설명이란, 상대가 이미 알고 있는 것을 이용해서 그 모르는 바를 깨우쳐 주어야 합니다. 그래야 그 사람이 알아듣습니다. 그런데 지금 임금께서 비유를 들지 말라고 하시니, 이는 불가능한 이야기입니다.」

임금은 이에 「옳다」라고 하였다.

 맹상군(孟嘗君)이 자신의 식객 가운데 한 사람을 제(齊)나라 임금에게 추천하였다. 그러나 3년이 되도록 등용되지 못한 채 다시 맹상군에게 돌아와 이렇게 물었다.

「귀하께서 저를 추천해 주셨는데 3년이 지나도록 등용되지 못하고 있으니, 이는 제게 허물이 있어서인지 귀하께서 잘못하셔서인지 모르겠습니다.」

이에 맹상군이 이렇게 말하였다.

「내가 듣자 하니, 실은 바늘의 힘을 빌어 옷 속으로 들어갈 수 있지만 바늘의 힘으로 인해 빨리 들어가는 것은 아니라 하였소. 또 딸을 시집 보내려면 중매를 세워야 이루어지는 법이지만, 중매쟁이가 둘 사이를 친하게 할 수는 없다고 하였소. 내 그렇게 추천을 하였는데도 등용되지 못한 것은 선생의 재능이

미약하기 때문인 것을 어찌 나를 원망한단 말이오?」

그러자 식객이 다시 이렇게 반박하였다.

「그렇지 않습니다. 제가 들으니 주(周)나라의 곡(譻)이나 한(韓)나라의 노(盧)는 천하의 빠른 사냥개입니다. 토끼를 보고 그를 풀어 놓으면 절대 놓치는 법이 없지요. 그러나 아주 멀리 있는 토끼를 바라보게 한 다음 풀어 놓아 봤자 몇 대가 흘러도 그 토끼를 잡아 오지 못합니다. 이는 사냥개가 능력이 없는 것이 아니라 그렇게 시킨 자가 잘못한 때문이지요.」

맹상군이 다시 반박하였다.

「그렇지 않소! 옛날 화주(華舟)와 기량(杞梁)이 싸움터에서 죽자, 그 아내들이 몹시 슬퍼하며 성을 향해 울어 그 성의 귀퉁이가 무너지고, 성은 그들을 위해 허물어졌소. 군자가 능히 그 안을 잘 다스리면 밖의 만물이 감응해 오는 법이오. 무릇 흙덩이조차도 충성을 알고 허물어질 줄 아는데, 하물며 곡식을 먹는 임금에게 있어서야 어떠하겠소?」

객은 굽히지 않고 다시 나섰다.

「그렇지 않습니다. 저는 굴뚝새가 갈대 위에 둥지를 트는 것을 보았습니다. 깃털을 모아 서로 붙여 짓는데 여자들의 뛰어난 솜씨로도 따르지 못할 정도로 정교하였습니다. 가히 완전할 만큼 견고하였지요. 그러나 큰 바람이 불어 그 갈대가 부러지자 그 알과 새끼는 당연히 죽고 말았습니다. 왜 그러하였겠습니까? 그 의탁한 갈대가 약했기 때문이 아닙니까?

또한 여우는 사람이 누구나 없앴으면 하는 존재이고, 쥐는 누구나 태워죽였으면 하는 놈입니다. 그러나 저는 곡식신을 모신 사당의 여우와 토지신을 모신 사당의 쥐가 쫓겨났다거나 타죽었다는 소리를 들어 보지 못하였습니다. 왜 그렇겠습니까?

그가 의탁한 곳이 그들을 살려 준 것이 아니겠습니까?」

여기에 이르자 맹상군이 감탄하여 다시 그를 제나라에 위촉하였고, 제나라 임금은 그를 재상으로 삼았다.

 진자(陳子)라는 사람이 양왕(梁王)에게 유세를 하자, 양왕이 내심으로는 즐거워하면서도 그를 의심하여 이렇게 물었다.

「그대는 어찌하여 진후(陳侯)의 나라를 버리고 소국인 이 나라에 와서 나를 가르치는가?」

이에 진자가 이렇게 설명하였다.

「선(善)을 행하는 데에도 방법이 있고, 만남이라는 것도 때가 있습니다. 옛날 부열(傳說)이 거친 옷을 입고 칼을 찬 채 비부성(秕傅城)에서 노역을 할 때, 무정(武丁)이 꿈속에서 보고 다음날 아침 이를 찾아내었습니다. 그제서야 무정은 훌륭한 임금이 되었습니다.

또 영척(寗戚)이 길가에서 소를 먹이며 그 수레를 두드려 노래 부를 때, 환공(桓公)이 이를 발견한 것입니다. 그래서 환공은 패자가 될 수 있었던 것입니다.

백리해(百里奚)가 스스로 다섯 마리 검은 양가죽에 팔려 진(秦)나라의 포로가 되었을 때, 진(秦)나라 목공(穆公)이 이를 얻음으로써 강한 나라가 된 것입니다.

이 세 사람의 덕행을 논한다면 모두가 공자(孔子)의 뛰어난 제자들만도 못합니다. 그런데 지금 공자는 천하를 두루 돌아다니며 남쪽으로는 진(陳)·채(蔡)에서 곤액을 만났고, 북쪽으로는 제(齊)나라 경공(景公)에게 요구하여 세 번 앉고 다섯 번

서면서 설득하느라 그 곁을 떠나지 않았습니다. 그러나 공자의 시운(時運)이 좋지 않아 그의 학문이 실행되지 못하였고, 경공 역시 그 시대에는 흥미를 느끼지 못해 게을렀던 것입니다. 공자 같은 성인도 시운으로 태만을 어쩌지 못하는데, 저 홀로 어찌 무엇을 할 수 있겠습니까?」

 임기(林旣)가 거친 가죽옷을 입은 채 제(齊)나라 경공(景公)을 뵙자, 경공이 물었다.
「이런 모습이 군자의 복장입니까? 아니면 소인의 복장입니까?」
이 질문에 임기가 머뭇거리며 얼굴빛을 바꾸고 이렇게 말하였다.
「무릇 복장을 보고 어찌 선비의 행동을 판단할 수 있겠습니까? 옛날 형(荊)나라는 장검(長劍)에 오똑한 관을 쓰는 옷차림이었는데도, 그 속에서 영윤(令尹) 자서(子西)가 나왔습니다. 또 이 제나라는 짧은 옷에 수엽지관(遂傑之冠)을 쓰고 다녔지만 그 가운데에서 관중(管仲)과 습붕(隰朋) 같은 이가 나왔고, 월(越)나라는 문신(文身)과 전발(鬋髮)을 하고 다녔지만 그 속에서 범여(范蠡)와 대부(大夫) 문종(文種)이 배출되었으며, 서융(西戎)은 좌임추결(左袵椎結)하였지만 그 속에서 유여(由余) 같은 인물이 나왔습니다.

만약 임금의 말처럼 복장만 가지고 따진다면 개가죽 옷을 입은 자는 개 짖는 소리를 내어야 하고, 양가죽 옷을 입은 자는 양 우는 소리를 내어야 할 것이며, 또 임금께서는 여우가죽 외투를 입고 계시니 생각건대 그렇게 변하여야 될 게 아니겠습니까?」

이 말에 경공이 이렇게 물었다.

「그대는 참으로 용감하오. 그런데 나는 아직 그대의 기변(奇辯)을 들어 보지 못하였습니다. 이웃의 싸움을 해결하는 방법이오, 아니면 천승지국의 승리를 이끌 수 있는 방법이오?」

이런 빈정거림에 임기는 다시 이렇게 대답하였다.

「임금께서 말하는 바가 무엇인지 모르겠습니다. 무릇 높고 위험한 건물 꼭대기에 올라가서도 눈 하나 깜빡거리지 않고 무서움에 떨지 않는 것은, 집을 짓는 장인(匠人)의 용한(勇悍)입니다. 또 깊은 물에 들어가 교룡(蛟龍)을 찌르고 원타(黿鼉) 같은 것을 잡아내어 오는 것은 어부의 용한이며, 깊은 산에 들어가 호표(虎豹)를 찌르고 웅비(熊羆)를 잡아 나올 수 있는 것은 사냥꾼의 용한입니다. 그런가 하면 머리가 날아가고 배가 찢기는 것을 어렵게 여기지 않고 해골을 드러내고 피를 들 가운데에 흘리는 것, 이것은 무사(武士)의 용한입니다.

그런데 지금 이 넓은 궁중에 서서 얼굴을 붉히며 바른말을 내뱉어 임금의 노기(怒氣)를 촉발, 비록 이 앞에 승헌(乘軒)의 높은 상이 있다 해도 마음을 움직이지 않고, 뒤에 비록 부질(斧質) 같은 위협이 있다 해도 두려워하지 않는 것, 이것이 바로 저 임기가 가질 수 있는 용한입니다.」

· 수엽지관(邃僕之冠): 모자의 일종.

· 좌임추결(左衽椎結): 옷을 왼쪽으로 여미고, 머리를 틀어매는 융족(戎族)의 풍습. 중원(中原)과 달라 야만시한 것.

· 용한(勇悍): 용감하고 사나움.

· 교룡(蛟龍): 용의 일종으로 상상상의 동물. 큰물을 일으킨다 함. 모양이 뱀 같으며, 길이가 한 길이 넘는다 함.

· 원타(黿鼉): 큰 자라와 악어.
· 웅비(熊羆): 곰의 일종들.
· 승헌(乘軒): 좋은 수레. 신분이 높은 이가 타는 수레.
· 부질(斧質): 형구. 도끼와 질곡 등.

 위(魏)나라의 문후(文侯)가 대부들과 술을 마시면서 공승불인(公乘不仁)으로 하여금 술 마시는 규칙을 발표토록 하였다.

「잔을 다 비우지 않는 자는, 그 벌로써 큰 잔으로 한 잔씩 더 마시기로 한다.」

그러다가 문후 자신이 잔을 다 비우지 않자, 공승불인이 술을 들어 임금에게 벌주를 내렸다. 임금은 쳐다보기만 할 뿐 이를 거절하였다.

그때 옆에서 임금을 모시고 있던 자가 「불인은 물러가시오. 임금께서는 이미 취하셨소!」라고 명하였다. 그러자 공승불인이 이렇게 말하였다.

「주서(周書)에 『앞차가 엎어지는 것을 보면 뒤따르던 수레는 경계해야 한다』라고 하였습니다. 이는 위험한 경우를 설명한 말로서, 신하된 자는 무슨 일이든 쉽게 여겨서는 안 되고, 임금 역시 쉽게 여겨서는 안 된다는 뜻입니다. 지금 임금께서 규칙을 정하여 놓고 그것을 지키지 않으면 되겠습니까?」

이에 문후가 「옳다」 하고는 술을 들어 마셨다.

다 마신 다음 문후가 이렇게 말하였다.

「공승불인(公乘不仁)을 상객(上客)으로 삼겠노라!」

양성군(襄成君)이 처음으로 봉(封)을 받는 날이었다. 그리하여 좋은 옷에 옥검(玉劍)을 차고, 호석(縞舃)이라는 훌륭한 신발을 신은 채 흐르는 물가에 서 있었다.

대부들이 종추(鍾錘)를 잡고 영을 집행하여 호령을 하며, 「누가 왕자에게 이 물을 건너도록 해주려는가?」라고 하였다.

이때 초(楚)나라의 장신(莊辛)이라는 대부가 이곳을 지나다가 기뻐하면서 양성군에게 다가와 배알하였다. 그리고는 일어서며 이렇게 말하였다.

「원컨대 그대의 손을 한 번 잡아 보고 싶습니다. 괜찮겠습니까?」

그러자 양성군이 얼굴색을 바꾸며 불쾌히 여겨 대꾸조차 하지 않았다. 이에 장신이 물러나 손을 씻고는 이렇게 말하였다.

「그대는 홀로 악군자석(鄂君子晳)이 파도 위에서 뱃놀이를 할 때의 이야기를 듣지 못하였습니까? 청한(靑翰)이라는 멋진 배를 타고, 꽃과 아름다운 풀이 지극한 명승에, 푸른 덮개에 서미(犀尾)의 장식, 게다가 멋진 옷에 좋다는 음악은 다 갖추고 있었습니다. 이때 노와 삿대를 젓던 이가 월(越)나라 출신이었는데, 그가 이런 월나라 말의 노래를 불렀지요.

『濫兮抃草濫予, 昌枑澤予, 昌州州, 饉州焉乎, 秦胥胥, 縵予乎, 昭澶秦踰, 滲惿隨河湖』

악군이 이를 듣고 말하였시요.

『나는 월나라 가사를 모른다. 그대는 나를 위해 초나라 말로 해석해 달라.』

이에 월나라 말을 아는 자를 불러 통역을 하였더니, 그 뜻이 이와 같았습니다.

『오늘 저녁은 무슨 저녁인고? 이렇게 물 가운데에서 노닐도다. 오늘은 무슨 날인고! 왕자와 함께 배를 띄워 노닐도다. 수치를 당해도 사랑을 받으니, 꾸짖어 욕하셔도 헐뜯지 않겠네. 마음이 굳으니 끊어짐이 없으리라. 왕자께서 나를 알아 주기만 한다면!

산에는 나무 있고 그 나무는 가지가 있듯이, 그대로 인해 즐거운 이 마음 그대는 모르리!』

이 말에 악군자석이 소매를 걷고 달려가 그를 포옹해 주었으며, 비단자락을 가져다 그를 덮어 주었지요. 악군자석은 초왕의 모제(母弟)로서 관은 영윤(令尹)까지 올랐고, 작위는 집규(執圭)에 이를 정도로 높았지요.

그에 비하여 노젓던 사람은 일개 월나라 사람에 불과하였습니다. 그런데도 오히려 즐거움을 나누고, 그 뜻을 다 펴보였습니다. 지금 그대가 어찌 악군자석만 못하겠으며, 저 또한 어찌 그 노젓던 사람만 못하겠습니까? 그런데 제가 손 한 번 잡아 보자는데 아니 된다니 무슨 까닭입니까?」

그러자 양성군이 손을 받들어 그에게 내밀며 이렇게 말하였다.

「내가 젊었을 때에는 매우 잘생겼다고 해서 어른들에게 칭찬을 받았지요. 그러나 이렇게 갑작스러운 모욕은 받아 본 적이 없습니다. 지금부터는 어른에 대한 젊은이의 예로써 삼가 명령을 받들어 모시겠습니다.」

· 호석(縞舃): 좋은 비단으로 짠 훌륭한 신.
· 청한(靑翰): 배 이름. 배에 푸른색을 칠하고 새의 모양을 조각한 것.
· 서미(犀尾): 배의 꼬리를 무소의 뿔 모양으로 장식한 것.
· 집규(執圭): 원래 초(楚)나라의 작위명(爵位名)으로 임금을 직접 대하

는 직위.

 옹문자주(雍門子周)가 거문고를 이야깃거리로 삼아 맹상군(孟嘗君)을 만났다. 맹상군이 그에게 물었다.

「선생께서는 거문고 연주로 저를 비통에 빠지게 할 수 있습니까?」

그러자 옹문자주가 이렇게 설명하였다.

「제가 어찌 능히 귀하를 울릴 수 있겠습니까? 제가 울릴 수 있는 대상은 먼저 귀하였으나 뒤에 천하게 된 자와, 먼저 부자였으나 뒤에 가난하게 된 자이지요. 그 중에서도 재주가 있고 뛰어났으나 포악하고 무도한 임금을 만난데다가 도에 맞지 않은 아치가 씌워져 울분에 빠진 자, 자기가 처한 형세가 다 숨고 끊어져 이웃에게조차 인정을 받지 못하며 굽히고 꺾여 궁벽한 골목에 얽매인 채 그 고통을 하소연할 데조차 없는 자, 서로 즐거움을 나누고 사랑하다가 원한도 없으면서 생이별하였고 멀리 흩어져 나라까지 멸망하여 다시는 만나 볼 수도 없는 처지에 놓인 경우, 어려서 양친을 잃고 형제도 모두 흩어져 집도 없이 가슴에 한이 가득한 자, 이런 자들만큼 울리기 쉬운 상대도 없지요.

이런 경우에 저하였을 때는 세나 빠른 바람 소리를 흉내낸 음악조차 들으려 하지 않습니다. 지극히 궁한 속에 즐거움이란 없기 때문이지요. 그래서 그런 사람들에게는 제가 거문고 줄을 맞추고, 거문고를 가슴에 안아 연주 준비를 하면서 긴 한숨만 쉬어도 곧 눈물이 옷깃을 적시게 됩니다.

그러나 지금 귀하는 천승의 군주입니다. 평시에는 넓은 집의 그윽한 방에 편안히 살며, 휘장을 내리고 맑은 바람을 쐬면서 배우나 우스개꾼의 온갖 유희가 앞에 펼쳐져 있고, 언제나 편안하도록 아첨하는 자가 있으며, 조금 심심하다 싶으면 장기 바둑에 정녀(鄭女)의 춤이 있고, 초나라 음악과 같은 격한 율동이 있어 세련된 빛깔이 눈을 즐겁게 하고, 멋진 음악이 귀를 즐겁게 합니다. 물놀이를 하겠다면, 배가 서로 잇대어 온갖 깃과 깃발을 휘날리며 치고 불고 하는 음악으로 그 길이를 알 수 없는 물 위에서 노닐 수 있습니다.

또 들놀이를 하고 싶다 하면, 닫고 뛰는 말에 훌륭한 화살로 넓은 사냥터의 짐승을 몰아 맹수와 싸울 수 있습니다. 돌아오면 깊은 그 궁중에서 북을 치고 악기를 불어 그대를 맞이합니다. 이럴 때에는 천지를 보기를 손가락 하나만도 못하게 여기고, 죽음과 삶에 대한 것도 까맣게 잊고 살게 마련입니다.

따라서 비록 아무리 거문고를 잘 연주하는 자가 있다 하더라도, 누구도 귀하를 비통에 빠지게 할 수는 없습니다.」

이에 맹상군이 나섰다.

「아니오! 아니오! 저는 결코 그렇지 않습니다.」

그러자 옹문자주가 다시 말을 이었다.

「그렇습니다. 그러나 제가 귀하를 슬프게 할 수 있는 일은 단 하나입니다. 무릇 명성은 제왕(帝王)과 필적하면서도 진(秦)나라를 곤액에 처하게 한 것은 귀하입니다. 또 다섯 나라가 맹약을 맺고 남쪽으로 초나라를 치게 한 것도 역시 귀하입니다. 천하가 무사한 적이 한번도 없었으니, 합종(合從) 아니면 연횡(連橫)이 계속되어 왔습니다.

합종이 성취되면 초나라가 종주국(宗主國)이 되고, 연횡이 성사되면 진(秦)나라가 종주국이 됩니다. 어느쪽이 성사되건 이루어져 종주국이 된 나라는 반드시 귀하의 설(薛)에 원수를 갚으려 들 것입니다.

진·초의 강한 힘이 귀하의 약한 설 땅을 상대로 원수를 갚겠다고 나서는 것은, 날카로운 도끼를 갈아 하루살이 버섯을 자르는 형세와 같아 남김없이 절단나고 말 것입니다. 천하에 알 만한 선비들치고 귀하의 그런 상황을 생각하고 콧등이 시큰하게 한심하다 여기지 않는 이가 없습니다. 그리고 천추만세 후에 귀하의 사당에는 고깃점 하나 올려지지 않을 것입니다. 그 높던 궁궐은 무너져 없어지고, 그 예쁘게 꾸몄던 연못 또한 웅덩이로 변하고 말 것이며, 귀하의 무덤도 평지로 바뀌어 평평해지고 말 것입니다.

그때 어린아이들이나 나무꾼, 그리고 꼴 베는 자 들이 그곳에 와서 이리 밟고 저리 뛰며 그 위에서 노래를 흥얼거리겠지요. 많은 사람들이 이를 보고 그 누가 측은히 여기지 않겠습니까? 그리고는 귀하를 떠올려 슬퍼하며 『맹상군같이 존귀하던 인물이 어찌 이 지경에 이르렀는고?』라고 하겠지요!」

이에 맹상군이 왈칵 울음을 터뜨려 그 눈물이 속눈썹에 맺혀 떨어지지 않고 있었다. 그제서야 옹문자주는 거문고를 끌어안고 연주를 시작하였다.

처음에는 서서히 궁치(宮徵)에서 시작하여, 약하고 여린 우각(羽角)으로 옮겨 그 끝을 딱 끊어 한 곡조를 이루었다. 맹상군이 눈물을 왈칵 흘리며 마지막 한숨까지 쉬면서 그에게 다가가 이렇게 말하였다.

「선생의 거문고 소리는 나로 하여금 깨어진 나라에 망한 읍 사람 신세가 되도록 만들었군요!」

· 정녀(鄭女): 정(鄭)나라 출신의 여자. 정(鄭)나라는 음악과 춤이 뛰어났
  던 지역.
· 합종(合從): 전국시대 국제형세로 보아 서쪽의 진(秦)과 대항하기 위
  해 동쪽의 여섯 나라 한(韓)·위(魏)·조(趙)·연(燕)·제(齊)·초
  (楚)가 세로로 합해 연합정책을 펴는 것.
· 연횡(連橫): 각 나라가 각개(各個)로 진(秦)과 맹약을 맺는 것. 형세가
  가로로 저울대같이 되므로 연횡(連橫)·연형(連衡)으로 부른다.

거백옥(蘧伯玉)이 초(楚)나라 사신으로 가는 길에 복수(濮水)가에서 초나라의 공자(公子) 석(晳)을 만났다. 공자 석은 말먹이 풀을 직접 들고 거백옥을 기다렸다가 이렇게 물었다.

「상객(上客)께서는 어디로 가시는 길입니까?」

거백옥이 수레 위에서 식(軾)을 잡고 그에게 인사를 하자, 공자 석이 다시 정중히 물었다.

「제가 듣건대 상사(上士)에게는 표정만으로 부탁을 해도 되고, 중사(中士)에게는 말로 부탁을 해야 하며, 하사(下士)에게는 재물로 부탁을 해야 한다고 하였습니다. 이 세 가지 중에 어느 방법으로 부탁을 드릴까요?」

거백옥이 그가 무엇을 부탁하는 것인지 알아듣고는 이렇게 말하였다.

「삼가 그 명령을 받들겠습니다.」

드디어 거백옥이 초나라 임금을 만나 사신으로서의 일을 다 마치자, 서로 앉아 한담을 나누다가 조용히 선비에 대한 이야

기에 이르게 되었다. 이에 초나라 임금이 물었다.

「어느 나라에 선비가 가장 많습니까?」

「초나라에 선비가 가장 많지요!」

거백옥의 이 대답에 초나라 임금이 크게 기뻐하였다. 그러자 거백옥이 이렇게 말하였다.

「초나라에 선비가 가장 많기는 하지만 이를 잘 활용하지는 못하고 있습니다.」

그러자 초나라 임금이 당황하여 물었다.

「그게 무슨 뜻입니까?」

이에 거백옥이 이렇게 설명하였다.

「오자서(伍子胥)는 초나라 태생입니다. 그가 오(吳)나라로 도망 가자 오나라가 이를 맞아 재상으로 삼고, 군대를 일으켜 초나라를 공격하였습니다. 그리하여 평왕(平王)의 무덤을 파버렸지요. 오자서는 초나라 출신인데도 오히려 오나라에서 잘 활용하였습니다.

또 흔분황(釁盆黃) 역시 초나라 출신이지만 진(晉)나라로 도망하여 그 나라의 70개 현을 다스리매, 얼마나 잘 다스려졌던지 길에 물건을 떨어뜨려도 마구 주워 갖는 자가 없었고, 성곽을 닫지 않고 살아도 도적 하나 없었습니다. 분황이 나기는 초나라에서 났지만, 오히려 진나라가 이를 잘 등용해서 썼던 것입니다.

지금 이곳으로 오는 길에 복수가에서 공자 석을 만났더니, 제게 이렇게 말하더군요. 『상급의 선비에게는 표정만으로 부탁을 해도 되고, 중급의 선비에게는 말로 부탁을 해야 하며, 하급의 선비에게는 재물로 부탁을 해야 한다고 하였습니다. 이 세 가지 중에 어느 방법으로 부탁을 드릴까요?』라구요. 그렇다면

공자 석이 또 어느 나라에 가서 무엇을 다스리게 될지 모르겠
군요!」

이에 정신이 번쩍 난 초나라 임금이 사(使)에게 말 네 필, 부
사(副使)에게 이승(二乘)을 주어 복수가의 공자 석을 뒤쫓게 하
였다. 이리하여 공자 석은 초나라로 돌아와 중히 쓰이게 되었
으니, 바로 거백옥의 힘이었다.

그래서 《시경(詩經)》에 『누구든 고기를 잘 삶는 자 있으면
나는 그를 위해 솥을 씻어 주리. 누구든 서쪽 고향으로 가겠다
는 자에게는 내 좋은 말로 그를 위로해 주리』라고 하였으니,
바로 이를 두고 한 말이다.

만물이 서로 얻는 것은 진실로 아주 미세하고 묘한 데에서
비롯되는 것이다.

· 식(軾): 수레 앞의 손잡이. 수레를 타고 가다가 예를 취할 때 잡거나,
  무엇을 물을 때 이를 잡고 행동한다.

 숙향(叔向)의 아우 양설호(羊舌虎)는 악달(樂
達)과 아주 친하였다. 그런데 악달이 진(晉)나라
에 죄를 짓자, 진나라에서는 양설호까지 죽이고 숙향을 노예로
삼아 버렸다.

얼마 후 기해(祁奚)라는 자가 「내가 듣기로 소인이 자리를
얻으면 불의(不義)를 다투지 않으며, 군자의 근심하는 바는 불
상(不祥)을 보고 구제하려 들지 않는 것」이라 하고는, 범환자
(范桓子)를 찾아가 이렇게 설득하였다.

「듣건대 나라를 훌륭하게 다스리는 자는 상을 지나치게 베풀

지도 아니하고, 형벌을 마구 사용하지도 않는다고 하였습니다. 상이 지나치면 못된 이들에게 주어지게 될까 두렵고, 형벌이 남용되면 잘못하여 군자가 다칠 수 있기 때문이지요. 불행스럽게 형벌이 지나쳐서 군자가 다치느니보다는, 차라리 상이 지나쳐서 못된 자들이 상을 받고 군자가 형벌을 받는 일이 없는 편이 낫겠지요.

그래서 요(堯)임금의 형벌은 곤(鯀)을 우산(羽山)에서 없애고 우(禹)를 등용한 것이며, 주(周)나라의 형벌은 관숙(管叔)과 채숙(蔡叔)을 없애고 주공(周公)이 재상이 된 것이니, 이는 바로 형벌을 남용하지 않았던 증거입니다.」

이 말을 듣고 환자가 관리에게 명하여 숙향을 석방시키도록 하였다.

남을 어려움에서 구해 주는 자는 왕왕 자기 자신도 위험과 곤란에 처하게 된다. 그러나 그 번거로움과 모욕을 두려워하지 않고 덤벼도 오히려 구해 내지 못하는 경우가 있다. 지금 기해는 선왕의 덕을 논하여 숙향이 풀려나도록 하였으니, 어찌 그의 훌륭함을 다 따라 배울 수 있으랴?

장록(張祿)은 문지기의 임무를 띠고 있었는데, 어느 날 맹상군(孟嘗君)을 만나 이렇게 물었다.

「옷을 항상 새것으로 낡지 않게 하고, 창고가 항상 가득 차서 비는 법이 없도록 하는 방법이 있는데, 귀하는 이를 알고 있습니까?」

그러자 맹상군이 대답하였다.

「옷을 새것처럼 하려면 잘 손질하면 되고, 창고가 항상 차서 비지 않게 하려면 부유하면 되지 무슨 다른 방법이 있단 말이오? 그외에 다른 방법이 있다면 한 번 들려 주시지요!」

이에 장록이 이렇게 설명하였다.

「원컨대 귀하께서 귀한 신분이시라면 어진 이를 등용하시고, 귀하가 부자라고 느끼신다면 가난한 이에게 베푸십시오. 이렇게 하면 항상 새옷처럼 낡지 않게 입으실 수 있고, 창고가 차서 비는 법이 없을 것입니다.」

맹상군은 이 말에 일리가 있다고 여겼고, 그 뜻에 즐거움을 느꼈으며, 그의 언변에도 놀라움을 느꼈다. 그래서 이튿날 사람을 시켜 그에게 황금 1백 근과 문채나는 옷감 백순(百純)을 가져다 주도록 하였다. 그러나 장록은 이를 사양하며 받지 아니하였다.

뒤에 장록이 다시 맹상군을 만나게 되었는데, 그때 맹상군이 물었다.

「지난날 선생께서 제게 가르쳐 주시기를 『옷을 항상 새것으로 낡지 않게 하고, 창고가 항상 가득 차서 비는 법이 없도록 하는 방법이 있는데 아는가』고 물었지요. 저는 이에 그 가르침을 기쁘게 여겨 사람을 시켜 그 보답으로 황금 1백 근과 무늬 옷감 1백 순을 보내어 우선 내 집 문안의 가난한 자부터 도우려 하였더니, 선생께서는 어찌하여 사양하며 받지 않으셨습니까?」

이에 장록이 이렇게 대답하였다.

「귀하가 장차 귀하의 돈을 파내어 주고 귀하의 창고에서 곡식을 풀어 우리 선비들을 도와 주려 한다면, 옷이 다 닳고 신발이 모두 해어지도록 해도 모자랄 것입니다. 그때는 어느 겨를에 새옷이 낡지도 않게, 가득 찬 창고가 비지도 않게 할 수 있겠습니까?」

그러자 맹상군이 물었다.

「그러면 어떻게 하여야 합니까?」

장록이 다시 이렇게 일러 주었다.

「무릇 진(秦)나라는 사방이 요새로 막힌 나라여서 벼슬을 구하는 자가 그 나라에 들어가고 싶어도 들어갈 수가 없습니다. 원컨대 귀하께서 저를 위하여 장문의 편지를 써서, 저를 진나라 임금에게 부쳐 주십시오. 제가 가서 성공하면 이는 귀하가 저를 보내 준 덕분이며, 가서 등용되지 못하면 비록 아무리 구해도 안 되는 것이니, 이는 제 자신이 불우해서 그런 것으로 여기면 그만입니다.」

이 제의에 맹상군이 「명령대로 하겠습니다」 하고는, 편지를 써서 장록을 진나라 임금에게 부쳐 주었다. 장록은 과연 진나라에 가서 크게 등용되었다. 그러자 그가 진나라 임금에게 이렇게 말하였다.

「제가 이 나라로 오면서 대왕의 경내에 들어서 보니 농토도 잘 개간되어 있고, 관리와 백성 들도 잘 다스려지고 있었습니다. 그러나 대왕께서는 꼭 얻어야 될 하나를 얻지 못하고 있으니, 그것이 무엇인지 아십니까?」

임금이 「모른다」고 하자, 장록이 이렇게 설득하였다.

「저 산동(山東) 제(齊)나라에 재상이 있는데 바로 맹상군이라는 사람입니다. 그는 매우 어진 인물입니다. 천하에 급한 일이 없다면 그것으로 그만이겠지만, 만약 급한 일이 생긴다면 천하의 영웅을 수용하고 웅준(雄俊)한 선비를 지휘하며, 이들과 연합하여 친구로 연결할 수 있는 자는 생각건대 바로 그 사람밖에 없을 것입니다. 그런데도 대왕께서는 어찌 저를 통하여 그를 친구로 삼으려 들지 않습니까?」

진나라 임금은 그 말에 「공경하여 받들겠습니다」 하고는, 1천 금을 맹상군에게 전해 주도록 하였다.

맹상군이 밥도 먹지 않고 이를 깊이 생각하다가, 드디어 깨닫고는 이렇게 감탄하였다.

「이것이 바로 장 선생이 말한 바 늘 새것처럼 입되 낡지 않게 하며, 창고를 가득 채우되 비지 않게 한다는 그것이로군요!」

장주(莊周)가 집이 가난하여 위(魏)나라에 가서 식량을 꾸어 달라고 하였다. 그러자 문후(文侯)가 이렇게 핑계를 대었다.

「우리 백성들이 곡식을 바쳐 오면 그때 가져다 드리지요!」

이 말에 장자가 이렇게 말하였다.

「방금 제가 이곳으로 오는 도중 길가 소 발자국이 패인 곳에 물이 고여 붕어가 있는 것을 보았습니다. 그 붕어는 나를 보자 『제가 살아날 수 있을까요?』 하고 탄식을 하며 물었습니다. 그때 저는 『조금만 기다리면 내가 너를 위해 남쪽 초왕(楚王)을 만나 강수(江水)와 회수(淮水)의 물길을 터서 너에게로 끌어들이도록 허락을 받아 주겠노라』고 하였지요.

그러자 붕어가 『지금 내 생명은 쟁반 옹기 속에 있소. 그런데도 그대가 나를 위해 초왕을 만나 거창하게 강수·회수의 물을 끌어대어 주겠다니, 그때 그대는 마른 생선가게에 가서나 나를 찾으시오!』라고 하였습니다. 지금 제가 가난하여 곡식을 꾸러 왔는데 백성이 나라에 곡식을 바쳐야 네게 주겠다니, 그때 그대는 날품팔이꾼의 시장에서나 나를 찾으시오!」

이 말에 문후가 식량 백종(百鍾)을 풀어 장자의 집으로 보내주었다.

 진(晉)나라 평공(平公)이 숙향(叔向)에게 물었다.

「만약 흉년과 질병이 겹친데다가 적인(翟人)까지 우리를 공격해 온다면 어떻게 대처해야 하지요?」

숙향은 이에 「흉년이 든다면 그 다음해에 회복될 것이요, 질병이 퍼진다 해도 멀지 않아 그칠 것이며, 적인이 내습해 온다는 것도 큰 근심거리가 될 것은 없습니다」라고 가볍게 대답하였다.

그러자 평공이 「그렇다면 이보다 더 큰 환난이 있습니까?」라고 다시 물었다.

그제서야 숙향이 이렇게 답하였다.

「무릇 대신들이 녹을 중히 여겨 간언을 하지 아니하고, 근신(近臣)들은 죄가 두려워 감히 말을 하지 못하며, 좌우의 신하들은 총애를 입어 작은 관직이나 하나 얻을까 하고 아첨을 일삼는데도 임금이 모르고 있는 것이 진실로 환난 중에 가장 큰 것입니다.」

이 말에 평공이 「옳다」 하고는 전국에 이러한 명령을 내렸다.

「간언할 일이 있는데도 숨기거나, 좌우 신하로서 나라의 관리나 얻으려고 말을 꾸미는 자는 죄를 내리리라.」

 조간자(趙簡子)가 도(陶)나라를 공격하였을 때, 부하 중의 두 사람이 먼저 성을 올라 그 위에서

그만 죽고 말았다. 간자가 그들의 시신을 찾으려 하였지만, 도군(陶君)이 이를 내어 주지 않았다.

이에 승분저(承盆疽)가 도군에게 이렇게 말하였다.

「간자는 장차 그대의 조상 무덤을 파서, 그대 백성과 교환하자고 흥정을 벌여『성을 넘어 투항해 오는 자는 살려 주겠지만, 그렇지 않으면 그 조상들의 무덤을 파서 썩은 시신은 재로 만들 것이며, 썩지 않은 것은 그 시체를 해부할 것이다』라고 할 것입니다.」

이에 도군이 두려워하며 두 사람의 시신을 내어 주고 강화를 청하였다.

 자공(子貢)이 태재(太宰) 백비(伯嚭)를 만나자, 백비가 물었다.

「공자(孔子)라는 사람은 어떤 인물입니까?」

자공은 이렇게 답하였다.

「나는 무어라고 말로 표현할 수가 없습니다.」

그러자 백비가 다시 물었다.

「그를 잘 모른다면서 왜 그를 섬깁니까?」

이에 자공이 다시 대답하였다.

「잘 모르기 때문에 섬기는 것입니다. 우리 선생님은 큰 산림(山林) 같아서 백성들 누구나가 각각 그 속에서 재목을 얻고 있습니다.」

이 대답에 백비가 다시 「그대는 선생님에게 무슨 보탬이 되고 있습니까?」라고 묻자, 자공이 「선생님은 더 이상 보태 드릴 게 없습니다. 저는 그분에게 있어서 작은 흙덩이 정도에 지나지 않아, 흙 한 덩이를 그 큰 산에 보탠다 해도 한 치도 더 높여 주지 못합니다. 게다가 그것은 지혜롭지도 못한 일이지요!」라고 답하였다.

그러자 백비가 다시 물었다.

「그렇다면 그대는 어떻게 그 양을 잽니까?」

이 말에 자공이 다시 대답하였다.

「천하에 큰 술동이가 있는데 귀하께서는 그 양을 재어 보지도 않고 판단하려 하시니, 우리 둘 중에 누가 잘못하고 있는 것인지 모르겠습니다.」

 조간자(趙簡子)가 자공(子貢)에게 물었다.
「공자(孔子)는 어떤 인물입니까?」

자공이 대답하였다.

「저는 잘 알지 못합니다.」

이에 간자가 불쾌한 표정을 지으며 다시 물었다.

「선생께서는 공자를 수십년 동안 섬기면서 학문을 다 이룬 다음 그를 떠나셨습니다. 과인이 선생에게 묻고 있는데 『모른다』고 하시니 무슨 뜻입니까?」

자공은 이렇게 대답하였다.

「저는 목마른 자가 강해(江海)를 마시는 것같이 만족하면 그만입니다. 공자께서는 강해와 같으니, 제가 어찌 그 양과 깊이를 알겠습니까?」

이에 간자가 「훌륭하도다. 자공의 말이여!」라고 하였다.

 제(齊)나라 경공(景公)이 자공(子貢)에게 물었다.
「그대는 누구를 스승으로 모시고 있습니까?」

「저는 중니(仲尼)를 스승으로 모시고 있습니다.」

「중니는 어진 분입니까?」

「예, 어집니다.」

「그 어짊이 어느 정도입니까?」

「잘 모릅니다.」

그러자 경공이 다시 물었다.

「그대는 그가 어진 분이라고 해놓고, 어느 정도이느냐는 물음에는 모른다 하니 그게 될 말입니까?」

이에 자공이 이렇게 설명하였다.

「지금 하늘이 높다고 말하면 어른과 어린이, 어리석은 자와 지혜로운 자 누구나 할 것 없이 모두가 높다는 것을 압니다. 그러나 『얼마나 높으냐』고 물으면 『모른다』고 할 것입니다. 이 때문에 중니께서 어질다고 하였지만, 얼마나 어진지는 모른다고 한 것입니다.」

 조양자(趙襄子)가 중니(仲尼)에게 물었다.
「선생께서는 몸을 굽혀 만나 본 군주가 70여 인이나 되지만, 이제껏 의견이 통용되지 못하였습니다. 이는 세상에 명군(明君)이 없어서입니까? 아니면 선생의 도가 통하지 않을 저급한 것이기 때문입니까?」

이 질문에 공자는 아무런 대답도 하지 않았다. 다른 날 양자가 자로(子路)를 만날 기회를 얻어 이렇게 물었다.

「내 일찍이 그대의 선생에게 도를 물었더니 대답을 아니하더이다. 알면서 대답을 해주지 않았다면 이는 숨기는 것이요, 숨겼다면 어찌 그런 사람을 어질다 할 수 있겠습니까? 또 진실로 몰라서 대답을 아니하였다면, 그런 분을 어찌 성인이라 할 수 있겠습니까?」

이 말에 자로가 이렇게 대답하였다.

「천하에 훌륭한 종을 세워 놓고 막대기로 이를 치면 어찌 그 멋진 소리가 나겠습니까? 귀하께서 우리 선생님께 질문하신 것이 혹시 막대기로 종을 치는 것과 같은 유가 아니었는지요?」

 위(衛)나라 장군 문자(文子)가 자공(子貢)에게 물었다.

「계문자(季文子)는 세 번 궁하였다가 세 번 현달하였는데, 어떻게 그럴 수 있습니까?」

자공은 이렇게 설명하였다.

「궁하였을 때는 어진 이를 섬겼고, 현달하였을 때는 궁한 이를 천거하였으며, 부유하였을 때는 가난한 이에게 나누어 주었고, 귀하였을 때는 천한 이를 예우하였지요.

궁하였을 때 어진 이를 섬기면 모멸을 당하지 않게 되며, 현달하였을 때 궁한 이를 천거하면 친구들에게 인정을 받게 되며, 부유하였을 때 가난한 이에게 나누어 주면 친척들이 가까이해 오고, 귀하였을 때 천한 이를 예우해 주면 백성들이 그를 추대하게 되지요. 이런 사람이 무엇을 얻는다는 것은 진실된 도입니다. 그런데도 잃는 것이 있다면 이는 운명이겠지요!」

문자가 다시 물었다.

「잃기만 하고 얻지는 못하는 것은 무엇 때문입니까?」

이 질문에도 자공의 대답은 이러하였다.

「궁하였을 때 어진 이를 섬기지 않고, 현달하였을 때 궁한 이를 천거하지 않으며, 부유하였을 때 가난한 이에게 나누어 주지 않고, 귀하였을 때 천한 이를 무시하였는데도 얻는 것이 있다면 이는 운명일 뿐이지만, 그때는 잃게 되는 것이 진실된 이치입니다.」

자로(子路)가 공자(孔子)에게 물었다.
「관중(管仲)은 어떤 사람입니까?」
「큰인물이지!」
그러자 자로가 다시 물었다.
「옛날 양공(襄公)에게 유세를 하였지만 양공이 즐거워하지 않았습니다. 이로 보면 관중은 달변가는 아닌 것 같습니다. 또 공자(公子) 규(糾)를 세우려 하였지만 뜻을 이루지 못하였으니, 이로 보면 능력이 없는 것입니다.

제(齊)나라의 집들이 파괴되었을 때 슬픈 기색을 나타내지 않은 것을 보면 이는 인자하지 않았다는 뜻이고, 질곡(桎梏)에 묶여 죄인을 호송하는 수레에 갇혀 있으면서도 부끄러워하지 않았으니 이는 부끄러움을 모르는 처사입니다.

그런가 하면 자기가 쏘아죽이려던 임금을 섬겼으니 이는 정절(貞節)이 없는 것이며, 소홀(召忽)은 죽었는데 따라 죽지 않았으니 이는 인(仁)을 저버린 행위입니다. 이런 인물을 선생님께서는 어찌 큰사람이라고 하십니까?」

그러자 공자가 이렇게 설명하였다.

「관중이 양공에게 유세하였을 때 양공이 기쁘게 받아 주지 않은 것은 관중이 언변이 모자라서가 아니라 양공이 몰라서 그런 것이며, 공자 규를 세우려다가 실패한 것은 능력이 없어서가 아니라 때를 잘 만나지 못하였기 때문이다.

또 제나라의 집들이 파괴되었을 때 근심의 표정을 짓지 않은 것은 그가 인자하지 않아서가 아니라 운명을 알았기 때문이며, 질곡에 묶여 죄인을 호송하는 수레에 갇혀 있으면서도 부끄러워하는 기색이 없었던 것은 부끄러움을 몰라서가 아니라 스스로 판단력이 있었기 때문이다.

그런가 하면 자기가 쏘아죽이려던 임금을 다시 섬긴 것은 정절이 없어서가 아니라 균형이 무엇인지를 알았기 때문이며, 소홀이 죽었는데도 자신은 죽지 않은 것은 어질지 못해서가 아니다. 소홀이라는 자는 남의 신하가 될 정도의 인물로 죽지 않으면 삼군의 포로밖에 되지 않지만, 죽으면 그 이름이 천하에 남게 되니 어찌 죽지 않았겠느냐?

그러나 관중은 천하를 돕는 보좌의 능력과 제후의 재상감이다. 죽으면 그저 구렁텅이에 버려지는 일개 시체에 불과하지만, 죽지만 않으면 천하에 그 공을 다시 세울 수 있는데 어찌 가벼이 죽겠느냐? 중유(仲由)야! 네가 잘 몰라서 하는 말이다!」

· 질곡(桎梏): 죄인의 손과 발을 묶는 형구.

진(晋)나라의 평공(平公)이 사광(師曠)에게 물었다.

「구범(咎犯)과 조쇠(趙衰) 중 누가 더 어집니까?」
이에 사광이 이렇게 설명하였다.

「양처보(陽處父)가 문공(文公)의 신하가 되고 싶어 구범에게 부탁을 하였더니 3년이 지나도록 해결해 주지 못하였으나, 조쇠에게 부탁을 하였더니 사흘 만에 해결해 주었습니다.

지혜가 아랫선비들을 이해해 주지 못할 정도라면 이는 총명하지 못한 것이며, 알고 있으면서도 윗사람에게 알리지 않았다면 이는 불충(不忠)한 것입니다. 또 할 말이 있으면서도 감히 말을 하지 못한다면 이는 용기가 없는 것이고, 보고하였는데 윗사람이 들어 주지 않는다면 그 보고한 자가 어딘가 어질지 못함이 있기 때문입니다.」

 조간자(趙簡子)가 성단(成搏)에게 물었다.

「제가 들으니 양식(羊殖)이라는 분은 어진 대부라고 하던데, 그의 행동은 어떻습니까?」

성단은 「저 단은 잘 모릅니다」라고 대답하였다.

이에 간자가 「제가 듣기로 그대들은 서로 친한 사이라면서요? 그런데 모르신다니 어찌된 것입니까?」라고 되묻자, 성단이 그제서야 이렇게 설명하였다.

「그는 변화가 잦은 사람이지요. 열다섯 살 때에는 청렴하여 자신의 과실을 숨기지 않더니, 스무 살 때에는 어진 성품에 의(義)를 좋아하였지요. 그러다가 서른 살에는 진(晉)나라 중군위(中軍尉)가 되어 용감하면서 인(仁)을 좋아하였습니다. 다시 쉰 살에는 변방의 장군이 되어 멀리 있는 자가 친복해 왔습니다. 지금 저는 그를 못 본 지가 5년이나 됩니다. 그가 또 어떻게 변하였는지 알 수가 없습니다. 그래서 감히 안다고 할 수가 없는 것입니다.」

이 대답에 간자가 이렇게 말하였다.

「과연 그는 어진 대부로군. 매번 변할 때마다 위로 올라가니!」

동문선

《춘추(春秋)》의 기록에는 논리가 상반된 것이 네 가지가 있다. 즉 『대부(大夫)는 일을 자기 마음대로 성사시켜서도 안 되며, 독단적으로 일을 만들어서도 안 된다』라고 해놓고는, 『국경을 나가 있을 때 사직을 안정시키고, 국가를 이롭게 할 수 있는 일이라면 이를 전권(專權)으로 처리할 수 있다』라고 하였다.

또 이미 『대부는 임금의 명으로 출사(出使)하였을 때, 진퇴(進退)는 대부 자신이 결정해야 한다』라고 해놓고는, 『임금의 명으로 출사하였을 때, 상사(喪事)의 소식을 들으면 천천히 행하되 되돌아와서는 안 된다』라고 하였다.

이는 무슨 연유인가? 이 뜻은 네 가지가 각각 그에 맞는 조목에만 한정되며, 제멋대로 바꿀 수가 없다는 것이다.

마구 일을 만들 수 없다는 것은 평상적이고 일반적인 원칙을 지켜야 한다는 뜻이고, 전권으로 할 수 있다는 것은 위험과 환난을 구제하기 위하여 할 수 있는 일이며, 진퇴가 대부 자신에게 있다 함은 군대를 거느리고 병력을 사용할 때의 경우이고, 천천히 행하되 되돌아올 수 없다는 것은 출사중에 임금이나 어버이의 상(喪)을 들었을 때의 이야기이다.

공자(公子) 결(結)이 일을 벌였을 때 《춘추》에서 잘못되었다고 하지 않은 것은 장공(莊公)을 위험에서 구해 내기 위한 일이었기 때문이며, 공자(公子) 수(遂)가 일을 벌였을 때 《춘추》에서 비판한 것은 희공(僖公)에게 위험한 일이 없는데도 그렇게 하였기 때문이다.

그러므로 군자가 위험이 있는데도 이를 잘 판단하여 전적으로 구하는 데에 힘을 쏟지 않으면 이는 불충(不忠)한 것이요,

위험이 없는데도 제멋대로 일을 벌인다면 이는 옳은 신하가 못 되는 것이다.

전(傳)에 『《시경(詩經)》은 융통성 없는 해석이란 있을 수 없고, 《주역(周易)》은 항상 길(吉)하기만 하는 경우란 없으며, 《춘추(春秋)》는 항상 옳은 고집만 있는 것은 아니다』라고 하였으니, 바로 이를 두고 한 말이다.

 조(趙)나라의 임금이 초(楚)나라에 사신을 파견하면서 음악을 연주하며 환송하고 있었다. 그리고 사신에게 이런 경계의 말을 전하였다.

「내가 말한 대로만 처리해 주시오!」

사신은 이렇게 대답하였다.

「임금께서 연주하시는 거문고 소리가 이처럼 비절(悲切)한 적이 없었습니다.」

이 말에 임금은 「궁상(宮商)의 현이 아주 잘 조율되어서 그렇지요!」라고 하였다.

그러자 사신이 물었다.

「그렇다면 한 번 잘 조율되었을 때, 이를 기러기발에 표시해 두면 되지 않습니까?」

이 질문에 임금은 이렇게 대답하였다.

「날씨에는 조습(燥濕)이 있고, 현(絃)에는 완급이 있어 궁상의 현을 한 번 옮겼다 하면 어떤 것이 맞는지 알 수가 없지요. 그래서 표시를 해두어도 소용이 없습니다.」

이 말에 사신으로 갈 자가 깨닫는 바 있어 이렇게 말하였다.

「제가 듣건대, 훌륭한 임금이 사람을 부릴 때에는 그에게 일을 맡기되 말로 제한을 두지 않으며, 그 사신이 상황에 따라 상대 나라에 길한 일이 있으면 축하해 주고, 어려운 일이 있으면 이를 위안해 줄 수 있다고 하였습니다. 지금 제가 갈 초(楚)나라는 우리 이 조(趙)나라에서 1천여 리나 떨어져 있습니다. 그러므로 길흉과 우환을 예측할 수 없으니, 이것이 마치 기러기 발에 표시를 해둘 수 없는 경우와 같습니다.」

《시경(詩經)》에 『저렇게 길을 재촉하는 많은 사신들, 임무를 성사시키지 못하면 어쩌나 근심들 하네!』라고 하였다.

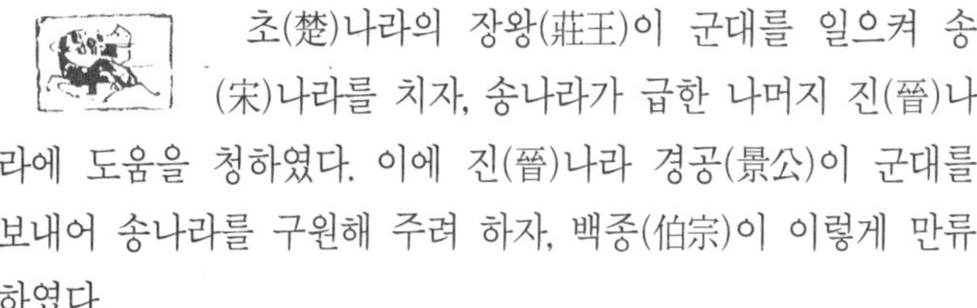

초(楚)나라의 장왕(莊王)이 군대를 일으켜 송(宋)나라를 치자, 송나라가 급한 나머지 진(晉)나라에 도움을 청하였다. 이에 진(晉)나라 경공(景公)이 군대를 보내어 송나라를 구원해 주려 하자, 백종(伯宗)이 이렇게 만류하였다.

「하늘은 지금 초나라의 국운(國運)을 열어 주고 있습니다. 쳐서는 안 됩니다.」

그래서 우선 장사(壯士)를 구하기로 하여, 곽(霍) 땅 출신의 해양(解揚)이라는 자를 얻게 되었다. 그의 자는 자호(子虎)였다. 진나라에서는 그를 송나라에 보내어, 초나라에 항복하지 말고 버틸 것을 이르도록 하는 임무를 맡겼다.

그가 가는 길에 정(鄭)나라를 지나게 되었는데, 정나라는 마침 새롭게 초나라와 친한 사이였으므로 해양을 붙들어 초나라에 갖다 바치고 말았다. 초나라 임금은 그에게 후한 재물을 내려 주며, 송나라에 가서 그 말을 뒤집어 급히 초나라에게 항복하도록 해줄 것을 요구하였다. 세번째의 제의에 해양은 그만 허락하고 말았다.

이에 초나라에서는 해양을 높은 수레에 태우고 송나라로 가서, 송나라에게 항복하라고 소리치도록 하였다. 그런데 해양은 송나라에 이르자 그만 초나라와의 약속을 배반하고, 진나라 임금이 시킨 말을 외치는 것이었다.

「진나라는 바야흐로 온 나라의 군대를 모아 이 송나라를 구해 주고자 한다. 송나라가 아무리 위급하다고 해도 절대로 초나라에 항복하지 말라. 지금 곧 진나라 군대가 올 것이다.」

초나라의 장왕은 크게 노하여 그를 잡아다가 삶아죽이려 하였다. 이때 해양이 장왕에게 이렇게 말하였다.

「임금이 능히 명령을 내리는 것은 의(義)에 해당하고, 신하가 임금의 명령을 따르는 것은 신(信)에 해당합니다. 그런 임금의 명령을 받고 출사(出使)한 저는, 비록 죽더라도 두 가지 마음을 가질 수 없습니다.」

그러자 초나라 임금이 물었다.

「너는 나의 부탁을 승낙하였다. 그리고 다시 이를 배반하니, 그 믿음이 어디에 있느냐?」

이 추궁에 해양은 이렇게 말하였다.

「죽음을 염두에 두고서 임금에게 그것을 승낙한 것은, 우리 임금의 명령을 성사시키겠다는 뜻에서였습니다. 죽어도 한이 없습니다.」

그리고는 초나라 신하들을 돌아보며 이렇게 말하였다.

「남의 신하가 되어서 지극한 충성을 잊지 않았는데도 죽음을 얻는 자가 있음을 아시오!」

초나라 임금의 여러 신하들이 모두 그를 풀어 줄 것을 간언하자, 드디어 장왕도 그를 석방하여 진나라로 돌아가도록 하였다. 진나라에서는 그에게 상경(上卿)의 작위를 주었다. 그 때문에 후세 사람들이 그를 곽호(霍虎)라고 불렀다.

 진왕(秦王)이 5백 리의 땅과 언릉(鄢陵)을 바꾸자고 제의하였으나, 언릉군(鄢陵君)이 이를 사양하며 수락하지 않았다. 그리고 당차(唐且)를 진왕에게 보내어 해명토록 하였다. 당차가 진나라에 이르자, 진왕이 이렇게 위협하였다.

「우리 진나라는 한(韓)나라를 쳐부수고, 위(魏)나라를 멸하였다. 언릉군은 겨우 50리의 땅으로 존재하고 있는데, 내 어찌 그의 위세가 겁나서 그냥 두는 것이겠느냐? 그저 그 의로움을 높이 사서일 뿐이다. 지금 내가 그 땅의 열 배를 주면서 바꾸자고 하였음에도 언릉군(鄢陵君)이 이를 거부하고 받지 않으니, 이는 나를 경홀히 여기기 때문이다.」

그러자 당차가 자리를 피해 앉으면서 이렇게 대답하였다.

「그런 것이 아닙니다. 무릇 이해에 이끌려 휩쓸리지 않는 것이 바로 우리 언릉입니다. 언릉군은 선군(先君)에게 물려받은 땅을 잘 지키려는 것뿐입니다. 비록 1천 리를 준다 해도 수락하지 않을 텐데, 겨우 5백 리를 가지고 제의를 하시다니오!」

이 말에 진왕이 분연작색하여 노기에 찬 모습으로 소리쳤다.

「그대는 천자(天子)가 화를 내면 어찌되는 줄 아시오?」

「저는 아직 보지 못하였습니다.」

이 대답에 진왕은 설명을 가하였다.

「천자가 한 번 노하면 엎어질 시체가 1백만, 그 피가 1천 리나 흐르오!」

당차도 지지 않고 이렇게 말하였다.

「그렇다면 대왕께서도 역시 포의위대(布衣韋帶)의 선비가 화를 내는 것을 보신 적이 있습니까?」

진왕도 지지 않고 대꾸하였다.

「포의위대의 하찮은 선비가 화를 내어봤자 관을 벗고 맨발로 땅에 엎드려 사과하면 끝날 일, 무슨 어려움이 있겠소?」

그러자 당차가 이렇게 설명하였다.

「그것은 필부우인(匹夫愚人)이 노하였을 때이지 포의위대의 선비가 노하였을 때가 아닙니다. 무릇 전제(專諸)가 오왕(吳王) 요(僚)를 찔렀을 때 혜성이 달을 파고들었고, 분성(奔星)이 한낮에 나타났습니다. 또 요리(要離)가 왕자(王子) 경기(慶忌)를 찔렀을 때 새매가 누대를 들이받았습니다. 그런가 하면 섭정(聶政)이 한왕(韓王)의 계부(季父)를 찌르자 흰 무지개가 해를 뚫었습니다.

이 세 사람이 바로 포의위대의 선비의 노함을 보여 준 것이며, 이제 저까지 보태어 장차 네 사람이 되려 합니다. 선비가 노기를 머금고 아직 드러내지 않았을 때라도 그 엄청남은 천하를 휩쓰는 법입니다. 선비가 노기를 나타내지 않으면 그뿐이지만 한 번 노기를 뿜어냈다 하면 죽는 사람은 하나, 그 피는 다섯 발자국 아래에 뿌려지지요!」

그리고는 비수를 만지며 일어서서 진왕을 노려보고 「지금이 바로 결정의 때입니다」라고 하였다.

이 말에 진왕이 얼굴색을 바꾸고 몸을 펴서 무릎을 꿇어앉으며 이렇게 빌었다.

「선생은 앉으시오. 내가 깨달았소. 진나라가 한나라와 위나라를 파멸시킬 정도의 힘을 지녔음에도 귀국 언릉이 홀로 50리

밖에 안 되는 땅으로 능히 존속할 수 있는 것은, 바로 오로지 선생 같은 분이 있기 때문이라는 것을…!」

· 포의위대(布衣韋帶): 베옷에 거친 가죽띠를 맨 선비로 자객·유협을 말한다.

제(齊)나라가 노(魯)나라를 공격하자, 자공(子貢)이 노(魯)나라 애공(哀公)을 만나 오(吳)나라에게 도움을 구하자고 요청하였다. 그러자 애공이 이렇게 말하였다.

「어찌 선군이 남긴 보물까지 주면서 그럴 수 있습니까?」

그러자 자공이 방법을 일러 주었다.

「오나라가 우리의 보물을 요구하고 있는데, 그들 군대를 빌려 달라고 하면 보물을 빼앗기지 않을 수 없지요.」

그리고는 버드나무 활대에 삼끈으로 시위를 맨 양궁(良弓) 여섯 개를 가지고 오나라로 갔다. 그리고 자공은 오나라 임금을 만나 이렇게 말하였다.

「제나라는 무도한 나라입니다. 주공(周公)의 후손인 노나라가 더 이상 혈식(血食)을 하지 못하도록 할 것입니다. 장차 노나라는 세금 5백을, 주(邾)나라는 다시 3백을 제나라에 바칠 수밖에 없습니다. 이렇게 하여 세나리가 강해지면 오나라에 이익이 될는지 손해가 될는지 알 수가 없군요!」

이 말에 오나라 임금이 두려워하며 군대를 일으켜 노나라를 구해 주었다.

제후들이 이 소식을 듣고 「제나라가 주공의 후손을 치려 하자 오나라가 이를 구해 주었다」라고 하면서, 모두 오나라를 받들게 되었다.

· 혈식(血食): 육식(肉食). 조상의 사당에 제사를 올림.

 위(魏)나라 문후(文侯)가 태자(太子) 격(擊)을 중산(中山)에 봉(封)한 지 3년이 되도록 사신의 왕래가 없었다. 이에 사인(舍人) 벼슬의 조(趙)나라 출신 창당(倉唐)이 나아가 이렇게 말하였다.

「아들된 자가 3년 동안 부친의 부름을 듣지 않는다는 것은 효(孝)라고 할 수 없습니다. 마찬가지로 아버지된 자로서 3년씩이나 자식의 소식을 묻지 않는 것도 자애스럽다 할 수 없습니다. 그런데 귀하는 어찌하여 아버지 나라에 사신을 파견하지 않으십니까?」

이에 태자가 이렇게 말하였다.

「원한 지 오래이지요. 그러나 보내기에 마땅한 사신을 아직 구하지 못하였습니다.」

그러자 창당이 자진하여 나섰다.

「제가 사신의 명을 받들겠습니다. 그런데 귀하의 아버님께서 좋아하시는 것이 무엇이지요?」

「저희 아버님께서 즐겨 드시는 것은 신부(晨鳧)라는 새의 고기이며, 좋아하시는 것은 북견(北犬)입니다.」

그리하여 태자가 창당에게 신부와 북견을 주어 아버지 문후에게 갖다 바치도록 하였다. 이에 창당이 문후에게 이르러 그를 알현하고자 이렇게 말하였다.

「못난 아들 격(擊)의 심부름꾼입니다. 감히 대부들이 뵙는 예로는 뵈올 수 없으니, 청컨대 한가한 시간을 내어 주시면 신부(晨鳧)를 바쳐 요리사에게 요리토록 할 것이며, 북견(北犬)을 풀어 연인(涓人)에게 넘겨 주겠습니다.」

그러자 문후가 기뻐하면서 「격이 나를 이처럼 사랑하는구나. 내가 무엇을 즐겨 먹는지 무엇을 좋아하는지를 알고 있구나!」 하며, 창당을 불러 만나 보았다.

「그래 격에게는 아무 일 없겠지요!」

「네! 네!」

이렇게 세 차례나 똑같이 문답하고 나서 창당이 말하였다.

「임금께서 태자를 내보내어 나라에 봉해 놓으시고 그렇게 이름을 부르시는 것은 예가 아닙니다.」

그제서야 문후가 부끄러운 기색을 하고 얼굴을 바꾼 다음 다시 물었다.

「그대의 임금에게는 아무 일 없습니까?」

창당은 이렇게 말을 이었다.

「제가 떠날 때에 조정에서 글을 써 제게 보내기까지 하였습니다.」

또한 문후가 좌우 신하들을 돌아보며 손가락으로 가리켜 「그대의 임금은 이들 중 누구만큼 자랐습니까?」라고 묻자, 창당이 이렇게 대답하였다.

「예의로 보면, 사람을 비교하려면 빈드시 그 신분에 합당한 대상이 있습니다. 제후로서는 그에 합당한 자가 없어 비교할 수가 없습니다.」

「나와 비교한다면 누가 더 크지요?」

「임금께서 내려 주신 외출용 외투는 지금도 입을 수 있고,

하사하신 허리띠도 아직 다시 만들지 않아도 될 정도입니다.」

「그대의 임금은 무엇에 열심이지요?」

「시(詩)에 열심입니다.」

「시 중에서도 어느 장(章)을 좋아하지요?」

「신풍(晨風)과 서리(黍離)의 장을 좋아합니다.」

이 말에 문후가 친히 신풍장을 읊조렸다.

「저리도 빠른 신풍(晨風) 새여! 울창한 북쪽 숲으로 날아가
도다.

나 아직 보지 못하였네! 마음속 근심하며 그리워하던 사람.

어찌할꺼나, 어찌할꺼나. 나를 아주 잊은 것은 아닌지!」

그리고 나서 문후가 다시 물었다.

「그대의 임금이 나를 잊은 것은 아닌지요?」

「감히 그럴 리가 있겠습니까? 때마다 그리워하지요!」

이 말에 문후가 다시 서리장을 친히 읊었다.

「저렇게 치렁치렁 늘어진 기장, 저렇게 자란 메기장의 싹들,

나는 가도가도 갈 길이 멀어 가슴만 물결처럼 출렁이누나.

내 마음 아는 이 이렇게 말하지. 내 마음 근심에 싸였느냐고.

내 마음 모르는 이 이렇게 말하지. 무엇을 위해서 그러는가고.

아득히 푸른 저 하늘이여! 이는 누구의 탓이라 하리요!」

문후가 다시 물었다.

「그대의 임금은 나를 원망하지 않던지요?」

「감히 그럴 수가 있겠습니까? 때만 되면 그리워하였습니다.」

문후는 창당으로 하여금 가는 길에 태자에게 옷 한 벌을 전
해 주도록 하면서, 닭이 우는 때의 새벽녘에 태자가 있는 곳에
도착하도록 명하였다. 새벽녘 창당이 도착하자, 태자는 문후가
내려 준 선물을 받아 옷 상자를 열어 보았다. 그런데 옷들이

모두 거꾸로 뒤집혀 있는 것이었다. 이를 본 태자가 소리쳤다.

「어서 수레를 준비하라. 임금께서 나를 부르신다.」

이에 의아해진 창당이 물었다.

「제가 올 때에는 그런 명령을 받지 못하였습니다.」

그러자 태자가 이렇게 설명하였다.

「임금께서 내게 옷을 내려 주신 것은 추위를 막으라고 하신 게 아닙니다. 나를 부르시기 위해 아무와도 상의하지 않으시고, 그저 그대로 하여금 닭이 우는 새벽에 도착하여 나에게 전해 주라 하신 것입니다.

《시경(詩經)》에 『동쪽 하늘 밝기도 전에 뒤집힌 옷 입느라 이리 뒤집고 저리 뒤집고, 그 사이 임금께서 벌써 나를 부르러 보내셨네!』라고 하지 않았습니까?」

드디어 태자는 서쪽으로 가서 문후를 뵈었다. 이에 문후가 크게 기뻐하면서 주연을 베풀고 이렇게 말하였다.

「무릇 어진 녀석을 멀리 보내고 사랑스러운 자식만을 가까이 하는 것은 사직의 장책(長策)이 되지 못한다.」

그리고는 막내아들 지(摯)를 중산(中山)에 봉하고, 태자 격을 다시 불러들였다.

그래서 「그 자식을 알려면 그가 사귀는 친구를 보고, 그 임금을 알고자 하면 그가 파견한 사신을 보라」고 한 것이다.

조나라 출신의 창당이 한 번 사신으로 가자 문후는 자애로운 아버지가 되었고, 태자 격은 효성스런 아들이 되었다.

태자는 곧 《시경(詩經)》을 빌어 『봉황이 날도다. 휘휘 날개 소리를 내며, 다시 아래로 모여 한 곳에 멈추네. 주나라 왕실, 훌륭한 선비도 많네. 오직 군자라야 심부름하지. 천자에게 사랑받으며』라고 하였으니, 바로 그의 사인(舍人) 창당을 두고 한 말이다.

· 신부(晨鳧): 물오리의 일종.
· 북견(北犬): 사냥개의 일종.
· 연인(涓人): 개나 말 등 가축을 관리하는 임무를 맡은 신하. 또는 임
  금 곁에서 소제나 청소를 맡은 환관·내시.
· 신풍(晨風): 원래 새매의 일종.

초(楚)나라의 장왕(莊王)이 진(晉)나라를 치려
고, 먼저 돈윤(豚尹)으로 하여금 진나라의 사정
을 살피도록 하였다. 돈윤이 돌아와 이렇게 보고하였다.
「칠 수가 없습니다. 윗자리에 있는 사람은 백성을 걱정하고,
아랫사람들은 그를 덕스럽게 여기며 즐겁게 살고 있습니다. 더
구나 어진 신하로 심구(沈駒)라는 사람이 있습니다.」
이듬해 다시 돈윤이 다녀와서 이렇게 보고하였다.
「이제는 쳐도 됩니다. 처음에 말했던 그 어진 신하는 죽었고,
아첨하는 무리들이 임금의 궁중에 가득합니다. 임금은 놀이에
빠져 예를 모르고, 그 아랫사람들은 위험에 처해 있으면서 윗사
람들을 원망하고 있습니다. 상하가 서로 이반되어 있으니, 군대
를 일으켜 치게 되면 그 백성들이 먼저 반기를 들 것입니다.」
장왕이 이 말을 따르자 과연 그와 같았다.

양왕(梁王)이 여러 신하들을 불러 모아 서로
그 허물을 토론하도록 하였다. 이에 임좌(任座)

가 먼저 나서서 간언을 하였다.

「임금께서는 나라를 넓히고 백성을 강성케 하고자 하시면서, 이 나라에 어진 이와 말 잘하는 이가 많지 않은 데 대해서는 어떻게 보십니까?」

그러자 양왕이 이렇게 대답하였다.

「과인의 나라는 좁고 협소하며, 백성도 약하고 신하도 적습니다. 과인 혼자로도 충분히 다스릴 수 있는데 현인(賢人)·변사(辯士)가 무슨 소용이 있겠습니까?」

이에 임좌가 이렇게 반대하고 나섰다.

「그렇지 않습니다. 지난날 제(齊)나라가 이유 없이 노(魯)나라를 친 적이 있습니다. 그때 노나라 임금이 겁이 나서, 그 나라 재상을 불러 『어찌하였으면 좋겠습니까』 하고 물었습니다. 그러자 재상이 『유하혜(柳下惠)라는 사람이 있는데, 어려서는 열심히 공부하였고 나이가 들어서는 그 지혜가 많습니다. 그를 불러 시험삼아 제나라에 사신으로 보내시지요』라고 제의하였습니다.

이에 노나라 임금이 『나는 천승지국의 임금입니다. 내가 친히 제나라에 사신으로 가도 제나라가 들어 주지 않을 터인데, 하물며 유하혜처럼 포의위대(布衣韋帶)한 선비 하나 보낸다고 해서 무슨 이익이 되겠습니까?』 하고 난색을 표하였습니다. 그러자 재상이 『제가 들으니, 불을 빌지 못한 자가 바라는 것은 불씨이지 큰 장작불은 아니라 하였습니다. 지금 유하혜를 제나라에 보내면, 비록 제나라 군대가 다 풀고 물러서지는 않더라도 노나라 침공의 가속(加速)은 막을 수 있을 것입니다』라고 하였습니다.

임금은 이에 『그렇구나』 하고, 곧 유하혜를 불러 만나 보기로 하였습니다. 그러나 그는 궁궐에 오면서도 옷을 펄럭이며 빨리 걸어야 하는 예조차 지키지 않는 것이었습니다. 그래도 임금은 자리를 피하여 서서『과인이 배고픈 후에야 곡식을 찾고, 목마른 후에야 우물을 파는 신세가 되었습니다. 그래서 일찍이 즐거운 일로 그대를 만나뵙지 못하였지요. 지금 나라에 우환이 생겨 백성이 두려움에 빠져 있습니다. 그대를 대부로 삼아 제나라에 사신으로 보내고 싶습니다』라고 간청하였지요.

유하혜는『좋습니다』하고 허락한 다음, 동쪽으로 제나라 임금을 찾아갔습니다. 이에 제나라 군주가『노나라 임금이 두려워하였습니까?』라고 묻자, 유하혜가 한 마디로『임금과 신하가 모두 두려움을 모릅니다!』라고 하였지요.

제나라 군주는 이 대답에 분연히 화를 내며『내가 노나라 성(城)을 바라보니 혼란스럽기가 마치 곧 망할 나라 같았고, 백성이 집의 기둥까지 뽑고 나무를 있는 대로 베어 성곽을 수리하고 있었습니다! 또 노나라 임금을 보니 우리 나라 땅이 다 된 것 같던데, 그대는 두려워하지 않더라고 하니 무슨 말입니까?』라고 물었지요.

이에 유하혜는 이렇게 대답하였습니다.『저희 임금께서 두려워하지 않는 까닭은 그 선대가 주(周)나라에서 나와 노나라에 봉해졌고, 귀국의 선대 역시 같은 주나라에서 나와 제나라에 봉해졌기 때문이지요. 그들이 함께 주나라 남문(南門)을 나설 때, 양(羊)을 잡으면서 이렇게 맹약을 맺었다 합니다. 즉 지금부터 우리 후손들 중에 누구든 먼저 공격하는 자가 있으면, 그 죄는 이 양의 목이 달아나듯 하리라구요. 그래서 저희 임금은 노나라를 친 자는 양의 목이 될 것임을 알고 조금도 두려워하지 않는 것입니다. 그렇지 않다면 백성이 그렇게 급하지 않을 수 없지요!』

　제나라 군주는 이 말에 군대를 3백 리 밖으로 후퇴시켰습니다. 무릇 유하혜는 그저 포의위대의 선비에 불과하였지만 제나라에 가서 노나라의 위난(危難)을 해결하였습니다. 그런데 어찌하여 현사(賢士)나 성인(聖人)이 필요치 않다는 말입니까?」

육가(陸賈)는 고조(高祖)를 좇아 천하를 평정한 인물이다. 구변이 좋은 자로서 이름이 나 있어 임금의 좌우에 거하면서 항상 제후 등에게 사신으로 다녔다. 고조가 황제가 되어 비로소 중국이 안정되었을 때였다.

　위타(尉佗)가 남월(南越)을 평정하고 그곳에서 스스로 임금이 되어 있었는데, 고조가 육가를 사신으로 보내어 그 위타에게 남월왕(南越王)의 봉인(封印)을 주고 오도록 하는 임무를 맡겼다. 육가가 이르러 보니, 위타는 그 지역 풍속대로 머리를 틀어 묶고 기거(箕踞)의 자세로 육가를 맞이하는 것이었다. 이에 육가가 위타를 이렇게 달래었다.

　「귀하는 중국 사람입니다. 친척과 형제·조상의 무덤이 모두 귀하의 고향인 진정(眞定)에 있습니다. 그런데도 귀하는 천성을 버리고 관대까지 다 없애면서 구구하게 이 월(越)을 근거지로 하여 천자(天子)와 겨루어 대적하려 하니, 이에 그 화가 곧 귀하의 몸에 미치게 될 것입니다.

　무릇 지난날 진(秦)나라가 그 정치를 잘못하자 제후·호걸이 모두 들고 일어났지만, 오직 한왕(漢王)만이 관중(關中)에 먼저 들어가서 함양(咸陽)을 점거하였지요. 그러나 항적(項籍)이 그 약속을 저버리고 스스로 서초(西楚)의 패왕(覇王)이 되어, 제후들이 그에게 복속하고 말았습니다. 그때 항적은 천하에서 가장 강하였다고 말할 수 있지요.

그러나 한왕이 파촉(巴蜀)에서 일어나 천하를 휘두르며 제후들을 몰아, 마침내 항우(項羽)를 죽여 멸망시키고 말았습니다. 그 5년이 지나 천하는 평정되었으니, 이는 사람의 힘으로 되는 것이 아니라 하늘이 세워 준 것입니다.

천자께서는 귀하가 남월에서 임금이 되어 있으면서도, 천하에 포악한 무리를 없애는 일에 나서서 돕지 않는다는 말을 들으셨습니다. 장군과 재상 들이 군대를 몰아 귀하를 없애자고 하였지만, 천자께서는 이제는 천하평정에 고생을 많이 한 백성들을 불쌍히 여겨 쉬게 하려고 저를 보내어, 귀하를 임금으로 책봉하고 부절(符節)을 갈라 사신이 왕래하기를 바라고 있습니다.

그런데 귀하는 교외에 나와 저를 맞이하고 북면(北面)하여 신하를 칭하였어야 함에도 불구하고, 아직 제대로 갖추어지지도 않은 이 월나라를 새로이 꾸며 여기서 강권을 흔들고 있습니다. 한나라에서 이를 알면 귀하의 선조의 무덤을 파내어 다 불사를 것이며, 귀하의 친족은 모두 멸족시키고, 즉시 한 장수에게 10만 명씩의 군대를 딸려 이 월나라를 쳐들어올 것입니다. 그러면 월나라 백성들은 귀하를 먼저 죽여 한나라에 항복하고 말 것입니다. 이는 마치 손바닥 뒤집듯 쉽게 일어날 수 있는 일입니다.」

이 말에 위타가 벌벌 기다가 일어나 육가에게 미안한 표정으로 사과하였다.

「만이(蠻夷)의 땅에 산 지가 오래 되어 예와 의를 모두 잃었습니다.」

그러면서 다시 육가에게 물었다.

「나와 소하(蕭何)·조삼(曹參)·한신(韓信) 중에 누가 가장 어집니까?」

「귀하가 가장 어질지요!」

육가의 이 대답에 위타가 다시 물었다.

「그럼 나와 황제 중에 누가 더 어집니까?」

이 질문에 육가는 이렇게 대답하였다.

「황제께서는 풍패(豊沛)에서 일어나 포악한 진나라를 토벌하고, 강한 초(楚)나라를 없앴으며, 천하를 위해 흥리제해(興利除害)하였습니다. 그리하여 오제(五帝)·삼왕(三王)의 업을 이어 중국을 통괄하여 다스리고 있습니다. 중국의 백성은 억(億) 단위로 계산하여야 하며, 그 땅은 1만 리나 되고, 백성은 천하의 가장 기름진 곳에서 살고 있습니다. 그들은 수레를 타고 움직이며, 만물이 풍족하고, 정치는 한집안에서 처리하고 있습니다. 천지가 개벽된 이래 일찍이 있어 보지 못한 나라이지요.

그러나 귀하의 백성은 다 모아야 수십만도 안 되고, 그나마다 미개스러운 만이(蠻夷)들로서 울퉁불퉁한 산이나 바닷가에 살고 있어, 비유컨대 한(漢)나라의 1개 군(郡) 정도에 지나지 않지요. 그런데 어찌 한왕에 비교할 수 있겠습니까?」

그러자 위타가 웃으면서 「내 중국에서 일어나지 않았기 때문에 이곳에서 임금이 되었을 뿐이지, 나로 하여금 중국에 거하게 하였다면 어찌 한왕만 못하겠습니까?」 하고 우스갯소리를 던졌다. 그리고는 크게 즐거워하며 육가에게 미물게 하여 함께 몇 달을 마셨다.

「월나라에는 더불어 말할 만한 인물이 없습니다. 그대가 와주니 내 하루도 새로운 소식을 듣지 않는 날이 없습니다」 하고는, 육가에게 자루에 1천 금에 해당하는 선물을 담아 주고 따로이 또 1천 금을 주어 환송하였다.

　육가는 위타를 남월왕으로 모시기로 하고, 위타 스스로 신하를 자칭하며 한나라를 받들기로 맹약을 맺도록 하였다. 육가가 돌아와 보고하자 고조가 크게 기뻐하며, 그를 태중대부(太〔大〕中大夫)로 배수(拜授)하였다.

·기거(箕踞): 두 다리를 삼태기 모양으로 쭉 뻗고 앉음.
·부절(符節): 옛날에 사신이 가지고 다니던 물건으로, 둘로 갈라 하나는 조정에 보관하고 하나는 본인이 가지고 신표(信表)로 사용하였다.
·태중대부(太中大夫): 중대부(中大夫)는 황제(皇帝) 측근의 신하. 太〔大〕는 높여 부르는 것.

　　　　진(晉)·초(楚)의 두 나라 임금이 서로 친하여 완구(宛丘)에서 회연을 갖게 되었다. 송(宋)나라는 이에 사람을 보내어 가서 살펴보도록 하였다. 이때 진·초의 대부들이 송나라 사신에게 이렇게 말하였다.

　「공손하게 천자(天子)를 뵙는 예로 한다면, 내가 그대를 우리들의 임금에게 안내하여 만나 볼 수 있게 하리라.」

　그러자 송나라 사신이 이렇게 대꾸하였다.

　「관(冠)은 아무리 낡았어도 위에 쓰는 것이요, 신은 아무리 새것이라도 아래에 신는 것이오! 주실(周室)이 비록 쇠미해졌다 하나 제후(諸侯)가 이를 대신할 수 없고, 군대를 몰아 우리 송나라를 쳐들어온다 해도 나는 복장을 바꾸지 못할 것입니다.」

　그리고는 읍(揖)을 하고 떠나 버렸다. 여러 대부들이 이 말을 듣고 부끄러워하며, 드디어 제후를 뵙는 예로써 그를 자신들의 임금에게 안내하였다.

월(越)나라가 제발(諸發)이라는 사신을 양왕(梁王)에게 파견하면서 매화(梅花) 한 가지를 보내었다.

양왕의 신하 중에 한자(韓子)라는 이가 이를 보고서 좌우에게 이렇게 말하였다.

「어찌 매화 한 가지만 가지고 열국(列國)의 임금을 뵙는단 말인가? 청컨대 여러분들의 부끄러움을 내가 씻어 주리라.」

그리고는 나아가 제발에게 이렇게 말하였다.

「우리 임금께서 명하셨다. 관을 쓰고 오면 예로써 만나 주려니와 그렇지 않으면 만날 수 없으리라!」

그러자 제발이 이렇게 말하였다.

「우리 월나라도 역시 천자께서 봉해 준 나라입니다. 다만 기주(冀州)나 연주(兗州) 같은 중원에 살지 못하고 저 바닷가에 처하여, 울타리처럼 그대들을 막아 주며 살고 있을 뿐입니다. 특히 그곳에서는 교룡(蛟龍)과 싸우면서 살아야 하기 때문에, 전발문신(翦髮文身)하여 화려하게 무늬를 꾸며 용(龍)처럼 하고 있습니다. 이는 바로 수신(水神)의 재해를 피하기 위함이지요.

지금 대국께서 관을 쓰면 예로써 만나 주려니와 그렇지 않으면 안 된다고 하시니, 가령 대국의 사신이 우리 나라에 왔을 때 우리 임금도 똑같이 『외국에서 온 사신은 전발문신한 연후에나 만나 주겠다』라고 명한다면 대국은 어찌하겠습니까? 그래도 좋으시다면 제가 관을 쓰고 뵙지요. 그러나 그렇지 않다면 원컨대 남의 나라의 국속(國俗)을 바꾸라 하지 않았으면 좋</p>

겠습니다.」

양왕이 이 소리를 듣고서 얼른 옷을 챙겨입고 나아가 제발을 맞이하고, 한자를 축출해 버렸다.

《시경(詩經)》에『군자라야 사신이 되어 천자에게 사랑을 받는다』라고 하였으니, 이를 두고 한 말이다.

· 교룡(蛟龍): 여기서는 악어나 뱀 등을 가리킨다.
· 전발문신(翦髮文身): 머리를 깎고 몸에 무늬를 들임.

 안자(晏子)가 오(吳)나라에 사신으로 가자, 오나라 임금이 행인(行人)에게 이렇게 일렀다.

「내 듣자 하니, 안영(晏嬰)은 북방의 말 잘하기로 소문난 인물로서 예(禮)에 대한 공부도 대단하다고 하였다. 접대관으로 하여금 그자를 만나거든 나를 천자(天子)라고 불러 어찌하나 살펴보아라.」

이튿날 안자가 일이 있어 행인을 만나게 되자, 행인이「천자께서 그대를 뵙고자 합니다!」라고 하였다.

안자는 세 차례나 난감한 모습을 한 다음 이렇게 말하였다.

「나는 우리 못난 나라 임금의 명령을 받고 오나라 임금이 있는 곳에 사신으로 가라는 임무를 맡았는데, 내가 똑똑치 못하여 그만 천자의 조정으로 잘못 왔나봅니다. 내가 만날 오나라 임금은 어디 있습니까?」

이런 일이 있은 후, 오나라 임금은「부차(夫差)가 만나뵙기를 원합니다」라고 하였다.

이리하여 안자는 그를 제후를 접견하는 예로써 만나게 되었다.

안자(晏子)가 오(吳)나라에 사신으로 가자, 오나라 임금이 이렇게 말하였다.

「과인은 편벽하고 비루한 만이(蠻夷)의 땅에 살아 군자의 행동에 대한 가르침을 많이 받지 못하였습니다. 청컨대 제 잘못이 있더라도 허물삼지 말아 주십시오!」

그러자 안자가 난감한 표정을 지으며 자리를 옮겨앉았다. 임금이 다시 물었다.

「제가 듣기로 귀국 제(齊)나라 임금은 백성을 못살게 굴고 오만하며 야만스럽고 포악하다고 하던데, 선생은 이를 용납하심이 어찌 그리 너그럽습니까?」

이에 안자가 이렇게 대답하였다.

「제가 들으니, 정미한 일에 통달하지 못하고 거친 일을 처리할 줄 모르면 노고스럽기만 하고, 큰일도 처리하지 못하고 작은 일도 해낼 수 없으면 반드시 가난에서 벗어나지 못하며, 큰 권세를 가진 자가 사람을 다스리지도 못하고 작은 권위를 가진 자로서 사람을 자기 문안으로 끌어들이지도 못하면 틀림없이 곤궁해진다고 하였습니다. 이것이 바로 제가 벼슬을 할 수 있는 이유입니다.

저 같은 사람이 어찌 능히 도를 실행하기 때문에 남의 밥을 얻어먹을 수 있는 인물이겠습니까?」

안자가 나가자, 임금이 웃으면서 이렇게 말하였다.

「내 오늘 안자를 곯려 주려다가 도리어 벌거벗고 사람 많은 큰집에 뛰어든 꼴이 되었구나!」

경공(景公)이 안자(晏子)를 초(楚)나라에 사신
으로 보내었다. 초나라 임금이 안자를 만나자 귤
과 칼을 내놓았다. 그런데 안자가 껍질을 벗기지 않은 채 그냥
먹는 것이었다. 이에 초나라 임금이 이렇게 말하였다.

「귤은 껍질을 벗기고 먹는 것입니다.」

그러자 안자가 재치 있게 이렇게 말하였다.

「제가 들으니, 임금께서 내려 주신 것이면 참외나 복숭아는
물론 귤이나 유자(柚子)까지도 껍질을 벗기지 않고 먹는다 하
였습니다. 지금 만승(萬乘)의 대왕께서 명령을 내리지 않으시
니, 제가 감히 껍질을 벗기고 먹을 수가 없었습니다. 몰라서 그
런 것이 아닙니다.」

안자(晏子)가 형(荊)나라에 사신으로 온다는
소식을 듣고, 형나라 임금이 좌우 신하들에게
물었다.

「안자는 어질다고 소문이 나 있습니다. 그가 지금 막 우리
나라에 온다고 하는데, 내 그를 한 번 곯려 주고 싶습니다. 어
떤 방법이 있겠습니까?」

그러자 좌우의 관리가 이렇게 말하였다.

「그가 오면 제가 한 사람을 죄수처럼 결박하여 임금 옆을 지
나가겠습니다.」

이에 형나라 임금이 안자와 마침 이야기를 나누고 있을 때,
그 말대로 한 사람을 결박하여 임금의 곁을 지나게 되었다. 임
금이 물었다.

「어떤 사람인가?」

「제(齊)나라 사람입니다.」

이 말에 임금이 다시 물었다.

「무슨 죄를 지었는가?」

「도둑질을 하였습니다.」

임금이 기회를 놓치지 않고 다시 물었다.

「제나라 사람은 진실로 도둑질을 잘하는 모양이지?」

이쯤되자 안자가 돌아보며 이렇게 말하였다.

「강남(江南)에 귤이 있다기에 우리 임금께서 사람을 시켜 이를 우리 제나라 땅인 강북(江北)에 옮겨 심었더니, 귤은 열리지 않고 탱자만 열렸습니다. 왜 그렇겠습니까? 그 환경이 그렇게 만든 것이지요. 지금 제나라에 사는 사람들은 도둑질을 모릅니다. 그런 백성이 이 형나라에 와서는 도둑질을 하는 것 또한 환경이 그렇게 만든 것은 아닐는지요?」

형나라 임금이 이 말을 듣고서 「그대에게 상처를 주려다 도리어 내가 맞았습니다」 하였다.

안자(晏子)가 초(楚)나라에 사신으로 갔을 때이다. 안자는 키가 작았다. 이에 초나라 사람들이 대문 옆에 작은 문을 따로 만들어 놓고, 안자로 하여금 그 문으로 들게 하였다. 그러자 안자가 들어가지 아니하고 서서 이렇게 말하였다.

「개의 나라에 사신으로 왔다면 개구멍으로 들어가겠지만, 나는 지금 초나라에 사신으로 온 것이다. 이 문으로 들어갈 수는 없다.」

이리하여 안내자는 어쩔 수 없이 대문으로 들게 하였다. 안자가 이번에는 초나라 임금을 만나자, 임금이 물었다.

「제(齊)나라에는 사람이 없습니까?」

이에 안자가 되물었다.

「제나라는 임치(臨淄)에 3백이나 되는 여항(閭巷)이 있고, 사람들의 옷소매가 휘장처럼 드리워져 있으며, 그들이 땀을 뿌리면 마치 비가 오듯 합니다. 이처럼 어깨와 발뒤꿈치가 부딪쳐 걸을 수가 없을 정도인데 사람이 없다니오?」

그러자 임금이 다시 물었다.

「그렇다면 어찌하여 그대처럼 작은 사람이 우리 나라에 사신으로 온 것입니까?」

이 말에 안자는 이렇게 대답하였다.

「제나라에서 사신을 보낼 때에는 각각 그 상대 나라의 임금에 따라 다르지요. 상대 나라의 임금이 어질면 어진 자를 보내고, 상대 나라가 불초하면 불초한 자를 보냅니다. 제나라 사람 가운데 제가 가장 불초하여, 그 때문에 귀국 초나라의 사신으로 가장 적합하였을 따름입니다!」

 진(秦)·초(楚) 두 나라가 전쟁을 벌였다. 이에 진나라가 초나라에 사신을 보내어 사정을 알아보도록 하였다.

사신이 도착하자, 초나라 임금이 사람을 시켜 그를 희롱하여 「그대는 이곳으로 올 때 점을 쳐보았습니까?」라고 물었다.

「그렇습니다」라고 답하자, 「그 점괘가 어떠하였습니까?」라고 물었다.

길(吉)하였다고 하자, 그 초나라 사람이 「아! 심하도다. 그대

나라에는 좋은 거북 껍질도 없지 않습니까? 우리 임금께서 그대를 죽여 그 피를 종(鐘)에 발라 버리겠노라고 벼르고 있는데, 어찌 길한 괘가 나왔단 말입니까?」라고 빈정거렸다.

그러자 진나라의 사신이 이렇게 말하였다.

「진·초가 싸움을 벌이자, 우리 임금께서 나를 귀국의 사신으로 보내어 살펴보도록 하였습니다. 그런데 내가 이곳에서 죽어 돌아가지 못한다면 우리 임금은 더욱 경계를 하고, 모든 군대를 바로 세워 귀국을 방비하게 될 것입니다. 이것이 바로 길하다는 것입니다. 또 사람이 죽고 나서 아무것도 모를 양이면, 종에다가 그 피를 바른들 무슨 고통을 알겠습니까? 그러나 사람이 죽어서도 무언가를 안다면, 내가 죽어 어찌 진나라를 망하게 하고 귀국 초나라를 돕겠습니까?

내 장차 그 피가 묻은 종고(鐘鼓)를 소리가 나지 않도록 할 것입니다. 종고가 소리를 내지 못한다면, 장차 사졸을 정비하고 군대를 다스릴 방법이 없어질 것입니다. 무릇 남의 나라 사신을 죽이거나, 남의 계획을 멸절시키는 일은 옛부터 내려오는 통의(通義)에 어긋나는 일입니다. 그대 대부께서는 깊이 헤아려 보시기 바랍니다.」

초나라 사자가 이를 그 임금에게 보고하자, 임금이 그를 풀어 주고 말았다. 이를 일컬어 조명(造命)이라 한다.

· 조명(造命): 짧은 시간에 사명(使命)을 완수한다는 뜻.

 초(楚)나라가 그 사신으로 하여금 제(齊)나라에 보빙(報聘)토록 하자, 제나라 임금이 이를 위

해 오궁(梧宮)에서 큰 향연을 베풀었다.

초나라 사신이 그 궁궐의 큰 오동나무를 보고서 「크기도 하구나, 오동나무여!」라며 감탄을 하였다.

그러자 제나라 임금이 「강해(江海)의 큰물에 사는 고기라야 배를 삼킬 수 있듯이, 나라가 크니 나무도 큰 것입니다. 사신께서는 무얼 그리 놀라십니까?」라고 하였다.

이에 초나라 사신이 이렇게 말하였다.

「옛날 연(燕)나라가 귀국 제나라를 공격하였을 때, 낙로(雒路)를 따라 제수(濟水)의 다리를 건너 옹문(雍門)에 불을 질렀습니다. 이렇게 제나라의 왼쪽만 쳤는데도 오른쪽까지 텅 비었으며, 그때 왕축(王歜)은 두산(杜山)에서 목을 매어 자결하였고, 공손차(公孫差)는 용문(龍門)에서 싸우다 죽어 연나라는 치수(淄水)와 면수(澠水)에서 말을 놓아 물을 먹였지요. 그리고 나서 낭야(琅邪)까지 휩쓸고 내려가자, 귀국 제나라 임금과 태후는 거(莒) 땅으로 피하여 성양산(城陽山)에 숨어야 하였습니다. 그때에 이 오동나무는 얼마나 컸었습니까?」

임금은 난처하여 「진(陳) 선생이 대답해 보시오」라고 미루었다.

그러자 진자(陳子)가 「저는 조발(刁救)만큼 똑똑치 못합니다」라고 하였다.

이에 임금이 「조(刁) 선생이 한번 대답해 보시오」라고 명하자, 조발이 이렇게 대답하였다.

「사신께서는 이 오동나무의 나이를 묻는 것입니까? 지난날 형(荊)나라의 평왕(平王)이 무도하여 신(申)씨에게 위해를 가하고 오자서(伍子胥)의 아버지와 형을 죽이자, 오자서는 머리를 풀고 오(吳)나라에서 걸식을 하였습니다. 합려(闔閭)가 이를 등용하여 장수로 삼자, 3년 만에 오나라 군대를 이끌고 초나라에

원수를 갚겠다고 나서 백거(柏擧)에서 이겨 백만 군사의 목을
잘랐지요. 그때 장군 낭와(囊瓦)는 정(鄭)나라로 도망쳤고, 초
나라 임금은 수(隨) 땅에서 겨우 보호를 받았습니다. 오자서가
오(吳)나라 군대를 이끌고 초나라 수도인 영(郢)까지 쳐들어갔
을 때, 오군(吳軍)은 마치 구름떼처럼 영의 도시로 밀려들었습
니다.

　오자서는 몸소 그 궁문에 활을 쏘면서 평왕의 무덤을 찾아
시체를 꺼내어 태질을 하고, 그 죄를 물었지요. 『나의 아버지와
형은 아무 죄도 없는데, 너는 그 두 분을 죽였다』 하고 사졸들
에게 1백 대씩 두들기라고 한 후에야 그쳤습니다.

　그때에 이 오동나무는 그 오자서의 활을 만들 만한 크기였
지요!」

・보빙(報聘): 답례로서 외국을 방문하는 일.

　채(蔡)나라가 두 사람을 초(楚)나라에 사신으
로 보내면서, 그 두 사람 이름을 거짓으로 사강
(師强)과 왕견(王堅)이라 하였다.

　초나라 임금이 이들이 온다는 소식을 듣고 「사람 이름이 대
단하구나! 어찌 홀로 군사는 강하고〔師强〕, 임금은 굳세다〔王
堅〕인가?」 하고는 그 둘을 만나 보았더니, 예절의 순서도 모르
고 그 형상은 그 이름이 의심스러울 정도였으며, 목소리조차
추하고 형색이 말이 아니었다. 이에 초나라 임금이 크게 노하
여 이렇게 말하였다.

　「채나라에는 사람도 없는가? 그렇다면 쳐도 되겠구만. 사람이

있는데도 보내지 않았는가? 그렇게 예의가 없다면 쳐도 되겠구
만. 이렇게 거짓 이름을 붙여 나를 경계시키려 하는가? 그렇다
면 쳐도 되겠구만!」

그러므로 두 사신을 보냈다가 초나라의 세 가지 공격 동기를
유발하였으니, 바로 채나라 스스로가 자초한 화근이다.

조간자(趙簡子)가 위(衛)나라를 치려고 사암
(史黯)으로 하여금 그 사정을 살피게 하되 한 달
만에 돌아오도록 명하였다. 그런데 사암이 여섯 달이 지나서야
돌아오는 것이었다. 간자가 늦은 연유를 묻자, 사암이 이렇게
설명하였다.

「이익을 도모하려다가 해를 입는 것은 자세히 살피지 않아
서입니다. 지금 거백옥(蘧伯玉)이 재상으로 있고 사추(史鰌)가
보좌하고 있으며, 공자(孔子)가 손님으로 와 있고 자공(子貢)이
그 임금 밑에서 명령을 잘 따르고 있습니다.

《주역(周易)》에『그 많은 무리들을 어질게 모아들이면 원(元)
하고 길(吉)하리라』고 하였습니다. 환(渙)은 어질다[賢]는 뜻이
고, 군(羣)은 많다[衆]는 뜻이며, 원(元)은 길(吉)의 시작이라는
뜻입니다. 그래서『환기군(渙其羣)하면 원길(元吉)하리라』고 한
것은, 그 보좌들이 모두 어질다는 뜻입니다.」

간자는 이 말에 군대를 눌러 놓고 움직이지 못하도록 하였다.

위(魏)나라 문후(文侯)가 사인(舍人) 모택(母
擇)으로 하여금 고니 한 마리를 제(齊)나라 임금

에게 갖다 바치도록 하였다. 그런데 모택이 가는 길에 이 새를 놓쳐 버리고 말았다. 이에 빈 조롱(鳥籠)만 들고 제나라 임금을 만나 이렇게 말하였다.

「저희 임금께서 제게 고니 한 마리를 갖다 바치도록 하였습니다. 그런데 오는 길에 그 새가 기갈(飢渴)이 든 듯해 보여 끌어내어 먹여 주었지요. 그랬더니 그 새가 그만 하늘을 찌르듯 날아가 되돌아오지 않는 것이었습니다. 돈으로 그런 새를 한 마리 사서 가져올까 생각지 않은 것은 아니지만, 이는 임금의 신하가 되어 나랏돈을 마구 쓰는 것이 아닌가 하여 그만두었습니다.

또 칼을 빼어 스스로 죽어 저 들 가운데 썩은 시체 마른 해골로 변해야 되겠다고 생각지 않은 것은 아니지만, 그렇게 되면 우리 임금께서 고니는 귀하게 여기면서 선비는 천하게 여긴다는 것을 알리는 것 같아 그만두었습니다.

그런가 하면 저 진(陳)·채(蔡) 땅으로 도망쳐 버려야겠다는 생각이 들지 않은 것은 아니지만, 그렇게 되면 두 임금 사이의 사신 왕래를 끊는 꼴이 되어 그것도 실행하지 못하였습니다. 그래서 감히 몸을 아끼고 죽음으로부터 피하고 싶은 생각이 없이 빈 조롱을 갖다 바치오니, 오직 임금께서 제게 부질(斧鑕)의 사형을 내려 주시기 바랍니다.」

제나라 임금이 이 말을 듣고 크게 기뻐하며 이렇게 말하였다.

「과인이 지금 이 세 마디를 얻은 것이, 고니 한 마리를 얻은 것보다 훨씬 가치 있습니다. 과인이 이 도읍지 교외의 1백 리 땅을 드릴 테니, 대부께서는 이를 탕목읍(湯沐邑)으로 삼아 주시기 바랍니다.」

그러자 모택이 「어찌 임금의 사신이 되어 경홀히 돈을 받으

며, 제후로부터 땅을 얻는 이익을 구할 수 있겠습니까?」하고
는 떠나 돌아오지 않았다.

·사인(舍人): 임금을 측근에서 모시는 직책.
·부질(斧鑕): 고대의 형구(刑具).
·탕목읍(湯沐邑): 고대에 공신(功臣)에게나 척신(戚臣)에게 목욕값이나
  거두어 쓰라는 뜻으로 주는 선물용 토지.

제13장 권모(權謀)

권력과 모책

동문선

성왕(聖王)이 일을 도모할 때에는 반드시 먼저 이를 계획과 염려 속에 궁구해 보고, 그런 연후에 가새풀과 거북으로 점까지 쳐서 따져 보고 하였다. 가난한 집의 선비도 모두 그 계획에 관여시켰고, 꼴 베고 나무 하는 천한 백성들의 마음조차 다 헤아려 보았다. 그래서 1만 가지 일을 벌여도 그 계획과 정책에 유실됨이 없었던 것이다.

전(傳)에 이르기를 『여러 사람의 의견은 하늘의 뜻을 헤아릴 수 있다. 이를 모두 모아 듣되 결단을 내리는 것은 한 사람에게 달려 있다』라고 하였으니, 이것이 큰 모책(謀策)을 실현시키는 기술이다.

모책에는 두 가지 종류가 있다. 가장 좋은 모책은 천명(天命)을 아는 것이요, 그 다음은 인사(人事)를 아는 것이다. 천명을 알게 되면 존망화복(存亡禍福)의 근원을 미리 알 수 있고, 성쇠폐흥(盛衰廢興)의 시작을 일찍 알 수 있으며, 아직 싹트지 않은 일을 방비할 수 있고, 형태를 갖추지 않은 재난으로부터 피해 나갈 수 있다. 이와 같은 자가 난세에 난다면 반드시 천하의 권세를 잡을 수 있을 것이다. 또 인사를 아는 것만으로도 대단한 정도이다. 일이 되어가는 것을 보고 득실성패(得失成敗)의 분화(分化)를 알아서 그 끝이 어디일까를 판단하여야 한다. 그래야 이루어 놓은 공과 업적을 그르치는 일이 없게 되는 것이다.

공자(孔子)는 이렇게 말하였다.

「도(道)로는 같이 갈 수 있으나, 권세(權勢)로는 같이 갈 수 없다.」

그러니 무릇 천명이나 인사를 모르는 자가 어찌 권모(權謀)의 기술을 얻을 수 있겠는가?

대저 권모에는 정당(正當)한 것과 사악(邪惡)한 것이 있다. 군자의 권모는 정당한 것이고, 소인의 권모는 사악한 것이다. 정당한 것이란, 그 권모가 공정(公正)하다. 그 때문에 백성을 위해 진심을 다하므로 성실하게 마련이다. 그러나 사악한 권모는, 사욕을 좋아하고 이익을 숭상하므로 백성을 위하는 것도 속임수일 수밖에 없다. 속이면 어지러워지고, 성실하면 공평하게 된다.

이에 요(堯)임금의 아홉 신하는 성실히 하였기 때문에 능히 조정에서 흥하게 되었고, 다른 네 신하는 사악하였기 때문에 들에 쫓겨 죽음을 당한 것이다.

성실히 하면 후세까지 융성함이 이어지지만, 사악하게 굴면 당장 그 몸에서 멸망하고 만다. 천명과 인사를 알면서 권모에도 능한 자는, 반드시 성실인지 속임수인지의 근원을 잘 살펴 처신하여야 한다. 이것 역시 권모의 기술이다.

무릇 지혜로운 자가 일을 벌일 때에는 가득 차면 겸손히 해야 함을 염려하고, 평탄한 경우에는 험한 경우를 대비하며, 편안할 때에는 위태로움을 염려하고, 굽었을 때에는 곧은 것을 염두에 둔다. 그 예측을 중히 여기되 그에 미치지 못할까 두려워한다. 이렇게 하면 1백 가지 일을 벌여도 함정에 빠지지 않을 것이다.

 양주(楊朱)가 이렇게 말하였다.

「일을 하다 보면 가난해질 수도 있고 부유해질 수도 있다. 이것이 곧 사람이 마음 놓고 행동하지 못하도록 하는 부정적 요소이다. 또 일에 따라 살아날 수도 있고 죽을 수

도 있다. 이것이 곧 사람이 마음 놓고 용기를 낼 수 없도록 하는 것이다.」

복자(僕子)는 이 말을 듣고 이렇게 평하였다.

「양주는 지혜롭기는 하나 천명을 모른다. 그래서 그의 지식은 많은 사람들에게 의심을 갖게 한다.」

《논어(論語)》에 『천명을 아는 자는 미혹함이 없다』라고 하였으니, 바로 안영(晏嬰)이 그러한 인물이다.

조간자(趙簡子)가 이렇게 말하였다.

「진(晉)나라에는 택명(澤鳴)과 독주(犢犨)가 있고, 노(魯)나라에는 공구(孔丘)가 있다. 내 이 세 사람만 없애 버린다면 천하를 마음대로 할 수 있으련만!」

그리고는 택명과 독주를 불러 정치를 맡겼다가 죽여 버렸다. 다음으로 그는 노나라의 공자를 불렀다.

공자가 황하가에 이르러 그 물이 흐르는 양을 보고서 「아름답도다, 물이여! 넓기도 하다. 내가 이 물을 건너지 않음도 천명이로다!」라고 하였다.

자로(子路)가 이 말을 듣고 달려와서 물었다.

「방금 하신 말씀이 무슨 뜻인지 감히 여쭙습니다.」

이에 공자가 이렇게 설명하였다.

「무릇 택명과 독주는 진나라의 어진 대부였다. 조간자가 아직 성공하지 못하였을 때, 그들과 함께 배우고 익혔었다. 그러나 간자가 출세를 하자, 이들을 죽인 후 정권을 휘어잡았다. 그래서 내 듣자 하니 태(胎)를 갈라내고 어린 새끼를 불태우는 곳에 기린(麒麟)은 가까이 가지 않으며, 냇물을 바짝 말린 다음

고기를 잡는 곳에는 교룡(蛟龍)이 노닐지 않는다고 하였다. 또 둥지를 엎어 버리고 알을 깨뜨리는 곳에 봉황은 가지 않는 법이다. 내가 듣기로 군자란 자기와 같은 무리를 훼상시키는 일에는 깊은 애통을 느낀다고 하였다.」

공자(孔子)가 제(齊)나라 경공(景公)과 함께 앉아 있을 때, 좌우 신하들이 이렇게 사뢰었다.
「주(周)나라에서 온 사신의 말에 의하면, 주나라 사당이 불탔다 합니다.」
이 말에 제나라 경공이 나와 물었다.
「어느 임금을 모신 사당인가?」
공자가 대답하였다.
「이는 희왕(釐王)의 사당일 것입니다.」
이에 경공이 「어떻게 아십니까?」라고 다시 묻자, 공자가 이렇게 설명하였다.
「《시경(詩經)》에 『위대하신 하느님, 그 천명이 조금도 틀림이 없네! 하늘이 그 사람과 같이하시니 반드시 덕으로 갚으시네』라고 하였으니, 화(禍)를 내리심도 이와 같습니다.
무릇 희왕은 문왕(文王)·무왕(武王)의 제도를 변질시켜 궁실을 현황(玄黃)색으로 바꾸었고, 그 수레와 말은 사치스러워 더 이상 어쩔 수가 없게 된 까닭에, 이로써 하늘이 그 사당에 재앙을 내린 것입니다. 이러한 연유로 저는 그렇게 여기는 것입니다.」
그러자 경공이 의문을 나타내었다.
「그렇다면 하늘은 왜 그 자신에게 직접 재앙을 내리지 않습니까?」

「하늘은 바로 문왕(文王) 때문에 그렇게 한 것이지요. 그 자신에게 재앙을 내리면 문왕의 제사가 끊어질 것이 아닙니까? 그 때문에 그 사당에 재앙을 내려 그의 허물을 들어 밝힌 것이지요!」

다시 좌우의 신하가 들어와 보고하였다.

「주나라 희왕의 사당이라 합니다.」

이에 경공이 크게 놀라 일어서서 두 번 절한 다음 이렇게 감탄하였다.

「훌륭하십니다. 성인의 지혜여! 그 어찌 크다 하지 않을 수 있으리요!」

・현황(玄黃): 궁궐 이름인 듯하다. 현(玄)은 흑색(黑色)으로 천(天)을, 황(黃)은 토(土)를 상징한다. 희왕(釐王)이 천지(天地)에 비유하여 현황궁(玄黃宮)을 지었다. 그러나 주(周)나라 문왕(文王)・무왕(武王)은 화덕(火德, 赤色)을 숭상하였는데 희왕(釐王)이 이에 상극인 현색(玄色, 水德)과 황색(黃色, 土德)으로 바꾸어 그 덕운(德運)을 쇠미하게 하였다는 뜻으로도 본다.

환공(桓公)과 관중(管仲)이 거(莒)나라를 칠 계획을 세우고 있었다. 그런데 그 계획이 발표되기도 전에 나라 안에 소문이 퍼지고 말았다. 환공이 이상하게 여겨 관중에게 물었다. 그러자 관중이 이같이 대답하였다.

「이 나라에 틀림없이 성인(聖人)이 있을 것입니다.」

이 말에 환공이 짚이는 바가 있어 탄식하며 말하였다.

「아! 그렇습니다. 한낮에 절굿공이를 들고 하늘을 쳐다보며 노역하는 자가 있었는데, 혹시 그 사람이 아닐는지요?」

이에 그자에게 같은 일을 하도록 명령을 전달하여 상대를 바꿀 수 없도록 하였다. 잠시 후 과연 동곽수(東郭垂)가 왔다.

관중이 「이 사람이 틀림없다」 하고는, 안내자에게 그를 모시고 들라 하여 계단 중간에 세우도록 하였다. 그리고 관중이 다가가 물었다.

「그대가 거나라를 친다는 말을 하였습니까?」

「그렇습니다.」

이 대답에 관중이 다시 물었다.

「내가 그대에게 거나라를 칠 것이라는 말을 하지 않았는데, 그대는 무슨 근거로 거나라를 칠 것이라고 하였습니까?」

그의 대답은 이러하였다.

「제가 들으니 군자는 계획을 잘 세우고, 소인은 추측에 뛰어나다고 하였습니다. 저야말로 추측해서 한 말이지요!」

관중이 다시 물었다.

「내가 거나라를 칠 것이라는 어떤 언질도 주지 않았는데, 그대가 어떻게 추측을 할 수 있다는 말입니까?」

그의 대답은 이러하였다.

「제가 듣기로 군자에게는 세 가지 감추지 못하는 표정이 있다고 하였습니다. 기뻐서 즐거움에 넘친 자는 그 얼굴이 종고(鐘鼓)와 같은 빛이며, 근심스러워 조용한 사람은 최질(縗絰)빛이며, 의기가 충만한 자는 전쟁을 일으킬 얼굴빛이라 하였습니다. 지난번 제가 멀리서 대상(臺上)에 있는 그대를 바라보니 발연충만한 모습이었습니다. 그야말로 곧 전쟁을 일으킬 기색이었습니다. 또 우(吁) 하면서 발음은 정확히 하지 않았지만 그 말은 바로 거(莒)라는 것을 알았고, 팔을 들어 어딘가를 가리키는 곳을 보니 바로 거나라 쪽이었습니다. 이에 제가 헤아려 보건대, 작은 제후 중에 아직 복종하지 않은 나라는 오직 거나라 밖에 없지 않습니까? 그 때문에 그런 말을 한 것이지요!」
　이에 군자가 이렇게 말하였다.
　「무릇 귀로써 듣는 것이 곧 소리이다. 지금 소리를 듣지 아니하고 그 얼굴과 팔을 보고 알아들으니, 바로 동곽수는 귀로써 소리를 들은 것이 아니다. 환공과 관중이 비록 모책에 뛰어났다고는 하지만 숨길 수가 없었다. 성인은 소리 없는 소리까지 들으며, 모양 없는 것까지도 볼 수 있다. 바로 동곽수였다. 그래서 관중은 그에게 녹을 주어 모시고, 예로써 대접하였던 것이다.」

　　　　진(晉)나라의 태사(太史) 도여(屠餘)가, 진나라가 혼란스럽고 그 임금인 평공(平公)조차도 교만스러우며 덕행과 도덕이 없는 것을 보고, 그 나라 법전(法典)을 가지고 주(周)나라로 돌아와 버렸다. 이에 주(周)나라 위공(威公)이 그를 만나 물었다.
　「천하의 여러 나라 중에 어느 나라가 가장 먼저 망하리라고 보십니까?」
　「진나라기 가장 먼저 망할 것입니다.」
　이 대답에 위공이 그 이유를 묻자, 그는 이렇게 설명하였다.
　「제가 감히 직접적으로 말씀을 드리지 못하여, 진나라 임금에게 하늘에서 내리는 징조로 설명하였지요. 즉 일월성신(日月星辰)의 운행이 궤도를 벗어났다 하였습니다. 그랬더니 진나라 임금이 『어째서 그런가?』고 물었습니다. 그래서 인사(人事)에 불의를 많이 저질러 백성의 원망이 깊어 그렇다고 설명하였습니다. 그러자 임금이 『그것이 무슨 손해가 되리요?』라고 하였습니다. 이에 그렇게 되면 이웃나라가 복종해 오지 않고, 어진 이가 참여하려 들지 않는다고 하였지요. 그래도 임금은 『그것이 이 나라에 무슨 손해가 되는가?』하는 것이었습니다. 그래서 저는 진나라가 가장 먼저 망하리라고 보는 것입니다.」

그로부터 3년 후, 진나라는 과연 망하고 말았다. 위공이 다시 도여를 만나 물었다.

「다음은 어느 나라가 망하리라고 보십니까?」

「중산(中山)이 그 다음에 망할 것입니다.」

위공이 그 이유를 묻자, 도여는 이렇게 설명하였다.

「하늘이 백성을 내릴 때에는, 그들이 스스로 판단해 살 수 있도록 나라가 주선해 주어야 합니다. 그래야 사람이 해야 할 의를 갖추게 됩니다. 또한 그것이야말로 사람이 금수나 미록(麋鹿)과 다른 점이며, 군신상하(君臣上下)가 바로 서는•명분입니다. 그러나 중산의 풍속은 낮을 밤으로 여기고, 밤의 일을 낮까지 끌고 가서 남녀가 음란에 빠져 쉴 줄을 모릅니다. 그 음란을 즐거움으로 삼고, 노래는 비애로운 것을 좋아합니다. 그런데도 임금은 이를 모르고 있으니, 이것이야말로 망국(亡國)의 풍속입니다. 그래서 저는 중산이 그 다음에 망하리라고 보는 것입니다.」

그로부터 2년 후, 과연 중산은 망하고 말았다. 위공이 다시 도여를 만나 물었다.

「다음은 누구의 차례입니까?」

이 말에 도여는 대답을 하지 않았다. 위공이 계속해서 대답을 듣기를 간청하자, 도여는 이렇게 대답하였다.

「임금이 그 다음 차례입니다.」

이 말에 위공은 두려움에 떨었다. 그래서 나라의 장로(長老)를 구하여 기주(錡疇)·전읍(田邑) 등 두 사람을 얻어 예로써 모셨고, 또 사리(史理)·조손(趙巽)을 얻어 이들을 간신(諫臣)으로 모셨다. 그리고 가혹한 법령 서른아홉 가지를 폐기하고 나서 도여를 만나 그 사실을 전하였다. 그러나 도여는 이렇게 말하였다.

「그렇다 하더라도 오히려 임금께서 죽기 전까지일 뿐입니다. 제가 듣기로 나라가 흥하려면 하늘이 현인과 함께 극렬한 간언을 하는 선비를 내려 준다고 하였습니다. 또 나라가 망하려면 하늘이 난신(亂臣)과 아첨 잘하는 이를 보내 준다고 하였습니다.」

위공이 죽자 아홉 달이 되도록 장례를 치르지 못하였다. 주나라는 결국 둘로 나뉘게 되었다. 그래서 도를 아는 자의 말을 중시하지 않을 수 없는 것이다.

· 미록(麋鹿): 사슴. 여기서는 짐승을 예로 거론한 것.

제후(齊侯)가 안자(晏子)에게 물었다.
「지금 이때에 제후들 가운데 어느 나라가 위험합니까?」

안자가 대답하였다.

「거(莒)나라가 망할 것입니다.」

「무슨 까닭입니까?」

「그 땅은 우리 제나라에게 빼앗기고 있고, 재물은 진(晉)나라
에게 빼앗기고 있으니 망할 수밖에요!」

지백(智伯)이 한(韓)나라와 위(魏)나라 군대를
모아 조(趙)나라를 공격하였다. 그리하여 진양(晉
陽)의 성을 포위하고, 물길을 터서 수공작전을 펴 잠기지 않은
성의 높이가 삼판(三板) 정도에 지나지 않았다. 이때 치자(絺
疵)가 지백에게 일렀다.

「한·위의 주군(主君)은 틀림없이 배반할 것입니다.」

이에 지백이 「어떻게 아는가?」고 물었다. 치자의 대답은 이러
하였다.

「무릇 조나라를 이기고 나면, 그 땅을 셋으로 나누어 갖기로
되어 있지 않습니까? 지금 삼판 정도만 남고 모두 물에 잠기어
확과 아궁이에서는 개구리가 들끓고, 사람과 말을 서로 잡아먹
고 있어 항복을 받아낼 시간이 눈앞에 다가왔는데도 한·위의
주군은 기뻐하지도 않고 도리어 근심스런 얼굴이니, 이것이 배
반하겠다는 징조가 아니고 무엇이겠습니까?」

이튿날 지백이 한·위의 주군을 만나서 물었다.

「그대들이 나를 배반할 것이라고 치자가 말하든데…….」

그러자 한·위의 주군이 펄쩍 뛰었다.

「조나라를 이기고 나면 그 땅을 셋으로 나누어 갖기로 하였
지요. 지금 그 성을 곧 차지할 판인데, 저희 둘이 비록 어리석
으나 어찌 그 좋은 이익을 버리고 약속을 위반하려 하겠습니
까? 일의 형세로 보아도 도저히 그럴 수가 없다는 것은 분명하
지 않습니까? 이는 치자가 조나라 임금을 기쁘게 하기 위해,

귀하로 하여금 우리 둘에게 의심을 갖도록 하는 것입니다. 바로 조나라에 대한 공격을 풀어 주기 위한 것입니다. 지금 귀하께서 참신(讒臣)의 말을 듣고서 우리의 충성에 의심을 가지시니 참으로 애석한 일입니다.」

그리하여 지백이 이 말을 믿고 나가서 치자를 죽이려 하자 그는 도망치고 말았고, 한·위의 주군은 과연 지백을 배반하고 말았다.

노(魯)나라의 공삭씨(公索氏)가 장차 제사를 지내려다가 그 희생물(犧牲物)을 놓쳐 버리고 말았다. 공자(孔子)가 이 소문을 듣고서 이렇게 말하였다.

「공삭씨는 3년이 지나기 전에 반드시 망할 것이다.」

그로부터 1년 후에 과연 망하고 말았다. 제자가 공자에게 물었다.

「지난번에 공삭씨가 그 희생을 잃어버리자 선생님께서 3년이 지나기 전에 망하리라고 하셨는데, 과연 지금 1년 만에 망하고 말았습니다. 선생님께서는 그들이 장차 망하리라는 것을 어떻게 아셨습니까?」

공자가 이렇게 설명하였다.

「제사를 지낸다는 것은 찾는다(索)는 뜻이다. 찾는다는 것은 모든 것을 다한다는 뜻으로, 이에 효자가 그 이비이에게 모든 것을 다 바치는 것을 말한다. 제사처럼 중요한 일에 그 희생물을 잃어버린다면, 그 나머지는 잃는 것이 더욱 많겠지. 내 이로써 그들이 장차 망하리라고 예측한 것이다.」

채후(蔡侯)·송공(宋公)·정백(鄭伯)이 진(晉)나라 임금을 조견(朝見)하러 갔다. 이때 채후가 숙향(叔向)에게 물었다.

「그대는 어찌하여 나에게 한 말씀 아니해 주십니까?」

그러자 숙향이 대답하였다.

「채나라는 땅과 백성을 다 계산하여도 송나라나 정나라에 미치지 못합니다. 그러면서도 그 수레와 의복은 두 나라보다 사치스럽습니다. 그 때문에 제후들이 귀국 채나라를 넘보고 있는 것입니다!」

1년 후, 과연 초(楚)나라가 채나라를 쳐서 잔멸(殘滅)시키고 말았다.

백규(白圭)라는 사람이 중산(中山)에 가자, 중산의 임금이 그를 머물게 하려 하였지만 끝내 사양하고 떠나 버렸다. 다시 그가 제(齊)나라에 가자, 제나라 임금 또한 그를 붙들어 두고 싶어하였지만 역시 사양하고 떠나 버렸다. 사람들이 그에게 사양한 까닭을 묻자, 백규는 이렇게 대답하였다.

「두 나라는 곧 망할 것이다. 내가 배운 바로 보면, 나라에는 국운이 다하는 다섯 가지 경우가 있다. 즉 충성으로 다하지 않으면 충간이 사라지고, 명예로 북돋우어 주지 않으면 이름을 드러내고 싶어하는 자가 사라지며, 사랑으로 하지 않으면 친한 이가 사라지고, 여행자에게 노자가 없고 머무르는 자에게 먹을 것이 없게 되면 재물이 쌓이지 않는다. 또 능히 사람을 등용시키지도 못하고, 능히 스스로의 능력도 발휘하지 못하게 하면

공(功)이 없어지고 만다.

나라에 이런 다섯 가지 현상이 생기면 요행이란 있을 수도 없고, 반드시 망하게 된다. 중산과 제나라가 바로 이 지경에 빠져 있다. 만약 중산과 제나라로 하여금 이 다섯 가지 일을 듣게 하여 고치기만 한다면 망하지 않을 것이로되, 내 생각으로는 그들이 들으려 하지 않을 것이라고 본다. 또 들어도 믿지 않을 것이다. 그러므로 임금의 임무란 바로 옳은 말을 잘 듣는 것이 무엇보다 중요하다.」

 하채(下蔡) 땅의 위공(威公)이라는 자는, 문을 잠그고 사흘 밤낮을 울어 그 눈물이 다하자 피까지 쏟아내었다. 이웃이 담장 너머로 이를 살펴보고 물었다.
「그대는 무슨 연고로 울며, 그 비통해함이 어찌 이와 같은가?」
이에 그가 이렇게 대답하였다.
「우리 나라가 장차 망하리라!」
「어떻게 아는가?」
이 질문에 그는 이렇게 대답하였다.
「내 듣자 하니 장차 죽을 병에 걸린 사람은 양의(良醫)가 와도 어쩔 수 없고, 나라가 장차 망하려면 그 어떤 계책도 소용이 없다 하였소. 내가 우리 임금에게 자주 간언을 하였건만 우리 임금은 듣지 않았소. 이리한 까닭으로 이 나라가 장차 망하리라는 걸 아는 것이오!」
이에 담장 너머에서 물었던 그 이웃은, 온 종족(宗族)을 몰아 채(蔡)나라를 떠나 초(楚)나라로 가버렸다. 그로부터 수년 후 초나라 임금은 과연 군대를 일으켜 채나라를 쳤고, 담장 너머에서 물었다가 초나라로 간 그는 사마(司馬)가 되어 군대를 이끌고 전쟁에 참가하여 많은 포로를 사로잡게 되었다.

그리하여 「이 포로들 중에 행여 나의 형제나 친척이나 아는 사람이 없을까?」 하고 묻고 다니다가, 위공이 포승줄에 묶여 포로 속에 섞여 있는 것을 발견하게 되었다. 그가 놀라서 물었다.

「그대는 어찌하여 이렇게 포로로 잡혀 있는가?」

그러자 위공이 이렇게 대답하였다.

「이렇게 잡혀 있는 것이 어찌 당연하지 않다는 말인가? 내 듣자 하니 말로 하는 자는 행동하는 자의 노예이며, 실천하는 자는 말로만 하는 자의 주인이라 하였소. 그대는 능히 행동으로 옮겼고, 나는 말로만 하였을 뿐! 그래서 그대는 주인이 되었고, 나는 노예가 된 것. 그러니 이 경우가 어찌 당연하지 않겠는가!」

이에 그 사마는 초나라 임금에게 말하여 위공을 풀어 주고 함께 초나라로 향하였다.

그래서 말하는 자가 반드시 행동도 같이하지는 못하는 경우가 있으며, 능히 행동으로 옮기는 자가 반드시 말로도 이를 표현한다는 법은 없다고 한 것이다.

 관중(管仲)이 병이 나자, 환공(桓公)이 찾아가 물었다.

「중부(仲父)께서 만약 과인을 버리고 가신다면 수조(豎刁)에게 정치를 맡겨도 되겠습니까?」

이에 관중이 반대하였다.

「안 됩니다. 수조는 스스로 궁형(宮刑)을 하고서 임금을 가까이 모시는 자입니다. 그 몸에 차마 못할 짓을 하였는데 임금에게야 장차 어떤 일인들 못하겠습니까?」

환공이 다시 물었다.

「그러면 역아(易牙)는 어떻습니까?」

이에 관중이 역시 반대하였다.

「역아는 자기 아들을 잡아 임금에게 먹인 자입니다. 자기 아들에게 차마 못할 짓을 한 자가 장차 임금에게 무슨 일인들 못하겠습니까? 만약 그를 등용하면 반드시 제후들의 비웃음을 사게 될 것입니다.」

과연 나중에 환공이 죽었을 때, 수조와 역아가 난을 일으켜 환공은 죽은 지 60일이 되기까지 그 시신에서 구더기가 생겨 문 밖으로 기어나오도록 장례를 치르지 못하였다.

·궁형(宮刑): 남자는 생식기를 잘라 환관을 삼고, 여자는 음부를 도려내거나 감옥에 가두어 자손의 번식을 막았다.

석걸(石乞)이 굴건(屈建)을 모시고 있었다. 굴건이 물었다.

「백공(白公)이 난을 일으킬 것 같은데 어떻게 보시오?」

이에 석걸이 말하였다.

「그것이 무슨 말씀입니까? 백공은 지극히 검수하여 그 사는 집도 잘 꾸밀 줄 모르고, 스스로를 낮추어 받드는 선비가 3인이나 되며, 자기와 똑같이 신하로 여기는 자가 5인, 그리고 자신과 똑같이 옷을 입고 음식을 먹는 자가 1천 인이나 됩니다. 백공의 덕행이 이와 같은데 어찌 난을 일으키겠습니까?」

그러자 굴건이 말하였다.

「그것이 바로 난을 일으키려는 뜻이라고 나는 보고 있소. 군자로서 행동한다면 국가에 옳은 것이겠지만, 지나친 예를 행하게 되면 나라가 이를 의심하게 되는 법이오. 또 구차스럽게 남의 신하보다 아래에 처하는 것을 어렵게 생각하지 않는 자는, 반드시 임금 위에 거하는 것도 어렵게 여기지 않게 마련이오. 나 굴건은 이러한 까닭으로 그가 장차 난을 일으키리라고 예견하는 것이오!」

그로부터 열 달 후, 백공은 과연 난을 일으키고 말았다.

 한(韓)나라의 소후(昭侯)가 높은 문을 지었다. 이를 본 굴의구(屈宜咎)가 이렇게 말하였다.

「소후는 이 문을 드나들지 못할 것이다.」

누가 물었다.

「무슨 이유인가?」

그러자 굴의구가 이렇게 설명하였다.

「때가 맞지 않다. 내가 소위 말하는 때가 맞지 않다는 것은, 지금은 이런 궁문을 지을 때가 아니라는 뜻이다. 사람에게는 진실로 유리한 때와 불리한 때가 있다. 소후는 일찍이 때가 유리할 때에는 궁문을 짓지 않았다. 지난 몇 해 전에는 진(秦)나라가 우리의 의양(宜陽)을 공격하였고, 그 다음해에는 큰 가뭄이 들어 백성들이 굶주렸다. 이런 때에 백성을 급히 구제할 생각은 하지 아니하고 도리어 더욱 사치스럽게 하니, 이러한 경우를 일컬어 복은 겹으로 오지 아니하고 화는 반드시 겹쳐서 온다고 하는 것이다.」

그 높은 성문이 완성되자, 소후는 죽고 말았다. 그래서 끝내 그 문을 드나들어 보지 못하였다.

전자안(田子顏)이 대술(大術)이라는 곳에서 평릉성(平陵城)으로 내려오다가 어떤 이의 아들을 보고 그 아버지의 하는 일을 묻고, 다시 어떤 이의 아버지에게 그 아들의 하는 일을 묻는 것이었다.

전자방(田子方)이 이를 듣고서 이렇게 말하였다.

「그자가 평릉에서 반란을 일으키려고 그러나? 내 듣기로 안에 품은 뜻은 밖으로 드러난다고 하였다. 자안은 자기 무리를 부리는 정도가 너무 심하구나!」

뒤에 그는 과연 평릉에서 반란을 일으켰다.

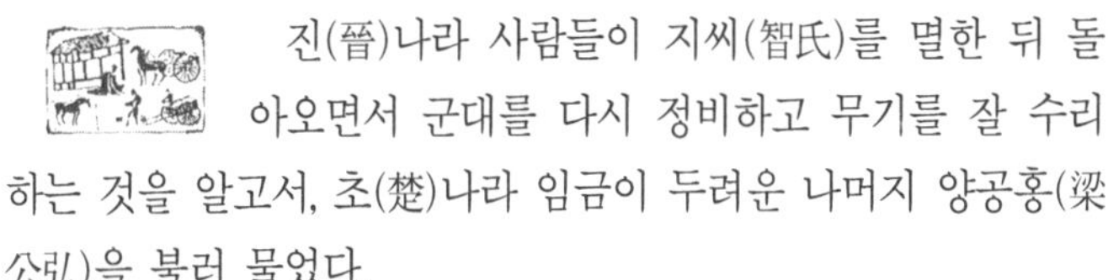

진(晉)나라 사람들이 지씨(智氏)를 멸한 뒤 돌아오면서 군대를 다시 정비하고 무기를 잘 수리하는 것을 알고서, 초(楚)나라 임금이 두려운 나머지 양공홍(梁公弘)을 불러 물었다.

「진나라 사람들이 지씨를 이긴 후에도 그 군대와 무기를 잘 수리하고 있습니다. 이는 우리를 다음 상대로 하여 일을 벌이려는 것이 아닐는지요?」

그러자 양공홍이 이렇게 설명하였다.

「염려할 것 없습니다. 임금께서는 오히려 오(吳)나라를 걱정하셔야 합니다. 무릇 오나라 임금은 그 백성에게 구휼(救恤)을 베풀고 노고를 함께 하면서 백성들로 하여금 윗사람의 명령을 중히 여기도록 하여, 윗사람이 시키는 데에 따라 얼마든지 가벼이 죽을 수 있도록 해놓았습니다.

제가 일찍이 산에 올라 그들을 보았더니 틀림없이 백성들이 믿고 따르도록 하고 있었습니다. 이로 보면 그들의 야심이 끝난 것이 아닙니다. 반드시 방비를 서둘러야 합니다.」

그러나 초나라 임금은 이를 듣지 아니하였다. 이듬해 합려(闔廬)는 초나라의 수도인 영(郢)까지 습격해 왔다.

 초(楚)나라의 장왕(莊王)이 진(陳)나라를 치려고 사람을 시켜 그 정세를 살피고 오도록 하였다. 심부름하는 사람이 돌아와 이렇게 보고하였다.

「진나라는 칠 수가 없습니다.」

장왕이 「무슨 이유인가?」고 묻자, 그는 이렇게 대답하였다.

「그 나라는 성곽이 높고 구학(溝壑)이 깊으며, 쌓아둔 양식 또한 많아 나라가 편안합니다.」

그러자 장왕이 이렇게 판단하였다.

「진나라는 쳐도 된다. 무릇 진나라는 작은 나라이면서도 쌓아 놓은 것이 많다. 많이 쌓고 모으려면 세금이 무거웠을 것이다. 세금이 무거우면 백성들이 그 윗사람을 원망하기 마련이다. 또 성곽이 높고 그 둘레를 판 구학이 깊다면, 이는 백성들이 지쳤다는 뜻이다.」

그리고는 군대를 일으켜 쳐서 드디어 진나라를 취하였다.

• 구학(溝壑): 성곽 둘레에 방어용으로 판 해자(垓子). 혹은 물길.

 석익(石益)이 손백(孫伯)에게 물었다.

「오(吳)나라는 곧 망할 것입니다. 그대도 알고 있습니까?」

그러자 손백이 이렇게 말하였다.

「그대가 늦었습니다. 그대가 알고 있는 것을 내가 어찌 모르겠습니까?」

「그렇다면 그대는 어찌하여 충간하지 않습니까?」

이에 손백의 대답은 이러하였다.

「옛날 걸(桀)은 간언하는 자를 죽였고, 주(紂)는 성인을 불태우고 왕자 비간(比干)의 심장을 도려내었습니다. 또한 원씨(袁氏)의 부인은 실을 잣다가 그 실마리를 놓쳐 버려 이를 그 첩이 알려 주자, 화를 내면서 그 실꾸리를 내던져 버렸다는 이야기가 있습니다. 그러니 망할 사람이 어찌 그 자신의 허물을 알겠습니까?」

 효선황제(孝宣皇帝) 때에 곽광(霍光)이라는 자가 매우 사치스럽게 살았다. 이를 본 무릉(茂陵)의 서(徐) 선생이라는 사람이 이렇게 말하였다.

「곽씨는 반드시 망하리라. 무릇 남의 높은 자리에 있어 임금을 보좌하면서 사치스럽다는 것은, 곧 멸망의 길을 가는 것이다.

공자(孔子)께서 『사치스러우면 겸손을 잃게 된다』라고 하였다. 겸손이 없으면 윗사람을 무시하게 되고, 윗사람을 무시하게 되면 패역지도(悖逆之道)를 저지르게 되며, 그런 사람이 높은 자리에 있게 되면 사람들에게 있어서 적해(賊害)의 표적이 된다.

지금 곽씨는 정권을 쥐고 있어 천하의 많은 사람들에게 질해

(疾害)의 대상이 되고 있다. 무릇 천하가 그를 미워하고, 또 자신이 패역지도를 행하고 있으니, 곧 망하지 아니하고 어쩌랴!」

그리고는 임금에게 이렇게 글을 올렸다.

「곽씨는 지극히 사치스럽습니다. 폐하께서 그를 사랑하신다면 때를 보아 그를 억제시켜 주셔서, 그가 멸망에 이르지 않도록 해주십시오.」

이렇게 세 번이나 글을 올리자, 그제서야 문득 「알았다」라는 응답이 왔다.

그뒤 과연 곽씨는 멸족당하고 말았다. 이 일로 동충(董忠) 등이 그 공을 인정받아 토지를 봉(封)받게 되었다. 그러자 어떤 사람이 서 선생을 위하여 임금에게 이런 글을 올렸다.

「제가 들으니, 어떤 손님이 어느 주인집을 지나게 되었습니다. 그가 보니 그 집은 부엌 구들이 곧게 되어 있는데다가, 그 곁에는 땔감도 잔뜩 쌓여 있었습니다. 그래서 그 손님은 주인에게 『구들을 구불구불하게 하고 쌓인 땔나무를 멀리 치우십시오. 그렇지 않으면 불이 날 염려가 있습니다』라고 하였지요. 그러나 주인은 들은 체도 아니하는 것이었습니다. 과연 얼마 지나지 않아 그 집에 불이 나고 말았습니다. 마을 사람들이 이를 불쌍히 여겨 달려가 불을 꺼주었지요. 다행히 불은 크게 번지지 않고 꺼졌습니다.

이에 주인은 그 고마움에 소를 잡고 술을 마련하여, 불을 끄느라 머리카락을 태우고 살을 데인 사람들을 가장 윗줄에 앉혀 대접하고, 그 나머지도 각각 그 공에 따라 다음 자리를 마련하였습니다. 그러나 정작 구들을 굽게 하라고 일러 준 사람에게는 아무런 대접도 하지 않았습니다. 지난번 그 주인이 손님의 말을 들었다면 소를 잡고 술을 마련하는 비용도 들지 않았을 것이며, 결국 불도 나지 않았을 것입니다.

지금 무릉의 서복(徐福)이 여러 차례 글을 올려 곽씨가 변을 일으킬 것이라고 하였을 때, 마땅히 미리 방비하여 끊어 버렸어야 하였습니다. 그 서복의 의견을 미리 들었더라면, 땅을 갈라 봉(封)을 내리고 작위를 나누어 주는 비용은 없었을 것이며, 나라도 평안무사하였을 것입니다.

지금 이왕 일이 이렇게 된 터에 오직 서복만은 아무런 공을 인정해 주지 않고 있으니, 오직 폐하께서 사신곡돌(徙薪曲埃)의 모책이 번발작란(燔髮灼爛)의 공보다 높이 될 수 있도록 살펴 주시기 바랍니다.」

이 글이 상달되자, 임금이 사람을 시켜 서복에게 비단 열 필과 낭중(郎中) 벼슬을 내리도록 하였다.

· 사신곡돌(徙薪曲埃): 섶을 옮기고 구들(혹은 아궁이)을 굽게 하여 불이 나지 않도록 예방함. 곡돌사신(曲埃徙薪)으로도 표현한다.
· 번발작란(燔髮灼爛): 불을 끄느라 머리카락을 태우고 살을 뎀.

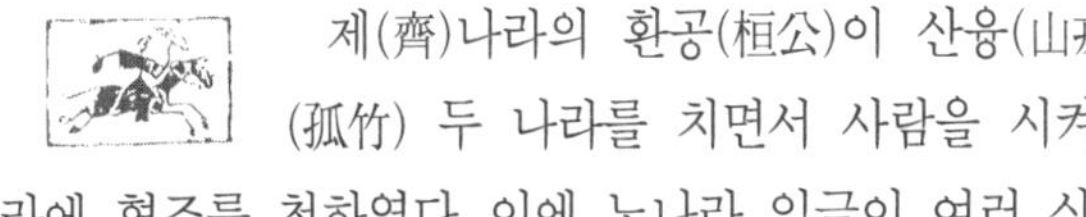

제(齊)나라의 환공(桓公)이 산융(山戎)과 고죽(孤竹) 두 나라를 치면서 사람을 시켜 노(魯)나라에 협조를 청하였다. 이에 노나라 임금이 여러 신하들을 모아 놓고 대책을 논의하였다.

그러자 신하들이 모두 「군대가 수천 리를 행군하여 만이(蠻夷)의 땅에 들어가면 다시 돌아오기 어려울 것입니다」라며 반대하였다.

이에 노나라에서는 협조할 것을 허락만 하고는 행동에 옮기지를 않았다. 그러자 제나라가 이미 산융과 고죽을 점령하고 나서 군대를 몰아 노나라에 보복하고자 나섰다. 이에 관중(管仲)이 이렇게 만류하였다.

「안 됩니다. 아직 제후들과 우리가 충분히 친밀한 관계도 아니고, 지금은 먼곳을 원정하고 나서 다시 가까운 이웃을 치게 되면 이웃나라가 우리와 친하려 들지 않을 것입니다. 이는 패왕의 도가 아닙니다. 임금께서 산융에서 얻어 온 보기(寶器)들은 우리 중국(中國)에는 드문 것입니다. 어찌 주공(周公)의 사당에 바치지 않을 수 있겠습니까?」

환공은 이에 산융에서 얻은 보물을 나누어 주공의 사당에 바쳤다. 이듬해 다시 군대를 일으켜 거(莒)나라를 치게 되자, 노나라에서는 스스로 영을 내려 모든 장정을 징발하였고, 오척(五尺) 동자들까지도 달려왔다. 공자(孔子)가 이렇게 말하였다.

「성인은 화를 바꾸어 복이 되게 하고, 원한을 갚되 덕으로 한다」라고 하였는데, 바로 이를 두고 한 말이다.

중항문자(中行文子)가 도망을 쳐서 국경에까지 이르렀을 때, 그를 모시던 시종이 이같이 말하였다.

「색부(嗇夫)는 바로 귀하의 편이었던 사람입니다. 어찌 조금 쉬어서 그가 따라올 수 있도록 그 수레를 기다려 주지 않습니까?」

그러자 문자가 이렇게 말하였다.

「지난날 내가 음악을 좋아하였을 때 그자는 나에게 거문고를 갖다 바쳤고, 내가 무엇을 차고 다니기를 좋아하자 그때는 옥을 갖다 바쳤다. 이 녀석은 나의 잘못을 틀렸다고 고쳐 준 적은 없이, 그저 어떻게 하면 나에게 잘 보일까 하고 날뛰기만

하였다. 나는 그자가 이번에는 나를 팔아 다른 사람에게 잘 보이려 하지 않을까 걱정하고 있다.」

그리고는 장막으로 들어가지 않고 기다렸다가 색부가 탄 수레가 오자 그가 있는 곳을 물은 다음, 그를 찾아 죽여 버리고 말았다.

중니(仲尼)가 이 소식을 듣고서 이렇게 평하였다.

「중항문자는 배도실의(背道失義)하여 그 나라를 망친 자이기는 하나 뒤에 이를 깨닫고 그 몸을 살렸으니, 훌륭한 도란 놓쳐서는 안 되는 것이 이와 같다.」

·색부(嗇夫): 관직 이름. 형벌(刑罰)·부세(賦稅) 등을 관장하였으며, 사공(司空)의 속관으로 공물을 받아 천자(天子)에게 올리는 일을 맡았다.

 위(衛)나라의 영공(靈公)이 치마를 입고 부인들과 놀이에 빠져 있었다. 자공(子貢)이 영공을 만나자, 영공이 물었다.

「우리 위나라가 망하겠습니까?」

그러자 자공이 이렇게 대답하였다.

「옛날 하(夏)나라의 걸(桀)과 은(殷)나라의 주(紂)는 과실을 책임지지 않으려 하였기 때문에 망했고, 성탕(成湯)과 문왕(文王)·부왕(武王)은 자기 잘못을 책임질 줄 알았기 때문에 흥한 것입니다. 위나라가 어찌 망하겠습니까?」

지백(智伯)이 위(魏)나라 선자(宣子)에게 땅을 떼어 달라고 요구하였다. 그러나 선자는 이에 응하지 아니하였다. 이에 임증(任增)이 물었다.

「왜 땅을 떼어 주지 않는 것입니까?」

선자의 대답은 이러하였다.

「그가 아무런 이유도 없이 땅을 떼어 달라고 하니, 내가 주지 않는 것이오!」

그러자 임증이 말하였다.

「그가 아무런 이유도 없이 땅을 요구할 때 이쪽에서 아무런 이유 없이 주어 버리면, 이는 그가 끊임없이 욕심을 부리도록 부추기는 방법입니다. 그는 즐거워하면서 틀림없이 다른 제후들에게도 땅을 요구할 것입니다. 그리하여 제후들이 땅을 주지 않으면 틀림없이 화를 내며 그 제후를 칠 것입니다.」

이에 선자가 「좋습니다」 하고는 땅을 주어 버렸다.

지백은 기뻐하며 조(趙)나라에도 똑같은 요구를 하였다. 조나라가 이에 응하지 않자, 지백이 화를 내며 진양(晉陽)을 포위하였다. 그러자 한(韓)나라와 위(魏)나라가 조나라와 연합해서 지씨(智氏)를 반격하여, 드디어 지씨를 멸망시키고 말았다.

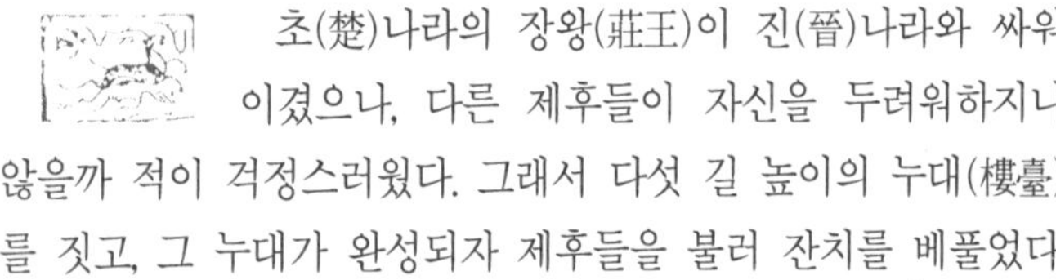초(楚)나라의 장왕(莊王)이 진(晉)나라와 싸워 이겼으나, 다른 제후들이 자신을 두려워하지나 않을까 적이 걱정스러웠다. 그래서 다섯 길 높이의 누대(樓臺)를 짓고, 그 누대가 완성되자 제후들을 불러 잔치를 베풀었다. 그러자 제후들이 먼저 맹약을 맺자고 요청하였다.

이에 장왕은 「나는 박덕(薄德)한 사람입니다」라며 거절하였다.

이어서 제후들이 술잔을 들어 축하하자, 이번에는 하늘을 우러러보며 「이 높고높은 누대여! 나는 깊고깊은 생각에 잠겨 있네! 내가 하는 말에 옳지 못한 것이 있으면 제후들께서는 나를 공격하여 주십시오!」라고 하였다.

그러자 멀리 있는 자들이 복종해 오고, 가까이 있는 자들도 모두 빈복(賓服)해 왔다.

 오왕(吳王) 부차(夫差)가 월(越)나라를 쳐부순 다음 다시 진(陳)나라를 치려 하자, 초(楚)나라 대부들이 모두 두려워하며 이렇게 말하였다.

「옛날 합려(闔廬)는 능히 자신의 무리를 잘 다루어 우리를 백거(栢擧)에서 패하게 하였는데, 지금 들으니 부차는 그보다 더 뛰어나다 합니다.」

그러자 자서(子西)가 이렇게 말하였다.

「여러분! 걱정스러운 것은 우리 자신들이 화목하지 못하는 것이지 오나라가 근심거리는 아닙니다. 지난날 합려는 음식도 두 가지 맛을 내지 않게 하였고, 사는 곳도 겹으로 자리를 깔지 않았으며, 무엇을 택할 때에도 비용이 적게 드는 쪽으로 하였습니다. 나라에 있을 때에는 하늘의 재앙이 있어 친척이 굶주리면 모두 구제해 주었고, 싸움터에 나갔을 때에는 병사들이 더운 음식을 반 이상 먹은 후에야 자신이 먹기 시작하였으며, 지기가 맛본 섯은 반드시 병졸일지라도 함께 맛보도록 하였습니다. 이 때문에 백성들은 지칠 줄 몰랐고, 죽어도 광야에 그대로 버려지지 않으리라는 믿음을 얻었던 것입니다.

그러나 지금 부차는 계속해서 대사(臺榭)와 피지(陂池)를 만

들어 즐기고, 잠잘 때에는 비빈들이 그 잠자리를 보살피며, 어
느 날이고 무엇이든지 하고 싶다면 다 해보며, 즐기고 싶다면
다 공급되고 있습니다. 또한 진기한 것, 이상한 것이라면 다 모
아 놓고 있습니다. 이처럼 부차는 먼저 스스로 그 자신을 패망
시키고 있는데, 어찌 능히 우리 초나라를 패배시키리라고 걱정
하십니까?」

· 대사(臺榭): 누대.
· 피지(陂池): 놀이용으로 꾸민 연못.

월(越)나라가 오(吳)나라를 친 후, 초(楚)나라
에게 군대를 내어 함께 진(晉)나라를 칠 것을 요
청하였다. 초나라 임금과 대부들은 모두 두려워하여 장차 이를
허락하려 하였다. 이때 좌사(左史) 의상(倚相)이 나섰다.

「이는 우리가 자기 나라를 칠 것을 우려하여 하는 허세로서,
그 때문에 우리에게 자신들이 아직 지치지 않았노라고 과시하
는 것입니다. 오히려 청컨대 임금께서는 튼튼한 전차(戰車) 1
천 승과 사졸 3만을 보내어 오나라 땅을 반씩 나누어 가질 수
있는 좋은 기회입니다.」

장왕(莊王)이 이 말을 듣고, 드디어 동국(東國) 땅을 차지해
버렸다.

양호(陽虎)가 노(魯)나라에서 난을 일으켰다가
제(齊)나라로 도망 와서는, 제나라에게 군대를 일

으켜 노나라를 치자고 청하였다. 제후(齊侯)가 이를 허락하려 하자, 포문자(鮑文子)가 반대하고 나섰다.

「안 됩니다. 양호는 제나라 군대가 패배하기를 바라고 있는 것입니다. 제나라 군사가 깨어지면 많은 대신들이 죽을 것입니다. 그때를 노려 제나라에 자신의 위치를 확보하려는 술책입니다.

무릇 양호라는 인물은, 노나라에서 계씨(季氏) 집안의 총애를 입었으면서도 계손(季孫)을 죽여 노나라에게 불리하게 해놓고, 자신이 그 자리를 차지하려던 자입니다. 지금 임금께서는 계씨보다 부유하고, 노나라보다 큰 나라를 가지고 있습니다. 이것이 바로 양호가 엎어 버리려고 하는 이유입니다. 노나라가 양호로부터의 고통에서 벗어나 있는데 임금께서 도리어 그를 수용하고 있으니, 이것이 어찌 해로운 일이 아니겠습니까?」

제나라 임금은 이에 양호를 잡아들였다. 양호는 겨우 탈면(脫免)하여 진(晉)나라로 도망치고 말았다.

 탕(湯)임금이 걸왕(桀王)을 치려 하자, 이윤(伊尹)이 말하였다.

「청컨대 그에게 바쳐지는 공물(貢物)을 막고, 그때 그의 반응이 어떤가를 살펴보시지요!」

이윤의 말대로 하자, 과연 걸왕이 노하여 구이(九夷)의 군대를 일으켜 쳐들어왔다. 이를 본 이윤이 탕임금에게 말하였다.

「아직 때가 이르지 않았습니다. 그가 아직도 능히 구이의 군대를 일으킬 수 있는 것을 보면 잘못이 우리에게 있기 때문입니다.」

탕임금은 이에 사죄를 하고 항복을 청하여, 다시 공물을 바치는 임무를 다하였다.

이듬해 다시 공물을 끊자, 걸왕이 다시 노하여 구이의 군대를 일으키려 하였지만 구이의 군대가 따라 주지 아니하였다. 그제서야 이윤이 말하였다.

「됐습니다.」

탕임금은 이에 군대를 일으켜 걸왕을 벌하여 잔멸시키고, 그를 남소씨(南巢氏)의 땅으로 내쫓아 버렸다.

· 구이(九夷): 예전에 중국 사람이 부르던 동쪽의 아홉 오랑캐 씨족. 견이(畎夷)·우이(于夷)·방이(方夷)·황이(黃夷)·백이(白夷)·적이(赤夷)·현이(玄夷)·풍이(風夷)·양이(陽夷)의 구족(九族).

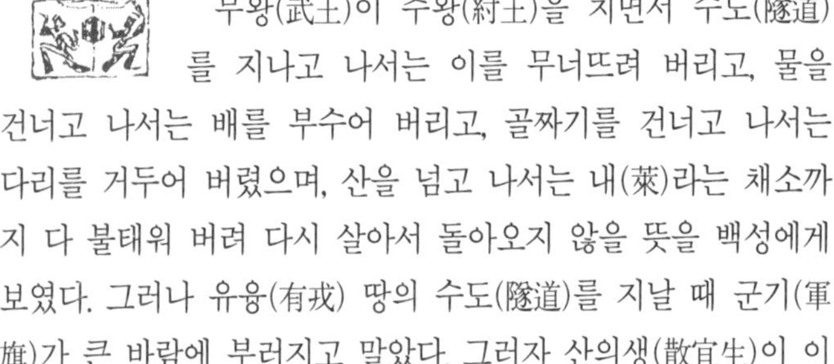 무왕(武王)이 주왕(紂王)을 치면서 수도(隧道)를 지나고 나서는 이를 무너뜨려 버리고, 물을 건너고 나서는 배를 부수어 버리고, 골짜기를 건너고 나서는 다리를 거두어 버렸으며, 산을 넘고 나서는 내(萊)라는 채소까지 다 불태워 버려 다시 살아서 돌아오지 않을 뜻을 백성에게 보였다. 그러나 유융(有戎) 땅의 수도(隧道)를 지날 때 군기(軍旗)가 큰 바람에 부러지고 말았다. 그러자 산의생(散宜生)이 이렇게 간언하였다.

「이는 불길한 징조가 아닐는지요?」

이에 무왕이 이렇게 해석하였다.

「그렇지 않다. 하늘이 군대를 내려 도와 준다는 뜻이다.」

그 다음에는 바람이 걷히자, 뒤를 이어 큰비가 내려 땅에 물이 차서 행군을 할 수가 없었다.

산의생이 다시 근심스러운 빛으로 간언을 하였다.

「이는 불길한 징조가 아닐는지요?」

그러나 무왕의 해석은 달랐다.

「아니다. 하늘이 저들의 군대를 쓸어간다는 뜻이다.」

다시 거북 껍질로 점을 치려 하자, 불이 꺼져 식어 버리고 말았다.

산의생이 다시 「이는 불길한 징조가 아닐는지요?」라고 묻자, 무왕이 「하늘에 의지해서 비는 것보다 적군을 치는 것이 더 유리하다는 뜻이다. 그 때문에 불이 꺼진 것이다」라고 하였다.

따라서 무왕이 천지의 도리에 순응하고, 오히려 세 가지 나쁜 징조를 뛰어넘어 주왕(紂王)을 목야(牧野)에서 사로잡은 것은 독특한 견해가 매우 정미(精微)하였기 때문이다.

·수도(隧道): 땅을 파서 다른 사람이 볼 수 없도록 만든 길. 그 길을 지나고 양쪽을 허물어뜨려 메움.
·내(萊): 채소의 일종으로 〈비상식량〉이라는 뜻.

 진(晉)나라의 문공(文公)이 초(楚)나라와 성복 (城濮)에서 싸우면서 구범(咎犯)에게 대책을 물었다.

구범이 이렇게 대답하였다.

「의에 복종하기를 좋아하는 임금에게는 신의로 접근하면 걸려들고, 싸움에 미친 임금은 사기로 접근하면 걸려들지요. 그러니 사술로 대처할 수 있을 따름입니다.」

문공이 이번에는 옹계(雍季)에게 물었더니, 옹계는 이렇게 대답하는 것이었다.

「산림을 다 태우며 사냥을 하면 얻는 짐승은 비록 많을지 모르나 이듬해에는 잡을 것이 없게 되고, 못의 물을 다 퍼내고 고기를 잡으면 많은 고기를 얻을 수는 있으나 역시 이듬해에는 잡을 것이 없게 됩니다. 사술을 쓰면 비록 목전의 이익은 훔칠 수 있겠지만 뒤에 큰 보답은 없는 것입니다.」

드디어 초나라와 접전을 벌여 이를 크게 쳐부수고 승리를 거두었다. 그리고 나서 논공행상을 벌일 때에 문공은 옹계의 공을 높이 세우고 구범은 낮게 평가하였다. 시자(侍者)가 의아해하며 「성복지전(城濮之戰)을 승리로 이끈 것은 구범의 모책이었습니다」라고 하자, 문공이 이렇게 설명하였다.

「옹계의 말은 백세(百世)의 모책이고, 구범의 말은 일시(一時)의 권형(權衡)일 뿐이다. 그래서 내가 그렇게 상을 내린 것이다.」

 성복지전(城濮之戰) 때에 문공(文公)이 구범(咎犯)에게 물었다.

「내가 이번 전쟁을 이길 수 있을까 하고 점을 치려 하였더니, 거북 껍질로 점치는 도구가 식어 버렸습니다. 또 우리는 세성(歲星)을 마주 보고 있는데, 초나라는 그 세성을 등지고 있습니다. 혜성(彗星)이 보일 때 그 모습이 저 초나라는 그 자루를 잡고 있는데, 우리는 그 끝을 쥐고 있는 형상입니다.

게다가 내가 꿈속에서 초나라 임금과 격투를 하였는데, 그때의 위치가 초나라 임금은 위에 있고 나는 그 밑에 눌려 있었습니다. 불길한 생각이 들어 저들과의 싸움을 그만두고 싶은데,

그대의 생각은 어떻습니까?」

그러자 구범은 이를 달리 해석하였다.

「전쟁을 점치는 데 그 도구가 식은 것은 바로 초나라가 그렇게 식는다는 뜻이며, 우리가 세성을 마주하고 있고 저들이 세성을 등지고 있다는 것은 저들은 도망치고 우리는 쫓는다는 뜻이며, 혜성이 보였을 때 저들이 자루를 잡고 우리는 끝을 쥔 형상이란 이것이 빗자루라면 땅을 쓸 때는 저들이 유리하지만 누구를 치려고 할 때는 우리가 유리한 것입니다.

또 꿈속에 초나라 임금과 격투를 하였는데, 그가 위에 있고 임금께서 아래에 있었다 함은 임금에게는 하늘을 쳐다보는 것이요, 초나라 임금은 엎드려 죄를 비는 형상입니다.

그런가 하면 우리는 송(宋)나라와 위(衛)나라 군대를 주로 삼고, 제(齊)나라와 진(秦)나라가 보조를 해주고 있습니다. 이처럼 우리는 천도(天道)에 맞게 행하고 있습니다. 인사(人事)로만 해도 우리가 틀림없이 이길 수 있습니다.」

문공은 이 말을 따랐다. 과연 초나라를 크게 패배시켰다.

· 세성(歲星): 목성(木星). 이는 초(楚)나라와 진(晉)나라의 지리적 위치를 천문(天文)에 맞추어 한 말.
· 혜성(彗星): 꼬리가 있어 빗자루 같음을 말한다.

 월(越)나라에 기근이 들자, 구천(句踐)이 큰 걱정을 하였다. 이때 사수(四水)가 나아가 이렇게 말하였다.

「무릇 이번의 기근은 우리 월나라의 복이요, 오(吳)나라의 화

가 될 것입니다. 오나라는 심히 부유하면서 재물도 여유가 있습니다. 그 임금은 명예를 좋아하여 뒷일은 걱정을 하지 않는 성격입니다. 만약 우리가 겸손한 말과 귀중한 보물로 그 오나라에게 식량을 꾸어 달라고 하면, 오나라는 반드시 꾸어 줄 것입니다. 그들이 우리에게 허락만 하면, 우리는 그 나라를 차지할 수가 있습니다.」

월나라 임금이 이 계책을 따랐다. 오나라에서는 월나라의 요청을 듣고 장차 식량을 꾸어 주려고 하였다. 그때 오자서(伍子胥)가 나서서 반대하였다.

「안 됩니다. 무릇 오나라와 월나라는 땅을 맞대고 그 경계가 붙어 있으며, 길도 쉽게 통합니다. 이것이 바로 원수와 적국일 수밖에 없는 관계입니다. 오나라가 월나라를 삼키지 않으면 월나라가 오나라를 삼켜야 할 관계입니다. 그러나 저 제(齊)나라나 진(晉)나라는 능히 삼강(三江)·오호(五湖)를 건너야 하므로 오나라나 월나라를 패망시킬 수가 없습니다. 그러니 이번 월나라에 기근이 든 틈을 이용하여 공격해야 합니다. 이것이 바로 우선 선왕이신 합려(闔廬)가 바라던 패자가 되는 길입니다.

무릇 기근이란 무엇입니까? 그 때문에 허물어지면, 마치 깊은 못에 빠진 것과 같이 힘을 쓰지 못합니다. 실패하고 정벌하는 일이 그 어느 나라인들 없겠습니까? 이 기회에 임금께서 공격하지 아니하고 식량을 보내 주신다면, 오나라에서는 이로움이 가서 월나라에서는 흉(凶)한 것이 돌아오게 될 것입니다. 우리의 재물이 다 없어지면 백성이 원망할 것입니다. 그때는 후회해도 소용이 없습니다.」

그러나 오나라 임금은 달랐다.

「내 들으니 의로운 군대는 어진 이를 항복시키지 않으며, 남이 기근이 들었을 때는 공격하지 않는다고 하였습니다. 비록 월나라 같은 나라 열 개를 얻는다 해도, 내 그런 일은 하지 못하겠습니다.」

그리고는 드디어 식량을 꾸어 주었다. 그로부터 3년이 지나 이번에는 오나라에 흉년이 들었다. 그래서 월나라에게 식량을 꾸어 달라고 요구하였으나, 월나라 임금은 이를 허락지 않고 도리어 공격하여 오나라를 쳐부수고 말았다.

조간자(趙簡子)가 성하(成何)와 섭타(涉他)를 전택(剸澤)으로 보내어, 위(衛)나라 영공(靈公)과 맹약을 맺도록 하였다. 그런데 영공이 맹약의 의식중에 희생(犧牲)의 피를 입가에 묻히려 들지 않자, 성하와 섭타가 영공의 팔을 억지로 잡아 눌렀다. 이에 영공이 노하여 조나라를 배반하고자 하였다. 그러자 왕손상(王孫商)이 그 계책을 말하였다.

「임금께서 조나라에게 등을 돌리고 싶으시면, 백성들과 함께 그들을 미워하는 것이 가장 낫습니다.」

「어떻게 그리합니까?」

이 되물음에 왕손상은 이렇게 말하였다.

「청컨대 저로 하여금 전국에 이러한 명을 내릴 수 있도록 해 주십시오. 즉 고모나 누나·딸이 있는 집은 한 집마다 한 명씩 조나라에 인질로 가야 한다구요. 그러면 백성들 누구나기 조나라를 원망할 것입니다. 임금께서는 그것을 배경으로 조나라를 배반해 버리면 됩니다.」

영공이 「좋습니다」 하고 명령을 내린 지 사흘, 그리고 여자를 징집하기를 닷새, 그리하여 그 명령이 마쳐지자 백성들 모두가 골목에 나와서 통곡을 하였다. 영공은 이에 대부들을 소집하여 대책을 세웠다.

「조나라가 이렇게 무도한데, 우리가 그로부터 등을 돌림이 가능할는지요?」

이 질문에 대부들 모두가 「그렇게 하여야 합니다」라고 입을 모았다.

이리하여 서쪽 관문은 열고, 조나라와 통하는 동쪽 관문은 폐쇄해 버렸다. 그러자 조나라 임금이 이 소식을 듣고서 섭타를 묶어 참살하고, 위나라에게 사죄를 하였다. 그 사이에 성하는 연(燕)나라로 도망치고 말았다.

자공(子貢)이 이를 듣고서 이렇게 평하였다.

「왕손상은 모책에 뛰어난 인물이다. 사람을 미워하여 이를 잘 처치하고, 어려움이 있을 때 이를 능히 처리하며, 백성을 이용하되 능히 그들을 끌어들일 줄 아는 자이다. 한 가지 행동으로 세 가지를 얻었으니, 이것이야말로 정말 모책에 뛰어났다고 이를 수 있을 것이다.」

초(楚)나라의 성왕(成王)이 여러 제후들에게 찬성을 얻어 노(魯)나라 임금을 노비로 삼고자 하였다. 이에 노나라 임금이 대부들을 불러 대책을 논의하였다.

「우리 나라가 비록 작으나, 그래도 주(周)나라가 세워 준 나라입니다. 지금 성왕이 나를 노비로 삼겠다니, 이것이 가하겠습니까?」

이에 대부들이 모두 「말도 안 된다」고 대답하였다.

그러나 공의휴(公儀休)만은 이렇게 말하였다.

「초나라 임금의 말을 듣지 않을 수 없습니다. 듣지 않으면 몸은 죽고, 나라는 망합니다. 임금의 신하는 임금의 소유이며, 백성을 위하는 것이 곧 임금이 할 도리입니다.」

이에 노나라 임금은 드디어 노비가 될 것을 결정하였다.

제(齊)나라 경공(景公)이 자신의 딸을 합려(闔廬)에게 시집 보내면서 교외에까지 나가 송별을 하였다. 이에 경공이 울면서 「내가 죽도록 너를 더 이상 보지 못하겠구나」라고 하였다.

그러자 고몽자(高夢子)가 이렇게 말하였다.

「우리 제나라는 바다도 있고 산도 있어 비록 천하를 다 휘어잡을 힘은 없다 해도, 누가 우리 임금을 간섭한다면 그 정도야 물리칠 수 있습니다. 그렇게 아끼신다면 보내지 않으면 되지 않습니까?」

이에 경공이 이렇게 설명하였다.

「나는 이 제나라 같은 험고한 나라를 가지고 있지만, 능히 제후들을 호령하지는 못한다. 그런데 다른 제후들의 명령조차 듣지 않는다면, 결국 난이 일어나고 말 것이다. 내가 들으니, 명령을 내리지 못할 바에야 차라리 남의 의견을 들어 주는 것이 낫다고 하였다. 게다가 오(吳)나라는 독벌의 침과 같아, 그 독을 어디엔가로 내뱉지 않으면 스스로 견디지 못하는 니라이다. 나는 그 독을 나에게 퍼붓지나 않을까 겁을 내는 것이다.」

그리고는 드디어 그 딸을 보내고 말았다.

제(齊)나라가 정(鄭)나라 태자(太子) 홀(忽)에게 그 딸을 시집 보내고자 하였지만, 태자 홀이 이를 사양하였다. 사람들이 태자에게 그 연유를 묻자, 태자는 이렇게 대답하였다.

「사람은 각각 그에 맞는 짝이 있게 마련이다. 제나라는 큰 나라이다. 나의 짝이 될 만하지 않다. 《시경(詩經)》에 『스스로 많은 복을 찾으라』고 하였다. 따라서 복이란 내가 하기 나름인 것이다.」

뒤에 융(戎)이 제나라를 쳐들어오자, 제나라에서 정나라에게 구원을 요청하였다. 정나라 태자 홀이 군대를 이끌고 제나라를 도와 융의 군대를 크게 쳐부수었다. 이에 제나라에서 다시 태자에게 딸을 주겠노라고 하였다. 태자는 이번에도 한사코 거절하였다. 누가 그 연유를 묻자, 이렇게 말하였다.

「제나라와 아무런 관계가 없을 때에도 나는 거절하였는데, 지금 우리 임금의 명령을 받고 제나라의 위급함을 도와 준 이 때에 제의를 받아들여 여자를 맞이한다면, 사람들이 내가 장차 장가를 가려고 군대를 몰고 온 것이라고 여기지 않겠는가?」

그리고는 끝내 사양하고 말았다.

공자(孔子)가 칠조마인(漆雕馬人)에게 물었다.

「그대는 장문중(臧文仲)과 무중(武仲), 그리고 유자(孺子) 용(容) 등 이 세 대부를 섬겼는데, 그 가운데 누가 가장 어질다고 보는가?」

이 질문에 칠조마인은 이렇게 대답하였다.

「그 장씨 집에는 거북 껍질이 있습니다. 이름을 채(蔡)라고 하지요. 그런데 문중은 관직에 있는 동안 3년에 한 번 점을 쳤고, 무중은 3년에 두 번 점을 쳤으며, 유자 용은 3년에 세 번 점을 쳤습니다. 이는 제가 보아서 알지요. 그러나 세 대부의 어질고 어질지 못함은 제가 알 수 없습니다.」

이 말에 공자는 칠조마인을 이렇게 칭찬하였다.

「군자로다! 칠조씨의 아들이여. 그 말이 남의 훌륭한 점을 들되 감추어 주는 듯하나 드러나게 해주고, 남의 과실을 말하되 지나가는 말처럼 하나 훤히 드러나게 하는구나. 그들 장씨 대부는 지혜가 미치지 못하고 살펴봄이 총명하지 않았으니, 어찌 자주 점을 치지 않을 수 있었겠는가?」

· 유자(孺子): 아들이라는 뜻. 즉 무중(武仲)의 아들 용.
· 채(蔡): 점복용(占卜用) 거북에 이름을 붙인 것.

안릉전(安陵纏)은 얼굴이 예쁘고 잘생겨 초(楚)나라 공왕(共王)의 사랑을 받고 있었다. 이때 강을(江乙)이 안릉전을 만나 물었다.

「그대의 선조 가운데 초나라 왕실에 시석지공(矢石之功)을 세운 이라도 있습니까?」

「아닙니다.」

「그러면 그대 자신이 이 나라에 무슨 큰 공이라두 세웠습니까?」

「아닙니다.」

「그렇다면 그대는 무슨 연유로 이 나라에서 이렇듯 귀한 대접을 받습니까?」

「저도 그 연유를 모르겠습니다.」

이에 강을이 이렇게 말하였다.

「내 듣자 하니 재물로써 사람을 섬기는 자는 그 재물이 다하면 그 교분도 멀어지는 법이며, 색(色)으로써 사람을 섬기는 경우에는 그 아름다움이 쇠락하고 나면 그 사랑도 식어지는 법이라 하였습니다. 지금 그대의 그 아름다움도 어느 때인가는 쇠락하고 말 것입니다. 그대는 어찌하여 길이 임금에게 사랑을 받고, 그 사랑이 해이해지지 않을 수 있는 대책을 강구하지 않습니까?」

그러자 안릉전이 말하였다.

「저는 나이도 어리고 어리석어 아무것도 모릅니다. 원컨대 모든 것을 선생께 맡기고 싶습니다.」

이에 강을이 「그대는 임금께 스스로 순장(殉葬)당하겠노라고 제의하십시오!」라고 그 대책을 일러 주었다. 안릉전은 그 말에 따르겠다고 약속하였다.

안릉전과 헤어진 지 1년이 지나 강을이 다시 안릉전을 만나 「지난날 내가 그대에게 일러 준 것을 임금께 말씀드렸습니까?」라고 묻자, 그는 「아직 실행하지 못하였습니다」라고 답하였다.

다시 1년이 흐른 후, 강을이 안릉전을 만나 「그대는 그 말을 하였겠지요?」라고 물었다. 그러자 이번에도 안릉전은 「아직 기회를 얻지 못하였습니다」라고 하는 것이었다. 이에 강을이 「그대는 외출할 때면 임금과 같은 수레를 타고 들어와서는 언제나 같이 앉을 정도인데, 3년이 지나도록 기회를 얻지 못하였다니 이는 나의 계책이 아무런 효과가 없으리라고 여기기 때문일 것입니다」 하고는 불쾌한 표정을 짓고 떠나 버렸다.

다시 1년이 지난 후, 공왕이 강저(江渚)의 들에서 사냥을 하게 되었다. 그 들에 불을 놓아 그 연기가 구름떼같이 피어올랐고, 호랑이의 포효 소리가 마치 우뢰와 같았다. 그때 미친 듯한 물소가 남쪽 방향에서 튀어나와 공왕의 왼쪽 수레를 들이받으려고 달려들었다. 공왕이 깃발을 들어 활 쏘는 자로 하여금 물소를 쏘아 잡도록 신호를 보내었다. 단 한 발에 그 물소는 수레 아래에 거꾸러졌다. 공왕이 크게 기뻐하며 손뼉을 치고 웃었다. 그리고는 안릉전을 돌아보며 이렇게 말하였다.

「내 만세후(萬歲後)에 그대는 누구와 더불어 이런 즐거움을 맛볼 것인가?」

그러자 안릉전이 머뭇거리며 뒤로 물러나와 울음을 터뜨려 옷깃을 적시더니, 다시 공왕을 껴안고서 이렇게 말하였다.

「만세후에 저는 장차 임금을 따라 순장되도록 할 것이온데, 이런 즐거움을 누가 누릴는지 전들 어찌 알겠습니까?」

이에 공왕은 바로 그 수레 아래에서 3백 호(戶)의 식읍을 봉해 주었다.

그래서 「강을은 모책에 뛰어났고, 안릉전은 기회에 뛰어났다」고들 말하는 것이다.

· 순장(殉葬) : 고대에 주로 임금이나 귀족이 죽었을 때, 살아 있는 그의 아내나 종자(從者)를 함께 장사하던 일.
· 강저(江渚) : 강가의 사냥터를 말한다.
· 만세후(萬歲後) : 살아 있는 임금의 〈죽은 뒤〉를 완곡하게 이르는 말.

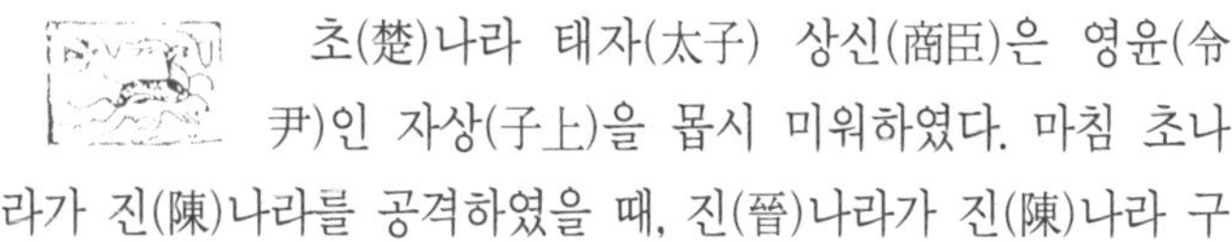

초(楚)나라 태자(太子) 상신(商臣)은 영윤(令尹)인 자상(子上)을 몹시 미워하였다. 마침 초나라가 진(陳)나라를 공격하였을 때, 진(晉)나라가 진(陳)나라 구

원에 나서서 치수(泜水)를 끼고 진을 치고 있었다. 이때 진(晉)나라의 양처보(陽處父)가 상신이 자상을 미워한다는 것을 알고서 자상을 이렇게 유혹하였다.

「조금 물러나십시오. 내가 강을 건너 그대를 따르겠습니다.」

이 말에 자상은 이를 허락하고 군대를 퇴각시켰다.

그리고 나서 양처보는 도리어 진(晉)나라 군대에게 「초나라 군대가 도망치고 있다」라고 말을 퍼뜨린 다음, 사람을 시켜 상신에게 이렇게 알리도록 하였다.

「자상은 진(晉)나라의 뇌물을 받고 물러나 준 것이다.」

상신은 이 말을 초(楚)나라 성왕(成王)에게 사뢰었다. 그러자 초나라 성왕이 드디어 자상을 죽여 버리고 말았다.

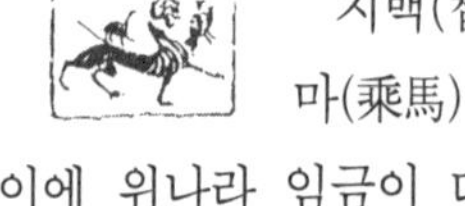

지백(智伯)이 위(衛)나라를 치려고 고의로 승마(乘馬)에 먼저 벽(璧) 하나를 선물로 보내었다. 이에 위나라 임금이 대단히 기뻐하면서 잔치를 벌이자, 여러 대부들이 모두 축하를 하였다. 그러나 남문자(南文子)만이 홀로 축하는커녕 근심 띤 얼굴을 보이는 것이었다. 위나라 임금이 물었다.

「대국에서 과인에게 예물을 보내왔습니다. 그래서 내가 여러 대부들에게 술자리를 마련하였고, 대부들이 이렇게 축하를 해 주고 있습니다. 그런데 그대만이 홀로 축하의 말도 없고, 도리어 근심 띤 얼굴을 하니 무슨 연유입니까?」

이에 남문자가 이렇게 설명하였다.

「이유 없는 예물, 공 없는 상은 화의 근원입니다. 내가 주지도 않았는데 저쪽에서 보내왔습니다. 이 때문에 제가 근심 띤 얼굴을 하게 된 것입니다.」

이 말에 위나라 임금은 교량과 나루를 정비하고, 변방에 성을 쌓을 계획을 세웠다. 지백은 위나라 군대가 변경에 수비를 하고 있다는 소식을 듣고 군대를 되돌렸다.

지백(智伯)이 위(衛)나라를 치기 위해 거짓으로 그 태자(太子) 안(顏)을 위나라로 도망 가게 하였다. 이에 위나라의 남문자(南文子)가 이렇게 말하였다.

「태자 안은 군자를 위해 주는 정도가 지극합니다. 결코 큰 죄를 짓고 도망 올 자가 아닙니다. 무슨 까닭이 있을 것입니다. 그러나 도망 온 사람을 받아 주지 않으면 상서롭지도 못합니다.」

그리고는 관리를 시켜 그를 맞이하도록 하면서 「수레가 오승(五乘) 이상이거든 절대로 받아들이지 말라!」고 명하였다.

지백이 이 소문을 듣고 계획을 철회해 버렸다.

숙향(叔向)이 장홍(萇弘)을 죽이려고 주(周)나라에 가서 자주 장홍을 만났다. 그리고는 거짓으로 이런 편지를 주나라에 보내었다.

「장홍이 제게 이렇게 말하더이다. 『그대가 진(晉)나라 병사를 이끌고 이 주나라를 공격해 오면, 내가 유씨(劉氏)를 폐히고 신씨(單氏)를 세우겠다』라구요!」

유씨가 이를 보고서 임금에게 알렸다. 그러자 주나라 임금이 「장홍이 이런 인물일 줄 알았다」 하고는 그를 죽여 버렸다.

초(楚)나라의 공자(公子) 오(午)가 진(秦)나라에 사신으로 가자, 진나라가 이를 가두어 버렸다. 공자 오의 동생이 이를 알고서 진(晉)나라 숙향(叔向)에게 얼른 3백 금을 갖다 바쳤다. 숙향이 계책을 세워 진(晉)나라 평공(平公)에게 이렇게 말하였다.

「어찌하여 호구(壺丘)에 성을 쌓지 않습니까? 진(秦)나라와 초(楚)나라는 우리가 호구에 성을 쌓을까봐 겁을 내고 있습니다. 진(秦)나라가 이를 두려워하게 되면, 공자 오를 풀어 주는 대신 우리에게 성을 쌓지 않도록 요구할 것입니다. 그때 우리가 중단하면 힘든 전쟁도 일어나지 않을 것이며, 초나라는 틀림없이 임금께 고마움을 느낄 것입니다.」

그리하여 평공이 「좋습니다」 하고는 축성작업에 들어갔다. 이에 진(秦)나라가 두려워하여 드디어 공자 오(午)를 진(晉)나라에 사신으로 보내 주었고, 진(晉)나라도 성 쌓는 일을 철회해 버렸다.

한편 초나라에서는 진(晉)나라에 수레 3백 승을 보내어 그 고마움을 표시하였다.

조간자(趙簡子)가 사람을 시켜 번쩍번쩍 빛나는 수레 6승에 벽(璧) 하나를 위(衛)나라에 보내었다. 그러자 위나라의 숙문자(叔文子)가 이렇게 말하였다.

「불의의 일을 잘 살펴야 살아날 수 있습니다. 이것이 곧 작은 나라가 큰 나라를 섬기는 방법입니다. 지금 우리는 저들에게 아무것도 주지 않았는데, 간자가 먼저 우리에게 예물을 보낸 것은 반드시 이유가 있을 것입니다.」

이에 위나라는 수풀을 베어 적이 숨어들 만한 곳을 없애 버리고, 식량과 재물을 모아들여 쌓아 놓은 후에 사신을 조나라에 보내었다. 간자가 이를 보고서 이렇게 말하였다.

「내가 일을 꾸밀 때 저들은 모르는 줄 알았더니, 지금 보니 이미 알고 있었구나!」

그리고는 위나라에 대한 포위를 풀고 말았다.

정(鄭)나라의 환공(桓公)이 장차 회(鄶)나라를 치려고, 먼저 회나라의 똑똑하고 용감한 선비들을 알아낸 다음 이들 이름을 기록하고, 다시 회나라의 양신(良臣)들을 택해 그들의 관작 이름을 같이 써서 그 나라 성문 밖에 단을 만들어 묻었다. 그리고는 수퇘지의 피를 발라 마치 맹약을 맺은 듯한 흔적을 남겨두었다.

이에 회나라 임금은 나라 안에 정나라와 내통한 인물이 있다고 여기고, 그에 적힌 양신들을 모조리 죽이고 말았다. 환공은 이때에 회나라를 습격하여 드디어 차지하고 말았다.

정(鄭)나라의 환공(桓公)이 동쪽으로 정(鄭) 땅을 봉(封)받고자 그 회의에 참석하러 떠났다. 날이 저물어 송(宋)나라 동쪽의 국경지역에 이르러 여관에서 삼을 자게 되었다. 그때 여관의 늙은이가 밖에서 들어와서는 이렇게 묻는 것이었다.

「손님께서는 어디로 가시는 길입니까?」

「정 땅을 받으려고 봉책(封冊) 회의에 가는 길입니다.」

이 말에 여관의 늙은이가 이렇게 말하였다.

「제가 들으니, 때는 얻기는 어렵고 잃기는 쉽다고 하였습니다. 지금 손님께서 여기에 누워 편안히 주무시다가는 그 봉을 받지 못할지도 모릅니다.」

정나라의 환공은 이 말을 듣고 고삐를 잡고 말에 올랐다. 그 수행원은 얼른 쌀을 씻어 함께 싣고 10일 밤낮을 쉬지 않고 달려가서야 겨우 다다를 수 있었다. 갔더니 희하(釐何)가 이미 그 봉지를 다투고 있었다. 따라서 정나라의 환공이 어질다고는 하나 여관의 늙은이가 아니었더라면, 하마터면 봉을 받지 못할 뻔하였던 것이다.

 진(晉)나라의 문공(文公)이 위(衛)나라를 치면서 그 나라 성곽까지 이르렀다. 그가 병사들에게 앉아서 밥을 먹도록 하면서 이렇게 장담하였다.

「오늘은 반드시 저 큰 성에 달라붙어 함락시키리라!」

이때 공자(公子) 려(慮)가 고개를 숙이고 웃는 것이었다. 그러자 문공이 물었다.

「어찌하여 웃는가?」

이에 공자 려가 이렇게 대답하였다.

「저의 아내가 잠깐 친정에 다녀온다기에 바래다 주었지요. 돌아서서 보니 뽕 따는 여인이 있기에 그녀를 도와 주었습니다. 그러면서 아내를 보았더니, 역시 어떤 남자가 그녀를 도와 주고 있었습니다.」

이 말에 문공이 두려워하여 군대를 돌이켜 나라로 돌아오니, 맥인(貉人)이 진(晉)나라를 공격하고 있었다.

동문선

 《서경(書經)》에 이렇게 말하였다.

『치우치지도 작당하지도 않으면 왕도(王道)가 탕탕하리라』

이는 곧 지극히 공평무사(公平無私)함을 말한 것이다.

고대에 이 대공(大公)을 실행한 사람은 바로 제요(帝堯)이다.

천자(天子)의 귀한 자리에 천하의 부(富)를 다 가지고 있으면서도 순(舜)을 얻자, 그에게 자리를 물려 주고 사사로이 자신의 후손에게 물려 주려 하지 않았다.

이처럼 천하를 버리기를 헌신짝 버리듯 하였으니, 천하같이 큰 것도 이러한데 하물며 미세한 것들에 대해서랴!

제요가 아니면 누가 능히 그럴 수 있으리요.

그래서 공자(孔子)는 『높고높도다. 오직 높은 것은 하늘이로되, 오직 요(堯)임금만이 그 하늘을 본받았도다』 하였고, 《주역(周易)》에는 『꼭대기가 되려 하지 않는 것, 그것이 길한 것이다』라고 하였으니, 이는 대개 임금된 자가 가져야 할 공(公)을 말한 것이리라.

무릇 공(公)으로 천하에 같이하면 그 덕이 크다 하리라.

이를 자기에게서부터 추진하고 남이 이를 본받게 하면 만백성이 추대해 주며, 후세 사람들이 이를 법으로 따르게 된다.

다음으로 남의 신하된 자로서 실행하여야 할 공은 관직의 일을 처리하되 사사로이 자신을 위해 힘쓰지 아니하며, 공문(公門)에 거할 때는 화리(貨利)를 말하지 아니하며, 공법(公法)을 처리할 때는 친척에게 유리하도록 하는 일이 없으며, 봉공거현(奉公擧賢)할 때는 원수라고 해서 배척해서도 안 된다.

그 임금을 섬김에는 충으로 하고 인으로써 아랫사람을 이롭

게 하며, 서도(恕道)로써 추진해 나가되 실행할 때는 당(黨)을
짓지 아니한 사람이 바로 이윤(伊尹)과 여상(呂尚)이다.

그 때문에 그들의 이름이 지금까지 드러나고 있는 것이니,
이를 일컬어 공(公)이라 한다.

《시경(詩經)》에 『큰 도는 숫돌처럼 평평하며, 그 곧은 모습은
화살과 같도다. 군자가 그 길을 걸어가시면 소인은 그 뒤를 따
르기 마련!』이라 하였으니, 이를 두고 한 말이다.

무릇 공(公)은 명(明)을 낳고, 편(偏)은 암(暗)을 낳는다.

단정하고 성실히 하면 저절로 통달(通達)이 생기고, 거짓과
위선은 막힘을 낳게 마련이며, 성실과 믿음으로 하면 신이 감
응하고, 과장과 허탄(虛誕)은 미혹(迷惑)을 낳게 마련이다.

이상 여섯 가지는 군자가 조심하여야 할 내용으로서, 우(禹)
와 걸(桀)이 구분되는 소이(所以)이다.

《시경(詩經)》에 『질풍과 재화(災禍)를 내리는 하느님이여, 그의
명령이 편벽된 자에게 미치도다』라고 하였으니, 이는 바로 공
(公)을 잃었을 때의 경고이다.

 오(吳)나라의 임금 수몽(壽夢)에게는 네 아들
이 있었다. 장자는 알(謁), 그 다음은 여제(餘祭),
다음은 이말(夷昧), 그리고 막내는 계찰(季札)로서 흔히 연릉
계자(延陵季子)로 불리었으며 가장 훌륭하였다. 세 형들은 모두
이를 알고 있었으므로 임금인 수몽이 죽자 첫째인 알이 그 왕
위를 계찰에게 양보하였다. 그러나 계찰은 끝내 이를 받아들이
지 아니하였다. 맏형인 알은 할 수 없이 이렇게 약속하였다.

「계자는 어질다. 그러므로 왕위가 그에게까지 돌아가게 하면

오나라를 부흥시킬 수 있을 것이다.」

그리고는 형제가 서로 밥을 먹을 때마다 기도하기를 「나를 어서 죽게 하여 왕위가 계찰에게까지 이어지게 하옵소서」라고 하였다.

알이 죽고 나서 여제가 왕위에 올랐고, 다시 여제가 죽고 이말이 들어섰다. 이 이말조차 죽자, 왕위는 당연히 계찰의 차례였다. 그러나 이때 계찰은 마침 사신으로 나라를 떠나 있었다.

이에 서형(庶兄)인 요(僚)가 「나 역시 형이다」 하고 스스로 들어서서 임금이 되었다.

계찰은 귀국하여 아무 일 없는 듯 그대로 그를 임금으로 모셨다.

그때 알의 아들인 공자(公子) 광(光)이 「우리 아버지의 뜻에 따르면, 나라는 마땅히 막내삼촌인 계찰에게 돌아가야 한다. 그렇지 않고 계사지법(繼嗣之法)에 의한다면, 마땅히 내가 임금이 되어야 한다. 그런데 지금 요(僚)가 왕위에 올라 있으니 이 어찌된 일인가?」 하고는 전제(專諸)를 시켜 요를 찔러죽이고 말았다.

그를 죽이고 나서, 공자 광은 계찰에게 그 왕위를 잇도록 하였다. 그러나 계찰은 이렇게 사양하였다.

「네가 우리 임금을 죽이고 내가 너의 이 나라를 맡는다면, 이는 나와 네가 공모하여 왕위를 찬탈한 것이 된다. 또 네가 나의 형을 죽였다고 내가 너를 죽이면, 이는 형제·부자 사이의 죽임이 끊일 날이 없게 된다.」

그리고는 연릉(延陵)으로 가서 종신토록 오나라에 들어오지 않았다.

군자는 불살(不殺)을 인(仁)으로 여기고, 나라를 취하지 않는 것을 의(義)로 여긴다.

무릇 나라를 사사로이 자기 것으로 여기지 않으면 천승지국
(千乘之國)을 버리고도 원망하지 않으며, 높은 직위를 버리고도
분해하지 않으니 계찰이야말로 대단한 인물이로다.

· 계사지법(繼嗣之法): 적손(嫡孫)이 임금이 되어야 하는 법칙. 즉 수몽
  (壽夢)에서 제번(諸樊, 즉 謁)으로, 그리고 다시 자신에게로 왕위가 이어
  져야 한다는 뜻.

 제후(諸侯)의 의(義)는 사직(社稷)을 위해 죽는
데 있다. 그런데도 태왕(太王)이 나라를 넘겨 주
고 떠난 이유는 무엇인가?

무릇 성인은 백성에게 포악하게 하여 침릉(侵陵)하는 것을
원치 않는다. 그 때문에 제후들로 하여금 그 나라를 버리더라
도 백성을 지키는 길을 택하도록 한 것이다.

태왕은 지극히 어진 은혜가 있어 차마 백성을 전쟁으로 내모
는 것을 원치 않았다. 그 때문에 견마(犬馬)와 진기한 물건을
주어 가면서까지 훈육(勳育)과 융씨(戎氏)를 섬긴 것이다. 그러
나 그들의 침략은 끊이지 않았다. 그래서 그들이 원하는 바가
무엇인지 물었더니 토지라는 것이었다. 이에 군신들과 기로(耆
老)들을 불러 모아 놓고 이렇게 고하였다.

「땅이란 사람을 길러내는 바탕이다. 그런데 그 땅이 사람을
길러 주지 못하고 오히려 해를 주고 있다. 그래서 우리는 장차
이곳을 떠나려고 한다.」

그리고는 드디어 기산(岐山) 아래로 옮아갔다. 이를 안 빈

(邠) 땅 사람들이 어린이를 업고 노인을 부축하여 마치 부모를 따르듯 태왕이 가는 곳으로 좇아왔다. 세 번을 옮아가면서도 백성은 오히려 처음보다 다섯 배나 늘었으니, 모두가 인의(仁義)의 흥함을 좇아 모여들었기 때문이다.

군자가 나라를 지키고 백성을 편안히 해주는 것은, 결코 전쟁을 일으켜 많은 무리를 죽이고 지치게 하는 데에 있지 않다. 자신을 사사로이 돌보지 않고 백성을 풍족하게 하며, 백성을 지켜 주기 위한 것이 곧 그 땅을 버리고 떠난 큰 뜻이다. 이를 일컬어 지공(至公)이라 한다.

· 침릉(侵陵): 남을 침해하여 욕보임.
· 기로(耆老): 나라의 정책에 참여하는 원로(元老). 《설문해자》에는 70세 이상을 기(耆)라 한다고 하였고, 《예기》에는 60세 이상을 기(耆)라 한다고 하였다.

 신력(辛櫟)이 노(魯)나라의 목공(穆公)을 만나 말을 나누었다.

「주공(周公)은 태공(太公)만큼 훌륭하지 못합니다.」

「무슨 연유로 그렇게 말하십니까?」

「주공은 봉을 받을 때 곡부(曲阜) 땅을 택하였고, 태공은 영구(營丘) 땅을 택하였습니다. 두 사람은 작위와 토지가 똑같았지만 주공이 봉함을 받은 땅은 영구만큼 비옥하지 못하였고, 백성도 영구만큼 많지 않았습니다. 이것만이 아닙니다. 영구는 천혜의 방어를 갖추고 있습니다.」

이 설명에 목공은 부끄러워 응답할 길이 없었다. 신력이 나가고 나서 남궁변자(南宮邊子)라는 사람이 들어오자, 목공은 신력이 한 말을 남궁변자에게 일러 주었다. 그러자 남궁변자가 이렇게 말하는 것이었다.

「옛날 주(周)나라의 성왕(成王)이 성주(成周)에 터를 잡으면서 점을 쳤더니, 그 점괘가 이렇게 나왔습니다.

『나 혼자 천하를 가지고 있으면서 백성을 다스리는데, 어찌 가운데 지역을 택하지 않을 수 있으랴! 또 내가 만약 잘못을 하는 게 있으면 사방에서 몰려와 나를 성토하기에도 어려움이 없도다!』

그리고 주공이 곡부를 택하고 나서의 점괘는『산의 남쪽에 터를 잡으라. 어진 임금이 나타나면 국가가 창성할 것이요, 어리석은 이가 나오면 쉽게 망하리라』였습니다. 그래서 계손행보(季孫行父)가 자기 자식에게 이렇게 경계하였습니다.

『나는 궁실을 두 나라 사이에 지어서, 내 후세에 윗사람을 잘 모시지 아니하는 자가 생기면 그 교체됨이 이처럼 빠르도록 하리라』

이는 곧『어진 이가 나오면 창성하고 그렇지 않으면 빨리 망하게 된다』는 뜻일 뿐, 어찌 어느 땅을 택하여 봉을 받았는지, 또는 지세가 험고한지에 관련이 있겠습니까? 신력은 소인이나 할 수 있는 말을 하고 있으니, 귀하께서는 더 이상 언급하지 마십시오.」

진(秦)나라의 시황제(始皇帝)가 천하를 겸병한 후, 대신들을 불러 모아 이렇게 의논을 하였다.

「옛날 오제(五帝)는 어진 이에게 그 자리를 선양(禪讓)하였고, 삼왕(三王)은 세습하여 이었다. 어느것이 옳은 것인가? 나도 옳은 쪽으로 선택하리라.」

참가한 박사가 70여 인이나 되었지만 누구 하나 대답을 하지 못하고 있었다. 그때 포백령지(鮑白令之)라는 사람이 나섰다.

「천하를 공가(公家)로 보면 어진 이에게 선양하는 것이 옳고, 천하를 사가(私家)로 보면 세습이 맞는 것입니다. 그 때문에 오제는 천하를 공가로 여겼음을 알 수 있고, 삼왕은 천하를 사가로 여겼음을 알 수 있습니다.」

이 말에 진나라의 시황제는 하늘을 쳐다보고 탄식한 다음, 이렇게 말문을 열었다.

「나의 덕은 오제에서 나왔다. 내 장차 천하를 공적인 것으로 보리라. 누가 나의 뒤를 이을 만한가?」

이 질문에 포백령지가 다시 나섰다.

「폐하께서는 행위는 걸(桀)·주(紂)와 같이하면서 선양은 오제처럼 하시겠다니, 그것이 폐하께서 해낼 수 있는 일이겠습니까?」

이 말에 시황이 크게 노하여 소리쳤다.

「영지, 앞으로 나오라. 너는 어찌하여 내가 걸·주와 같은 행위를 한다고 하는가? 어서 말하라. 대답하지 못하면 죽이리라!」

이에 영지는 이렇게 대답하였다.

「예, 말씀드리지요. 폐하께서 짓는 누대는 하늘을 찌를 듯이 높고, 궁전은 5리나 되는 땅을 차지하고 있으며, 1천 석의 무게나 되는 종을 세우고, 또한 1만 석의 무게나 되는 종고(鍾鼓)의 틀까지 세우고 있습니다. 후궁의 부녀자는 1백 단위로 헤아려야 하고, 궁중의 배우는 수천 명에 이릅니다. 여산(驪山)에 짓는 궁실이 옹(雍) 땅까지 이어질 정도로 그 먼 땅이 서로 연이어져 끊이지 않고 있습니다.

이는 모두 스스로를 위한 것으로서, 천하를 메마르게 하고 백성의 힘을 진갈(盡竭)시키는 행위입니다. 자신만을 위한 사사로운 일들을 하면서, 그 덕이 남에게까지 미치기를 바랄 수는 없습니다. 폐하께서는 그나마 군주로 존재하기도 바쁜데, 어느 겨를에 오제의 덕에 비유하여 천하를 공으로 여길 수 있겠습니까?」

이 말을 듣고, 시황은 묵연히 아무런 대답을 하지 못한 채 얼굴에는 부끄러워하는 기색뿐이었다. 한참 후에야 시황이 입을 열었다.

「영지의 말은 많은 사람들로 하여금 나를 추하게 여기도록 하는구나!」

그리고는 계획을 철회하고, 선양의 뜻도 버리고 말았다.

제(齊)나라의 경공(景公)이 한 번은 상을 내리는데, 그것이 후궁에게까지 주어졌다. 그런가 하면 대사(臺榭)는 온갖 무늬로 장식하였고, 기르는 오리와 기러기 등 새들은 콩이나 좁쌀을 먹일 정도로 사치스러웠다. 그러던 어느 날 경공이 밖에 나갔다가 굶어죽은 사람을 보게 되었다. 이에 경공이 안자(晏子)에게 물었다.

「이 사람은 무엇 때문에 죽었습니까?」

「예, 먹을 것이 없어 굶어죽은 것입니다.」

이 대답에 환공이 탄식을 하였다.

「아! 과인의 덕 없음이 어찌 이렇게 심한가?」

안자가 이 말을 받아 이렇게 말하였다.

「임금의 덕은 밝게 드러나 있습니다. 어찌 덕이 없다 하십니까?」

경공이 의아해하며 「무슨 뜻인가」고 묻자, 안자가 이렇게 답하였다.

「임금의 덕은 후궁과 대사에까지 미치고 있습니다. 임금의 후궁들은 무늬 있는 비단옷을 입으며, 임금께서 기르는 오리와 기러기는 사람이 먹을 콩과 좁쌀을 먹고 있습니다. 임금께서는 이렇게 스스로의 즐거움을 위해 애쓸 뿐만 아니라, 그 덕이 후궁의 가족들에게까지 미치고 있습니다. 그런데 어찌 덕이 없다고 말씀하십니까?

그러나 생각건대 임금께 청하고 싶은 것이 있습니다. 임금의 뜻과 스스로 즐기고 싶은 마음을 미루어 생각하셔서 백성들과 똑같이 하면 어떨는지요. 그렇게 하면 어찌 굶어죽는 자가 생기겠습니까?

임금께서 이를 실행하지 아니하고 진실로 사사로운 즐거움을 위해서 애쓰시면, 재물이 한 곳으로 치우쳐 모이고 곡식과 폐백(幣帛)은 창고에 썩어나면서도 그 은혜는 사방으로 퍼지지 않습니다.

공평한 처리가 나라에 두루 퍼지지 않는 것, 이것이 곧 걸(桀)·주(紂)가 망한 이유입니다. 무릇 백성의 반란은 무언가가 치우쳤기 때문입니다. 임금께서 저의 말을 잘 살피시고 임금의 성덕을 천하에 널리 퍼지도록 추진하시면 탕(湯)·무(武)와 같은 이름을 얻을 수 있을 것이오니, 어찌 굶어죽는 한 사람 구하는 일에 그치겠습니까?」

초(楚)나라의 공왕(共王)이 사냥을 나갔다가 활을 잃어버렸다. 좌우 신하들이 찾아보겠다고 나서자, 공왕이 만류하였다.

「그만두어라. 초나라 사람이 활을 잃었으면 초나라 사람이 주우면 되었지 꼭 찾아야 될 게 있으랴!」

중니(仲尼)가 이 말을 듣고서 이렇게 평하였다.

「아깝도다. 공왕의 대범치 못함이여. 마땅히 『사람이 잃은 것을 사람이 주우면 그뿐이다!』라고 해야지, 하필 초나라 이름까지 넣어야 한단 말인가?」

공자께서 말씀하신 것은 바로 대공(大公)이다.

만장(萬章)이 맹자(孟子)에게 물었다.

「공자(孔子)께서 위(衛)나라에서는 옹저(雍雎)를, 제(齊)나라에서는 시인(寺人) 척환(瘠環)을 주인으로 모셨다는데 그런 일이 있습니까?」

이에 맹자가 이렇게 설명하였다.

「아니다. 그렇지 않다. 호사자(好事者)가 꾸며낸 말이다. 위(衛)나라에 있을 때는 안수유(顏讐由)의 집에 머물렀다. 마침 그곳의 미자(彌子)의 아내와 자로(子路)의 아내가 자매 사이였는데, 미자가 자로에게 『공자가 나를 주인으로 모시면 위나라에서 벼슬하기는 문제도 없다』고 하자, 자로가 이를 공자께 알렸다. 그러자 공자가 『사람이란 천명(天命)이 있는 법이다』라며 거절하였다.

이로 보면 공자는 나아갈 때는 예(禮)로써 하였고, 물러날 때는 의(義)로써 하였다. 얻고 못 얻는 것은 〈천명〉이라고 보았던 것이다.

옹저나 시인 척환을 주인으로 모신다는 것은 천명이 아니다. 공자는 노(魯)나라·위(衛)나라에서 환영을 받지 못하자, 송(宋)나라로 가고자 하였다. 그런데 환사마(桓司馬)가 그를 맞아 죽이려고 하자, 공자는 미복(微服)을 입고 송나라를 빠져 나왔다.

이때가 공자께서 큰 액운을 당한 때였다. 이에 공자는 진후(陳侯) 주(周)의 신하였던 사성정자(司城貞子)의 집에 머물렀다.

내가 듣기로 임금의 근신(近臣)은 그가 어떤 이를 받아들여 주인 행세를 하는가를 보면 그 인물됨을 알 수 있고, 멀리서 온 신하는 그가 어떤 이를 주인으로 모셔서 행동하는가를 보면 그 인물됨을 알 수 있다고 하였다. 만약 공자께서 옹저나 시인 척환을 주인으로 모셔서 숙박하였다면, 그를 어찌 공자라고 할 수 있겠느냐?」

· 시인(寺人): 임금의 측근.
· 미복(微服): 신분을 알 수 없게 변장함.

공자(孔子)는 70여 제후(諸侯)들에게 돌아다니며 유세를 하면서도 그 정해진 처소가 없었다. 그의 뜻은 천하의 백성들이 각각 자기의 뜻한 바를 얻기를 바라는 것이었다. 그러나 그의 도가 실행되지 않자, 그는 물러나서 《춘추(春秋)》를 지었다. 그는 선행(善行)은 털끝같이 작은 것일지라도 찾아내었고, 악(惡)은 실낱같이 작은 것도 드러내어 인사(人事)에 융합되고 왕도(王道)가 갖추어지도록 하였다.

이처럼 정미(精微)하고 화평(和平)한 성스러운 제작은, 위로 하늘에까지 통하여 인(麟)이라는 동물을 내려보내 주신 것이다. 이를 보면 하늘까지도 공자를 알고 계셨던 것이다.

이에 공자는 위연히 탄식하여 「하늘은 과연 지극히 밝아 그 무엇으로도 가릴 수 없는 것인가? 그런데 어찌하여 해에는 일식이 있는가? 또 땅은 지극히 안전하여 절대로 위험이 없는 것인가? 그런데도 어찌하여 지진이 있는가! 이를 보면 천지도 오히려 움직이고 가려지고 하는 것인가 보다. 그래서 성현이 세상에 많은 말로 가르쳐 주건만, 이것이 실행되지 않아 재이(災異)가 생겨나는가 보다!」라고 하였다.

또 공자는 「하늘을 원망할 것도 사람을 탓할 것도 없다. 낮은 곳으로부터 배워 높은 경지에 통달하면 되는 것이다. 그렇게 보면 나를 알아 주는 것은 오직 하늘뿐이로다!」라고 하였다.

공자(孔子)는 난세(亂世)에 태어나서 천하가 그를 용납하지 못하였다. 그래서 임금들에게 그 말씀을 행하여 백성에게 혜택을 베풀게 한 후에야 벼슬을 하였다. 그러나 말이 임금에게 먹혀들지 않고, 그 혜택이 백성에게 돌아가지 않으면 그대로 물러났다.

공자는 천하를 다 덮어 줄 마음과 인성(仁聖)의 덕을 끼고 시속(時俗)의 더러움을 불쌍히 여기며, 기강(紀綱)이 허물어짐을 상심하면서 무거운 짐에 먼길을 달려 천하의 초빙에 응하러 다녔다.

이는 곧 그나마 백성을 자식같이 여기며 인도할 수 있지 않을까 하는 기대 때문이었다. 그러나 역시 당세의 제후들은 능히 그를 임용해 주지 않았다. 그래서 덕을 쌓을수록 겸손히 하였던 것이다. 때문에 대도(大道)가 굽혀진 채 펴지지 못하였고,

온 세상은 그 교화를 입지 못하였으며, 군생(羣生)은 그 은혜를 입지 못하였다.

이에 공자는 위연히 탄식하여 「나를 등용해 주는 자가 있기만 하다면, 내 저 주(周)나라의 훌륭한 정치를 이 동쪽에서 실현해 보련만!」이라고 하였다.

이를 보면 공자가 다니며 유세한 것은 자기 자신을 위한 것이 아니며, 작은 한 성(城)으로부터 덕치(德治)를 운용하여 천하가 편안해지며, 그로 인해 그 은혜가 만백성에게 세워지기를 원하였기 때문이었음을 알 수 있다.

 진(秦)나라와 진(晉)나라가 교전을 벌이고 있었다. 이때 진(秦)나라가 사람을 시켜 진(晉)나라 장군에게 이렇게 말하였다.

「두 나라 군대가 서로 휴식도 취하지 못하고 있으니 내일 다시 싸웁시다.」

이에 유변(臾駢)이 이같이 말하였다.

「진(秦)나라 심부름꾼을 보니, 눈동자를 굴리고 말에 조리가 없는 것으로 보아 우리를 두려워하여 장차 시간을 얻어 도망치려는 계략인 것 같습니다. 그들을 저 하수(河水)가까지 몰아붙이면 틀림없이 쳐부술 수 있을 것입니다.」

그러자 조돈(趙盾)이 만류하였다.

「죽은 자를 아직 거두지도 않고 내버려두게 하는 것은 은혜롭지 못한 일이며, 때를 기다리지 않고 남을 험한 지경으로 몰아넣는 것은 용기라 할 수 없는 일입니다. 기다립시다!」

진(秦)나라 병사들은 과연 밤을 타서 도망치고 말았다.

오자서(伍子胥)가 장차 오(吳)나라로 가면서, 그의 친구 신포서(申包胥)에게 이렇게 말하였다.

「지금부터 3년 내에 초(楚)나라가 망하지 않으면 내 다시는 그대를 보지 않을 것이오!」

그러자 신포서가 이렇게 말하였다.

「그대는 노력하시오. 나는 그대를 도울 수 없소. 그대를 돕는 다는 것은 나의 조국을 벌하는 것이 되고, 그대를 제지하는 것은 친구의 관계를 저버리는 것이 되오. 비록 그렇기는 하나 그대는 망하게 하시오. 나는 버티게 할 터이니. 그리하여 초나라가 망하는지 이겨내는지를 봅시다.」

그로부터 3년 후, 과연 오자서는 오나라 군대를 이끌고 초나라를 쳐들어왔다. 초(楚)나라 소왕(昭王)은 할 수 없이 서울을 떠나 도망 가야 하였다. 이때 신포서는 임금의 명령을 받지 않았음에도 서쪽으로 진(秦)나라를 찾아가 그 나라 임금에게 이렇게 요청하였다.

「오나라는 무도(無道)한 나라입니다. 군대도 강하고 사람도 많습니다. 천하를 정복할 야심을 가졌으며, 이를 초나라로부터 시작하고 있습니다. 우리 임금은 도망하여 운몽(雲夢)에 거하고 있으면서, 저를 보내어 이 위급함을 고하게 한 것입니다.」

이 말에 애공(哀公)이 「좋습니다. 장차 시도해 보겠습니다」고 하였다.

그러나 신포서는 진나라 조정에 똑바로 선 채 떠나지 아니하고, 밤낮으로 울어 칠일칠야(七日七夜)를 그치지 아니하였다. 애공이 이를 보고서 이렇게 말하였다.

「이와 같은 신하가 있는데 어찌 구원해 주지 않으랴!」

그리고는 군대를 일으켜 초나라 구원에 나섰다. 오나라에서는 이 소식을 듣자 군대를 이끌고 돌아가 버렸다. 소왕(昭王)이 다시 나라를 복구하자, 신포서의 공을 높이 들어 그를 봉(封)하려 하였다. 그러나 신포서는 이를 사양하였다.

「망해 가는 나라를 구한 것은 명예를 위한 것이 아닙니다. 공을 이루었다고 상을 받는 것은 용기를 팔아먹는 행위입니다.」

그리고 끝내 받지 않은 채 숨어 버리고는 종신토록 얼굴을 내놓지 아니하였다.

《시경(詩經)》에 『백성에게 재앙이 있으면 기어가서라도 구해야 한다』라고 하였다.

 초(楚)나라의 영윤(令尹) 우구자(虞丘子)가 장왕(莊王)에게 이렇게 말하였다.

「제가 듣기로 『공을 받들어 법을 행하면 영화를 얻을 수 있고, 능력이 낮고 행동이 천박하면 윗자리를 바라볼 수 없다. 또 인의와 지혜가 뛰어나지 못하면 현달과 영화를 구할 수 없고, 재주가 드러나지 못하면 그 자리를 지킬 수 없다』라고 하였습니다.

제가 이 나라 영윤이 된 지 10년이 되었건만 나라를 더 잘 다스리지도 못하였고, 소송과 옥사(獄事)는 그칠 줄 모르며, 처사(處士)가 승격되지 못하였고, 음일과 화(禍)가 토벌되지도 못하였습니다. 그런데도 높은 자리를 차고 앉아서 여러 어진 이의 길을 방해하며, 하는 일 없이 음식만 축내면서 탐욕도 그칠 줄 모르니, 저의 죄를 마땅히 법리(法理)대로 헤아려 주십시오.

제 생각으로는 나라의 준사(俊士)이면서 향리(鄕里)에 묻혀

살고 있는 손숙오(孫叔敖)를 거용하시면 어떨까 합니다. 그는
마른 체구이나 청수(淸秀)하여 재능도 많으며, 성격도 욕심이
없는 자입니다. 임금께서 그를 거용하여 정치를 맡기시면 나라
를 잘 다스릴 수 있으며, 백성들도 따라올 것입니다.」

　이런 제의에 장왕은 이렇게 말하였다.

　「과인은 그대의 덕분에 저 중국(中國)까지 어른 노릇을 하게
되었고, 끊어진 편벽한 지역까지 명령을 듣게 하여 제후의 패자
가 되었습니다. 이는 그대가 아니면 누가 할 수 있었겠습니까?」

　그러자 우구자가 다시 이렇게 설명하였다.

　「오랫동안 녹위(祿位)를 고집하는 것은 탐(貪)이며, 어진 이
를 진달(進達)시키지 못하는 것은 무(誣)이며, 그 자리를 양보
하지 않는 것은 불렴(不廉)입니다. 이 세 가지를 잘 처리하지
못하는 것은 바로 불충(不忠)입니다. 남의 신하가 되어서 이처
럼 불충한데, 임금께서는 어찌하여 저를 충성되다고 여기십니
까? 원컨대 굳이 사양하겠습니다.」

　이에 장왕은 할 수 없이 그의 의견을 따르기로 하고, 그에게
채읍(採邑) 3백 호를 내리며 국로(國老)라는 칭호를 주었다. 그
리고는 손숙오를 영윤으로 삼았다.

　그로부터 얼마 후, 우구자의 가족이 법을 어기고 말았다. 손
숙오가 그를 잡아다가 사형에 처하도록 하였다. 우구자는 자신
의 가족을 사형에 처한다는 사실을 알고 대단히 즐거워하며
장왕을 만났다.

　「제가 말한 손숙오는 과연 나라를 잡고 이끌게 할 만합니다.
국가의 법을 받들어 자기 무리의 이익을 위해 사사로이 하는
법이 없으며, 형륙(刑戮)을 베풀되 이를 왜곡하는 경우가 없습
니다. 가히 공평(公平)하다고 이를 수 있습니다.」

이에 장왕이 「모두 그대가 내려 준 유훈(遺訓)입니다!」라고
하였다.

· 국로(國老): 나이가 많아 벼슬을 치사(致仕)한 경대부(卿大夫).
· 형륙(刑戮): 죄지은 사람을 형벌에 따라 죽임.

조선자(趙宣子)가 한헌자(韓獻子)를 진후(晉侯)
에게 이렇게 추천하였다.

「그는 사람됨이 당(黨)을 짓지 아니하고, 무리를 다스려 난에
빠지지 않게 하며, 죽음에 임해서도 두려움을 모르는 자입니다.」
　이 말을 듣고 진후가 한헌자를 중군위(中軍尉)로 삼았다. 그
리고 하곡(河曲)의 전쟁이 벌어졌을 때였다. 조선자의 수레가
군대 행렬을 흐트리자, 한헌자가 그 조선자의 수레 모는 이를
사형에 처해 버렸다. 이를 본 많은 사람들이 이렇게 입방아를
찧었다.
　「한헌자는 틀림없이 죽음을 당할 것이다. 조선자가 아침에
그를 추천해 주었는데 저녁에 그의 수레 모는 마부를 죽였으
니, 누군들 이를 그냥 두겠는가?」
　전쟁이 끝나고 조선자가 대부들에게 주연을 베풀었다. 세 번
씩의 건배가 이루어진 후 조선자가 이렇게 말하였다.
　「여러분이 나에게 축하해 주어야 할 일이 있습니다.」
　이 말을 늘은 대부들이 어리둥절하여 「무엇을 축하해 드려야
할지 모르겠습니다」라고 하였다.
　이에 선자가 「내가 한궐(韓厥)을 임금에게 추천할 때에 만약
잘못된 일이 생기면 반드시 그 형벌을 받겠노라고 약속하였습

니다. 그런데 나의 수레가 차례를 어기고 잘못을 범하자 그가
나의 마부를 처형하였으니, 이것이야말로 당을 짓지 않아 나의
말이 틀림없는 것으로 만들어 주었습니다」라고 하였다.
　그러자 대부들이 재배계수(再拜稽首)하며 「이는 진(晉)나라가
복을 누리는 일일 뿐더러 당숙(唐叔)의 보살핌까지 있는 셈이
니, 어찌 감히 재배계수하지 않을 수 있겠습니까?」라고 하였다.

・중군위(中軍尉)：고대의 병제(兵制)는 우군(右軍)・중군(中軍)・좌군
　(左軍)이 있어 그 중 중군(中軍)의 지휘관을 중군위(中軍尉)라 한다.
・재배계수(再拜稽首)：두 번 절하고 머리를 조아림.

　　　　　　　　진(晉)나라의 문공(文公)이 구범(咎犯)에게 물
었다.
「누구를 과연 서하(西河)의 태수로 삼는 것이 좋겠습니까?」
이에 구범이 우자고(虞子羔)가 적당한 인물이라고 추천하였다.
　그러자 문공이 「그대는 그와 원수지간이 아닙니까?」라고 물
었다.
　이에 구범이 「임금께서는 누가 태수로 적당한가를 물었지,
누가 저의 원수인가를 물은 것이 아니지 않습니까?」라고 대답
하였다.
　우자고가 구범을 만나 이렇게 사죄의 말을 하였다.
「다행히 저의 잘못을 용서하시고, 저를 임금에게 서하의 태
수로 추천하셨다지요?」
　이 말에 구범은 이렇게 말하였다.
「그대를 추천한 것은 공(公)이요, 그대를 미워하는 것은 사

(私)입니다. 내 사사로운 일로 공의(公義)를 해치고 싶지 않았을 뿐입니다. 그대는 어서 떠나시오. 나를 뒤돌아보면 활로 쏘아 죽여 버리겠습니다.」

초(楚)나라의 문왕(文王)이 등(鄧)나라를 칠 때에 두 왕자 혁(革)과 영(靈)으로 하여금 나물을 뜯어오도록 하였다. 밖으로 나온 그들은, 한 늙은이가 바구니 가득 나물을 담아 가는 것을 보고서 그것을 달라고 요구하였다. 노인이 이를 허락하지 않자, 두 왕자는 노인을 때려 그것을 빼앗아 버렸다. 문왕이 이 사실을 알고 두 왕자를 잡아다가 장차 죽이고자 하였다. 그때 대부들이 나서서 만류하였다.

「나물 바구니를 빼앗은 것이 죄임에는 틀림없습니다. 그러나 그만한 일로 죽인다면 그 죄에 맞는 형벌은 아닌 것 같습니다. 임금께서는 어찌 꼭 사형에만 처하려 하십니까?」

이 말이 끝나자, 나물을 빼앗겼던 노인이 군영(軍營)을 찾아와서 이렇게 말하였다.

「등나라가 무도하기 때문에 그를 치려 한다면서, 지금 두 왕자가 달려들어 사람을 치면서까지 남의 바구니를 빼앗았으니, 이는 등나라보다 더욱 무도한 것입니다.」

그리고는 하늘을 부르며 우는 것이었다. 임금까지 이 소리를 듣게 되자, 여러 신하들이 두려움에 떨었다. 임금이 그 노인을 만나 이렇게 말하였다.

「죄 있는 자를 토벌한다면서 횡포를 부리고 남의 것을 빼앗았으니, 이는 포악을 막는다는 명분에 어긋남이 분명합니다. 또 힘을 믿고 노인을 학대하였으니, 이 또한 어린이를 가르치는

도리에 어긋납니다. 아들을 사랑한다고 법을 저버리게 되면, 국
가를 보위할 명분 또한 사라지지요. 두 아들을 사사로운 정으
로 감싸고 세 가지 옳은 행동을 잃게 된다면 정치를 제대로 해
나갈 수가 없겠지요. 어르신네께서는 용서해 주시기 바랍니다.」

그리고 군문(軍門) 밖까지 나가 사죄하며 그를 보내었다.

초(楚)나라 영윤(令尹) 자문(子文)의 친족이 법
을 어겨 정리(廷理)가 이를 구속하였다. 그러나
정리는 그가 영윤의 친족이라는 사실을 알고서 이를 석방시켜
주었다. 이에 자문이 정리를 불러 이렇게 문책하였다.

「나라에 정리라는 직책을 세운 것은, 임금의 명령이나 국가
의 법을 거스르는 자를 살펴 처리하라고 한 것이오. 그래서 곧
은 선비로 하여금 이 일을 맡게 하여 법대로 하되, 부드러우나
흔들리지 않고 강직하나 꺾이지 않도록 한 것이오. 그런데 지
금 그대는 법령을 저버리고 범법자를 석방하였으니, 이는 그
다스림이 잘못되었을 뿐만 아니라 마음속에 공정치 못한 생각
을 품고 있는 셈이오. 어찌 나의 사사로운 뜻을 헤아린답시고
정리로서 법을 그렇게 왜곡할 수 있단 말이오!

나는 윗자리에서 백성을 인솔하고 있지만, 사민(士民) 가운
데 누구라도 원망이 있으면 이는 나 역시 법에서 면제될 수 없
는 일이거늘, 지금 나의 친족이 법을 어긴 것이 분명한데도 정
리를 시켜 나의 권위를 이용하여 이를 풀어 준 꼴이 되었으니,
이는 내가 공정하지 못한 생각을 가졌다는 것을 나라 안에 널
리 밝혀 보이는 셈이오. 한 나라의 중요한 자리를 쥐고서 내
사사로이 일을 처리하고, 의(義)를 실행하지 못하며 사느니 차

라리 죽어 버리느니만 못하오.」

그리하여 그 친족을 법대로 처리하라고 정리에게 맡기면서 다시 이렇게 일렀다.

「이 사람에게 형벌을 내리지 않으면 내가 죽으리라!」

정리는 두려움 끝에 그 친족에게 형벌을 내렸다. 성왕(成王)이 이 소식을 듣고서 신도 제대로 신지 않은 채 자문의 집으로 달려가서 이렇게 말하였다.

「과인이 어려서 그 법관을 관리하지 못하였습니다. 그래서 선생의 뜻에 어긋나게 하였습니다.」

그리고 나서 정리를 축출시키고 자문을 높여 주면서 내정(內政)까지 관리하도록 하였다. 백성들이 이 소식을 듣고, 「만약 영윤과 같이 공평히만 해준다면 우리에게 무슨 근심거리가 있으리요!」라고 하면서 이렇게 노래를 불렀다.

「자문의 친족이 나라의 법을 어겼네. 정리가 이를 석방하였으나 자문이 듣지 않았네. 그는 백성의 원망의 싹이 날까 걱정하였으니, 이것이야말로 방정(方正)하고 공평한 일이지!」

・정리(廷理): 법을 다스리는 관직.

 초(楚)나라의 장왕(莊王)이 신하들이 모문(茅門)을 들어올 때의 법을 이렇게 정하였다.

「여러 신하들과 대부 및 여러 공자(公子)의 신분으로 입조(入朝)할 때에, 그들이 타고 온 수레가 처마 밑 낙수물 떨어지는 곳을 넘으면 그 수레를 부수고 그 마부를 죽이리라!」

그런데 태자(太子)가 조회에 참석하러 오다가 말발굽이 그

정해진 경계선을 넘고 말았다. 정리(廷理)는 법대로 그 수레를 부수고 그 마부를 죽여 버렸다. 그러자 태자가 크게 노하여 임금에게 들어가 울면서 말하였다.

「저를 위해서 정리를 죽여 주십시오!」

이 말에 장왕은 「법이란 종묘(宗廟)를 공경하고, 사직을 존중하기 위해 있는 것이다. 그래서 능히 입법종령(入法從令)하는 것이다. 또 사직을 존경하는 일을 맡은 신하는 곧 사직지신(社稷之臣)이다. 어찌 가히 그를 죽일 수 있단 말이냐?

그리고 범법폐령(犯法廢令)의 행위는 사직을 존경하지 않는 것이니, 이는 신하가 임금을 버리고 아랫사람이 윗사람을 능멸하는 것이다. 신하가 임금을 버리면 군주는 권위를 잃게 되고, 아래가 위를 능멸하면 윗자리가 위험해져서 사직을 지켜낼 수가 없다. 이 나라가 그렇게 되면 너에게 무엇을 넘겨 줄 게 있겠느냐?」라고 하였다.

태자는 이에 다시 돌아와 자기 집에 머물면서 재배하고 죽음을 청하였다.

· 모문(茅門): 제후(諸侯)의 궁문. 천자(天子)보다 낮추어 띠풀로 지붕을 이는 검소함을 말한다. 혹은 치문(雉門)이라고도 한다.
· 입법종령(立法從令): 법을 세우고 그 명령을 따름.

 초(楚)나라 장왕(莊王) 때에 태자(太子)의 수레가 모문(茅門) 안까지 들어온 경우가 있었다. 이에 소사경(少師慶)이 이를 내쫓아 버렸다.

태자가 화를 내며 들어가 임금을 뵙고 「소사경이 저의 수레

를 내쫓았습니다」라고 호소하였다. 그러자 임금이 이렇게 대답하였다.

「그쳐라! 늙은 내가 앞에 있을 때도 그는 조금도 예절에 어긋남이 없었다. 어린 너에게도 그 뒤에서 너의 잘못을 망설임 없이 꾸짖어 주니, 이런 분이야말로 나라의 보배로운 신하이다.」

오(吳)나라의 임금 합려(闔廬)가 오자서(伍子胥)를 위해 군대를 일으켜 초(楚)나라를 공격, 그 원수를 갚아 주고자 하였다. 그러자 오자서가 나서서 이렇게 만류하였다.

「제후가 한갓 필부(匹夫)를 위해서 군대를 일으키는 법은 없습니다. 또 임금을 섬기는 것은 아버지를 섬기는 것과 같습니다. 임금의 의를 훼손시켜 가면서까지 아버지의 원수를 갚는 일이라면 저는 하지 못하겠습니다.」

오나라 임금은 이에 그치고 말았다.

그 뒤에 분위기가 이루어지자, 다시 군대를 일으켜 결국 아버지의 원수를 갚았다. 이를 보면 오자서 같은 이는 공사(公事)를 빌려 사사(私事)를 처리하지는 않았다고 이를 수 있겠다.

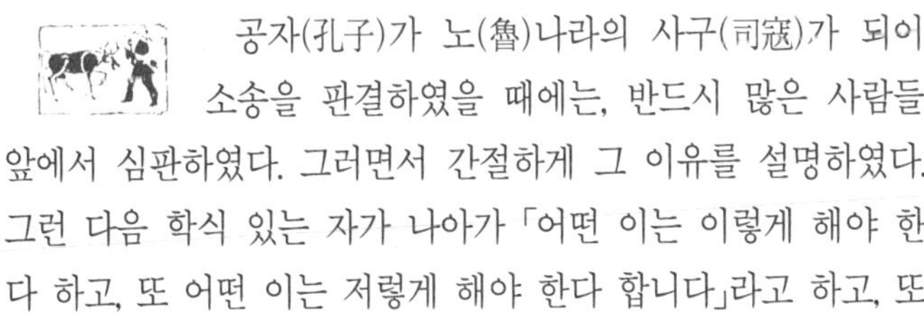

공자(孔子)가 노(魯)나라의 사구(司寇)가 되어 소송을 판결하였을 때에는, 반드시 많은 사람들 앞에서 심판하였다. 그러면서 간절하게 그 이유를 설명하였다. 그런 다음 학식 있는 자가 나아가 「어떤 이는 이렇게 해야 한다 하고, 또 어떤 이는 저렇게 해야 한다 합니다」라고 하고, 또 다른 이가 나와 「어떤 이는 저렇게 해야 한다 하고, 또 어떤 이는 이렇게 해야 한다 합니다」라는 변론을 들었다. 그리고 나서 다시 이를 모두에게 알렸다.

그런 후 군자로서 마땅히 누구의 의견을 따라야 할 것인가를 살폈다. 즉 군자의 지혜로 누구의 의견이 능히 이 송사를 잘 판결하였는지를 본 것이다.

이것은 바로 군자로서 공경과 사양의 뜻이 있음을 말한다.

무릇 문사(文辭)란 많은 사람과 공통적인 의견이 있는 것이니, 홀로 독단적으로 처리해서는 안 된다는 뜻을 보인 것이다.

· 사구(司寇): 송사에 대한 판결을 맡은 직분. 법관·재판관.

자고(子羔)가 위(衛)나라에서 정치를 하면서 한 죄인에게 발꿈치를 자르는 형벌을 내리게 되었다. 그후 위나라에서 군신 사이에 난리가 나자, 자고는 성곽문으로 도망을 가게 되었다. 그 성곽문은 닫혀 있었고, 마침 발꿈치를 잘린 그자가 문지기 노릇을 하고 있었다.

그자는 자고가 급히 도망 가려는 것을 보고서 「저쪽으로 가면 성이 허물어진 곳이 있어 넘어갈 수 있습니다」라고 일러 주었다.

그러자 자고가 「군자는 담을 넘지 않는 법이오」라며 거절하였다.

이번에는 「그럼 저쪽으로 가면 구멍이 있습니다」라고 다시 일러 주었다. 이번에도 자고는 「군자는 굴을 통과하지 않는 법이오」라며 거절하였다.

이에 문지기가 「여기에 방이 있습니다」 하고 그를 들여보내
어 숨겨 주었다. 그러자 뒤쫓던 자들이 더 이상 찾지 못하고
돌아가 버렸다.

자고가 떠나면서 그 문지기에게 물었다.

「나는 임금의 법령을 지키느라 손수 그대의 발꿈치를 잘랐
소. 내가 이러한 어려움에 처하여, 그대는 원한을 갚을 좋은 기
회인데 어찌하여 나를 피할 수 있도록 해주었소?」

이에 발꿈치를 잘린 문지기가 이렇게 대답하였다.

「발꿈치를 잘린 것은 진실로 제가 그에 해당하는 죄를 지었
기 때문이지요. 어쩔 수 없는 일이 아닙니까? 귀하가 저를 다
스릴 때에는 법령을 바꾸어 저를 제일 뒤에 두었습니다. 그래
서 저를 법에서 구해 주려고 하였습니다. 이는 저도 잘 알고
있습니다. 그러나 판결이 나서 형벌이 정해지고 장차 이를 시
행하면서, 귀하의 얼굴 가득히 불쌍해하는 눈빛이 나타나 있었
습니다. 이 또한 제가 잘 알고 있지요.

그때 귀하는 더 이상 저를 사사로이 구제해 줄 수가 없었습
니다. 다만 천성으로 어진 마음을 타고나신 것은 사실이었습니
다. 그래서 제가 귀하를 위험에서 구해 준 것뿐입니다.」

공자(孔子)가 이 소식을 듣고서 이렇게 평하였다.

「관리로서 행동을 잘하는 자는 덕을 심고, 관리로서 잘못하
는 자는 원한을 심는다. 오로지 공으로 행할 일이니, 이는 자고
를 두고 이른 말이다.」

유 향(劉 向)

중국 전한(前漢) 때의 경학자(B.C. 77-6). 광록대부(光祿大夫)를 지낼 때 여러 전적을 교열하여 《별록(別錄)》 20권을 완성하였다. 이 책은 중국에서 가장 오래된 서적해제서이다. 그의 작품은 대부분 유실되었으며, 현존하는 것으로는 《홍범오행전(洪範五行傳)》 《신서(新序)》 《설원(說苑)》 《열녀전(列女傳)》 등이 있다.

임동석(林東錫)

1949년 경북 영주 출생. 서울교대, 국제대, 건국대대학원 졸업. 우전(雨田) 신호열(辛鎬烈) 선생에게 한문을 배움. 국립대만사범대학 박사반 졸업. 중화민국 국가문학박사. 현재 건국대 중문과 교수. 저서로는 《조선역학고(朝鮮譯學考)》 《중국학술강론(中國學術綱論)》이 있으며, 역주로서는 《전국책(戰國策)》 《세설신어(世說新語)》 《설원(說苑)》 《안자춘추(晏子春秋)》 《수신기(搜神記)》 《한시외전(韓詩外傳)》 등 다수가 있다.

한글고전총서 2

설원(說苑)·중권

초판발행 : 1997년 11월 25일

지은이 : 劉 向
옮긴이 : 林東錫
펴낸이 : 辛成大
펴낸곳 : 東文選
제10-64호, 78. 12. 16 등록
서울 용산구 문배동 40-21
전화 : 719-4015

총편집 : 韓仁淑
편집 : 金炅姬·朴蓮美

ISBN 89-8038-202-2 04140
ISBN 89-8038-200-6 04140(세트)